dtv

Der Schwede Kent Lindahl war zehn Jahre aktiver Neonazi: Er ließ sich die Arme tätowieren, den Kopf kahl scheren, er hat geraubt, sich geprügelt und landete schließlich im Gefängnis. Doch es gelang ihm, sich aus der Verstrickung in Kriminalität, Gewalt, nazistisches Gedankengut und Drogenhandel zu befreien und sich eine neue Existenz aufzubauen. Nach norwegischem Vorbild gründete er das mittlerweile auch in Deutschland erfolgreiche Aussteiger-Programm »Exit«, das Rechtsextremisten hilft, sich aus der Szene zu lösen. In dieser beeindruckenden Autobiographie schildert Lindahl sein Leben und seinen Ausstieg aus der Neonazi-Szene. Das Buch entstand in Zusammenarbeit mit Janne Mattsson.

Kent Lindahl, geboren 1964, studierte nach seinem Ausstieg Politik und Jura. Er hat zwei Kinder.
Janne Mattsson, geboren 1940, ist Journalist und Dokumentarfilmer. Er hat viele Artikel zu den Themen Drogenmissbrauch und Kriminalität verfasst.

Kent Lindahl
Janne Mattsson

EXIT

Mein Weg aus der Neonazi-Szene

Aus dem Schwedischen von Sigrid Engeler

Deutscher Taschenbuch Verlag

Deutsche Erstausgabe
November 2001
Deutscher Taschenbuch Verlag GmbH & Co. KG, München
www.dtv.de

Titel der schwedischen Originalausgabe:
Exit. Min väg bort frå nazismen
Norstedts Förlag, Stockholm
ISBN 91-1-300826-9
deutschsprachige Ausgabe:

Umschlagkonzept: Balk & Brumshagen
Umschlagfoto: © Judith Michaelis
Satz: Design Typo Print GmbH, Ismaning
Gesetzt aus der Times 10/11,7
Druck und Bindung: Druckerei C.H. Beck, Nördlingen
Gedruckt auf säurefreiem, chlorfrei gebleichtem Papier
Printed in Germany · ISBN 3-423-36251-0

Für Gustav, Gwendolline
und alle Humanisten der Welt

Dank an drei starke Frauen:
Monika Brandt, Pyttan und meine Schwester

Dank an Janne Mattsson
für seine Geduld und Energie,
als er meine Geschichte aufschrieb

1

Ich kann mich nicht genau entsinnen, wann ich Nationalsozialist wurde oder Nazi, wie man sagt. Eine Rolle spielte jedenfalls das Fehlen von Wärme oder Nähe in meinem Elternhaus. Ich will nicht behaupten, dass sie mich nicht geliebt haben, selbst wenn vor allem mein Vater das nur sehr selten in Worten oder Taten zeigte. Dass Vater Alkoholiker war, machte die Sache nicht besser, auch nicht, dass ich ein ziemlich schwächlicher kleiner Junge mit Brille war – wie geschaffen, um vom ersten Schultag an gemobbt zu werden. Dass ich später die Seiten wechselte und selber mobbte, gehört irgendwie auch zur Geschichte. Es war ein wichtiger Schritt in meiner Entwicklung hin zu Gewalt, zu elitärem Denken und zur Verachtung der, wie ich fand, Schwachen.

Ich wuchs in den sechziger und siebziger Jahren in Årsta auf, einem der südlichen Stockholmer Vororte. Aus irgendeinem Grund hat Årsta nicht den gleichen schlechten Ruf wie so viele andere Vororte Stockholms. Vielleicht weil die Art der Bebauung nicht diesen Charakter eines Betonghettos vermittelt, wie das in Fittja und Tensta der Fall ist. Vielleicht weil Årsta als Miniaturgesellschaft gedacht war, mit aufgelockerten Arealen, großen Naherholungsgebieten und einer in sozialer Hinsicht gemischten Bevölkerung. Eigentlich fehlten nur die Ausländer. Aus heutiger Sicht scheint es, als sei Årsta eine ziemlich ruhige Gegend gewesen, wo die Mütter zu Hause blieben, bis die Kinder groß genug waren, um tagsüber allein zurechtzukommen – dass die Väter zu Hause bleiben könnten, war damals völlig undenkbar –, und wo sich die Kriminalität auf kleine Diebstähle, Schlägereien und Haschverkauf beschränkte. Und wie in allen anderen Vororten gab es in Årsta natürlich auch Ärger in der Schule, Alkohol- und Drogenmissbrauch unter den Jugendlichen.

Mein Vater war LKW-Fahrer. Meine Mutter war zuerst Hausfrau, fing aber später bei Liber als Buchbinderin an. Sie waren sich begegnet, als sie noch ziemlich jung waren, schon in den vierziger Jahren. Eigentlich hatten sie sich nie geliebt. Und wäre nicht meine Schwester als Erinnerung an ihre Treffen auf die Welt gekommen, elf Jahre vor mir, dann hätten sie nie geheiratet, und dann gäbe es auch mich nicht. Doch sie heirateten und blieben all die Jahre hindurch verheiratet, obwohl es besser gewesen wäre, wenn sie getrennte Wege gegangen wären. Aber in ihrer Generation hielt man um der Kinder willen an der Familie fest, wie schlecht das Verhältnis zwischen den Erwachsenen auch sein mochte.

Zwischen meinen Eltern gab es eine gefühlsmäßige Distanz, die sich ganz klar darin widerspiegelte, wie sie miteinander umgingen und miteinander redeten, nämlich nicht besonders liebevoll, eher neutral. Meine Eltern fassten sich nie an, sie nahmen sich nie in den Arm. Uns Kinder auch nicht. Und ich selbst habe es nie gemocht, Menschen anzufassen. Ich fand es immer sehr unangenehm, wenn Menschen einen anfassen. Nicht die Hände schütteln, sondern sich umarmen und so etwas. Das gab es irgendwie nicht. Es konnte schon vorkommen, dass meine Eltern sich zu Weihnachten oder zum Mittsommerfest oder vielleicht zu Geburtstagen einen Kuss auf die Wange gaben, aber sonst nie. Umso öfter zankten sie sich, nicht besonders laut oder aggressiv, aber immerhin. Und es war fast immer Mutter, die diese Streitereien gewann, weil sie viel schneller als Vater war, sowohl mit dem Mund als auch mit dem Kopf. Außerdem hatte sie die deutlich stärkere Psyche. Ansonsten redeten sie nicht so viel miteinander. Sie saßen stumm nebeneinander vorm Fernseher oder Vater las die Zeitung, während Mutter sich in der Küche zu schaffen machte.

Vater war immer kräftig alkoholisiert, selbst wenn er zur Arbeit ging. Als LKW-Fahrer muss er eine ernste Gefährdung des Verkehrs gewesen sein. Er stand morgens um fünf Uhr auf, und bis dahin konnte der Körper es kaum geschafft haben, sich von jeglicher Promille Alkohol zu reinigen. Denn wenn er abends gegen fünf, sechs Uhr nach Hause kam, dann war er immer mehr oder weniger angetrunken. Manchmal nur angeheitert, manchmal voll. Und ein Abend war wie der andere.

Durch die Tür, Schuhe und Jacke oder Mantel aus und dann direkt aufs Sofa. Dort schlief er eine Stunde, bis es Zeit war fürs Abendessen. Dann wachte er auf, richtete sich mühsam auf und setzte sich an den Küchentisch. Nach dem Essen zog er sich aufs Sofa im Wohnzimmer zurück und las ein paar Seiten in einem von diesen billigen Wildwestheftchen. Oder er sah Fernsehen. Um neun Uhr ging er ins Bett. Jahrein, jahraus das gleiche Ritual. Bestimmt war da Alkohol übrig, wenn er morgens aufwachte, besonders weil er oft abends noch ein bisschen zusätzlich tankte. An den Wochenenden wurde weiter aufgefüllt. Ja, es ist ein Wunder, dass er nie jemanden totgefahren hat und noch merkwürdiger, dass damals Berufsfahrer so wenig kontrolliert wurden. Aber arbeiten tat er, bis er Rente bekam. Arbeitslos war er nie.

Die Trinkgewohnheiten meines Vaters bahnten meiner eigenen späteren Sauferei den Weg. Wenn ich voll nach Hause kam, stellte er mich nicht zur Rede. Im Gegenteil, schon mit dreizehn, vierzehn Jahren bekam ich ein, zwei Schnäpse angeboten.

Ohne eigentlich zu wissen, was da vor sich ging, lernte ich früh, in welchem Zustand mein Vater sich befand, wenn er nach Hause kam. Wenn er nur Hallo sagte, einen kurz anschaute, sich dann auszog und mit der Zeitung hinsetzte, dann hatte er nicht so viel getrunken. Aber wenn er mit rosigen Wangen, glasigem Blick und zufriedenem Lächeln ankam, dann hatte er ein bisschen mehr gehabt und konnte richtig nett und fröhlich sein. Doch wenn es ihm schwer fiel, über die Türschwelle zu kommen, wenn das eine Bein schon drinnen und das andere noch draußen war und er schwankte, dann war er richtig am Arsch und nicht besonders angenehm. Nein, dann konnte er aggressiv werden, schreien und das große Wort führen und unheimlich gereizt sein, auch ohne jeden Grund. Weiter ging er nie. Er hat keinen von uns je geschlagen, weder mich noch meine Mutter oder meine Schwester, obwohl er selbst von seinen Eltern als Kind ständig körperlich misshandelt worden war. Und so etwas wird für gewöhnlich später an die eigenen Kinder weitergegeben, sagen die, die was davon verstehen. Stattdessen fuhr er auf die Psychoterror-Tour ab: schreien und brüllen und Abstand halten. Ich kann mich jedenfalls nicht erinnern, dass er mich jemals in den Arm genommen hätte. Hände schütteln, das war die Grenze.

Wir waren eine schweigsame Familie, redeten nicht sehr viel miteinander, nicht mal beim Essen. Nur wenn er voll war, redete mein Vater gern. Aber dann hatte keiner Lust mit ihm zu reden, dem langweiligen alten Kerl. Dann schloss ich mich in das Zimmer ein, das ich mit meiner Schwester teilte, bis sie zu Hause auszog. Und das tat sie, sobald sie konnte. Ihr zufolge war ich ein schrecklich anstrengender kleiner Bruder, dem sie etliche Male versuchte Verstand einzubläuen. Doch Kindern Verstand einzuprügeln ging damals genauso wenig wie heute.

Im Grunde war mein Vater ein einsamer Mensch. Er fuhr stets allein in die Ferien, nie mit Mutter oder der übrigen Familie. Es war, als ob wir in solchen Zusammenhängen nicht existierten. Ich kann mich nur an einen einzigen Winterspaziergang im Wald von Årsta irgendwann einmal erinnern. Im Sommer passierte es schon eher, dass wir mit der ganzen Familie zum Baden fuhren. Auf den Fotos, die ich vom Spielen im Park noch habe, sind meine Mutter, meine Schwester und ich zu sehen und eine Bekannte von Mutter, ganz selten nur Vater.

Nein, wir waren keine Familie, mit der man Umgang pflegte.

Vater war Einzelkind, aber Mutter hatte jede Menge Geschwister, die Vater nie akzeptierten. Sie fanden wohl, dass Mutter sich mit einem einfachen Lastwagenfahrer unter ihrem Niveau verheiratet hatte. Alle sechs, vier Schwestern und zwei Brüder, suchten sich etwas »Besseres«. Eine fand einen Unternehmer in Småland, eine andere einen Farbenhändler in Stockholm, die Dritte einen Bankangestellten oder was er nun gewesen sein mag. Auf jeden Fall suchten sie sich keinen Lastwagenfahrer. Doch Vater war nicht dumm, bloß weil er LKWs fuhr. Er spürte sofort, dass Mutters Familie auf ihn hinabsah. Ich habe nie mit ihm darüber geredet. Aber meiner Schwester zufolge waren die Verwandten meiner Mutter ihm gegenüber gemein und bösartig. Vielleicht war es nicht jedes Mal böse gemeint, aber das spielte irgendwie keine Rolle. Da er nicht schief angesehen werden wollte, weigerte er sich, überhaupt mit ihnen Kontakt zu halten. Und das machte es nicht einfacher. Denn deshalb wurde er als hochnäsiger, asozialer Typ betrachtet. Und so ging es weiter.

Als ich älter wurde, ergriff ich den Verwandten gegenüber Partei für Vater. Nicht weil ich ihn so besonders mochte oder gar liebte, sondern ganz einfach weil er mein Papa war. Ihm gegenüber wollte ich loyal sein, selbst wenn er sich manchmal mir und dem Rest der Familie gegenüber schlecht benahm. Wenn also die Verwandten auf ihn losgingen und meckerten, ergriff ich immer seine Partei.

Als ich richtig klein war, so klein, dass ich keine wirkliche Erinnerung daran habe, landete Vater, der nach einer Tuberkulose-Erkrankung eine halbe Lunge weniger hatte, im Krankenhaus. Dort begegnete er einen anderen Frau. Er beschloss, sich von Mutter scheiden zu lassen. Das schlug zu Hause wie eine Bombe ein, obwohl die Beziehung meiner Eltern gelinde gesagt unerfreulich war. Aber Mutter war wohl nie auf den Gedanken gekommen, Vater könne von ihr weggehen. Die relative Ruhe und der alltägliche Trott – nur ab und an durch die Saufereien meines Vaters unterbrochen – verwandelten sich jetzt plötzlich in Chaos. Mutter war völlig daneben und schickte mich runter zu dem Hausmeisterehepaar, Gunnar und Mary Nordin, die sich eine Weile um mich kümmerten. Sie wurden meine Ersatzeltern. Nordins waren gute Menschen und ich nehme an, dass sie für mich irgendwie Sicherheit und Geborgenheit verkörperten. Eines der wenigen Bilder aus dieser Zeit, an das ich mich erinnere, ist, wie Mutter eines Tages unten bei den Nordins auf dem Bett lag und verzweifelt weinte. Da kam Mary ins Schlafzimmer, nahm mich an der Hand und sagte:

»Komm, wir gehen jetzt in die Küche und spielen. Mama muss sich ein bisschen ausruhen!«

Es kam nie zur Scheidung. Vielleicht wäre das besser gewesen.

Die Nachbarn im Haus hielten alle zusammen. Man versuchte seine Probleme so gut es ging innerhalb der eigenen vier Wände zu lösen. Eigentlich weiß ich nicht, ob das nur positiv war. Aber so war es auf jeden Fall und es war nichts Merkwürdiges dabei, dass ich mich bei den Nordins aufhielt. Alle wussten doch, was bei meinen Eltern los war.

Es muss ungefähr zu der Zeit gewesen sein, dass meine Schwester zu Hause auszog. Sie sollte eine ganz andere Entwicklung nehmen als ich. Sie rutschte in solche Geschichten mit Psychologen, Geistern und Medien rein und fing an, im Inneren nach dem zu suchen, was ihr fehlte. Als sie außerdem irgendwann mit Kommunisten und einem spanischen Protestsänger verkehrte, war die Sache zwischen uns gegessen. Das war in den siebziger Jahren und definitiv nicht mein Ding, ich schätzte ihre Kontakte gar nicht. Aber sie entschied sich für ihren Weg. Letztendlich war der schließlich doch gesünder als meiner.

Wenn wir heute zusammensitzen, können wir darüber lachen und gegenseitig unsere Gedächtnislücken füllen. Da sie beträchtlich älter ist als ich, hat sie ganz andere Erinnerungen. Wir sahen die Welt natürlich mit völlig anderen Augen. Auch unsere Selbstbilder stimmen sicher nicht mit dem überein, wie andere uns erlebt haben. Ich zum Beispiel habe mich immer für ein ruhiges und harmonisches Kind gehalten. Aber so war das offenbar nicht. Das Selbstbild meiner Schwester wurde vermutlich davon beeinflusst, dass unser Vater klipp und klar erklärt hatte, wie er froh er wäre, dass das zweite Kind ein Junge geworden war, »denn noch mehr Mädchen will ich nicht haben«. Für meine Schwester war es sicher nicht besonders angenehm, so etwas in den Hals gestopft zu bekommen. Aber Vater war, wie er war – eine tragische Figur, wenn man ihn so im Nachhinein betrachtet. Doch das begriff ich damals nicht.

Wir lebten in einer Zweizimmerwohnung – mit allem, was so ein enges Zusammenleben an Rücksichtnahme, zumindest von uns Kindern, verlangte. Meine Schwester und ich teilten uns wie gesagt ein Zimmer, was vielleicht teilweise erklärt, warum sie so schnell wie möglich von zu Hause ausziehen wollte. Wir stritten uns ständig. Die Eltern schliefen auf einer Schlafcouch im Wohnzimmer, einem schönen Raum mit einem gemauerten offenen Kamin. Dort stand auch der Fernseher. Wenn Vater schlafen sollte, musste man den Ton so leise stellen, dass man höchstens einen Meter vom Apparat entfernt sitzen konnte, um überhaupt etwas zu hören. Deshalb hieß es, so schnell wie möglich lesen lernen, damit man den ausländischen Filmen anhand der Untertitel folgen konnte. Vielleicht war es vor dem Fernseher, dass es mir gelang, den merkwürdigen Code der Buchstaben zu knacken, denn ich lernte früh lesen und versank in der Welt der Bücher.

Ehe ich in die Schule ging, spielte ich viel allein zu Hause. Ich hatte höchstens zwei Spielkameraden. Ansonsten war ich mir selbst überlassen. Das zieht sich so durch mein ganzes Leben. Das heißt nicht, dass ich nicht sozial sein kann, wenn ich wirklich will und mich anstrenge. Aber ich ziehe in mancherlei Hinsicht vor, für mich zu sein, wenn ich die Möglichkeit dazu habe. Heute ist das selbstbestimmt und ziemlich schön. Doch damals lag es wohl an den Umständen, obwohl ich nicht abseits stand, wenn andere Kinder spielten. Ich träumte nicht nur davon, mitmachen zu dürfen, denn das durfte ich. Sicher wollte ich wie alle anderen dazugehören, auch wenn ich damals noch nicht in diesen Kategorien dachte. Ich war es ja gewohnt, für mich zu sein und allein klarzukommen, und später lernte ich auch mit Mobbing und alldem zurechtzukommen und zu überleben.

Ich kann mich nicht erinnern, ob ich mich danach sehnte, in die Schule zu kommen. Nein, ich kann mich nicht einmal an den ersten Schultag erinnern. Aber ich weiß noch ganz genau, dass ich mich schon in der ersten Klasse in ein Mädchen verliebte, ich glaube, sie war halbe Spanierin.

Sowie ich den Schulhof betrat, war ich ein potenzielles Opfer. Zum einen, weil ich kleiner war als alle anderen, zum anderen, weil ich eine Brille trug. Außerdem behaupteten meine Klassenkameraden, ich sei blasser als sie, obwohl ich das wahrscheinlich nicht war. Aber ich war anders, Punkt, aus! Natürlich hatte ich gleich meine Spitznamen weg, Brillenschlange und Bleichgesicht. Wäre ich schick angezogen gewesen und hätte ich eine moderne Brille getragen, dann wäre ich vielleicht zurechtgekommen. Aber weil meine Eltern, die beide in den zwanziger Jahren geboren waren, von der Frage, wie Kinder gekleidet sein sollen, damit sie nicht aus dem Rahmen fallen, keine Ahnung hatten, waren und blieben es die abgelegten Sachen meiner Schwester.

Die Schule in Årsta grenzt auf der einen Seite an einen bewaldeten Berg. Im Frühjahr steckten wir Kinder immer dort oben auf dem Berg und bauten an einem kleinen Bach Dämme und Stauseen. Natürlich mussten wir Knirpse aus der ersten und zweiten Klasse den matschigen Teil der Dammbauten erledigen. Wir krochen im Schlamm herum und gruben mit blau gefrorenen Händen, während die größeren Jungen das große Wort führten und bestimmten, und uns manchmal mit Birkenruten hauten. Tröstlich war allein der Gedanke, dass wir das im nächsten oder übernächsten Jahr an die Schulanfänger weitergeben würden. Doch war das ein schwacher Trost, wenn man bedenkt, dass ein Jahr für einen Siebenjährigen ein Zeitraum ist, den er nicht überblicken kann.

Das Leben ging trotz allem weiter. Damals wäre man nie auf die Idee gekommen, diejenigen, die andere mobbten, anzuzeigen. Ich glaube nicht einmal, dass ich zu Hause darüber sprach, bei uns wurde ja nicht geredet. Unsere Beziehung war nicht so, und mit wem sonst hätte ich darüber reden sollen? Ich zog mich noch weiter in meine eigene Welt zurück, spielte für mich und baute mir eine Fantasiewelt auf. Ich hatte nicht einmal einen Fantasiefreund, sondern spielte allein mit mir. Meistens Kriegsspiele.

Sommerferien sind ja eigentlich verknüpft mit Freiheit und Sonne, mit Schwimmen gehen und spielen, für ein paar Wochen ohne die Fesseln der Schule sein. Meine ersten Sommerferien wurden etwas ganz anderes. Sie hinterließen in meinem Leben auf eine Weise Spuren, wie ich das damals nicht einmal ahnen konnte.

Meine Eltern hatten beschlossen, dass ich zu einem Ferienlager fahren sollte, irgendwo auf dem Land. Hinaus in die Natur, das würde mir gut tun. Als ob wir in Årsta nicht genug

Natur gehabt hätten! Und außerdem würde es nichts schaden, wenn Eltern und Kind für eine Weile Abstand voneinander hätten. So hieß es. Doch ich freute mich überhaupt nicht darauf. Ich wollte nicht wegfahren, ich wollte zu Hause bleiben! Aber meine Bitten wurden nicht erhört. Kinder fahren ins Ferienlager, das ist schön! Hier halfen keine Tränen und kein Flehen. Genau wie die meisten anderen Kleinen weinte ich auf der ganzen Fahrt.

In diesem Lager mischte man die Altersgruppen von Sieben- bis zu Zehnjährigen miteinander. Heute würde man ein solches Ferienlager – mit Haschisch rauchendem Begleitpersonal ohne pädagogische Ausbildung oder sonstige Qualifikation – anzeigen.

Die älteren Jungen entdeckten ziemlich rasch, dass es im Wald oberhalb der Baracken, in denen wir wohnten, ein Fort gab, das spitze Pfähle umzäunten. In diesem Fort, das vor unserer Zeit andere Ferienlagerkinder angelegt hatten, gab es Hütten und eine Art Verliese. Dort konnten die Kinder Cowboy und Indianer spielen und waren ganz sich selbst überlassen. Ob dahinter irgendein pädagogischer Gedanke steckte, weiß ich nicht. Oben im Wald sahen wir jedenfalls nur selten einen der Begleiter. Klar kamen die hin und wieder vorbei, schauten schnell mal herein und stellten fest: »Ach ihr spielt Indianer. Habt ihr auch Gefangene?« Wenn sie das so sagten, klang das geradezu nett. Aber für uns Knirpse, die immerzu die Rollen der Gefangenen übernehmen mussten, war es die Hölle. Wir trauten uns nicht, den Gruppenleitern auch nur mit einem Mucks zu verraten, wie es uns ging, oder uns gar gegen die größeren Burschen aufzulehnen. So konnten sie ungestört tun und lassen, was sie wollten und uns jeden Tag zum Fort schleppen. Es sei denn, gemeinsame Aktivitäten standen auf dem Stundenplan. Aber das passierte nur selten. So blieb uns nichts anderes übrig, als dort hinaufzumarschieren, und uns in die verhassten Hütten einschließen zu lassen. Einschließen ist vielleicht nicht das richtige Wort, denn bei uns Sieben-, Achtjährigen brauchte es keine Hängeschlösser. Da reichte es, dass uns befohlen wurde, dort zu bleiben. Die Großen mussten nur so tun, als würden sie uns einschließen. Manchmal wurden wir auch an einen Baum gefesselt und ausgepeitscht. Wir hatten viel zu viel Angst, um Widerstand zu leisten. Wir blieben stehen und ließen uns, verzweifelt heulend, von unseren Peinigern die Beine peitschen. Gnade gab es nie.

Diese Prozedur wiederholte sich im Großen und Ganzen jeden Tag. Manchmal wurden wir Kleinen gezwungen, größere Jungen zu peitschen, die gefangen genommen worden waren. Vielleicht, um die Schuld, die Scham und die Verantwortung zu verteilen, vielleicht um uns noch fester an unsere Quälgeister zu knüpfen. Henker spielen zu dürfen, war ganz gewiss angenehmer, als Opfer zu sein.

Auf diese Weise vergingen die Tage in dem Ferienlager. Am Schluss war mir jede einzelne Minute zuwider. Bekam man von der Mutter ein Paket mit Süßigkeiten, blieb einem nichts anderes übrig, als es den Älteren zu überlassen. Manchmal gelang es mir, mein Paket gierig zu raffen, aufs Klo zu sausen und so viel in mich hineinzustopfen, wie ich nur konnte. Aber das ging nur dann gut, wenn man sein Paket weggeschnappt hatte, ehe es irgendwer gesehen hatte. Und auf dem Klo zu sitzen und Süßigkeiten zu mampfen, war ja nicht unbedingt so toll.

Ich habe mich oft gefragt, ob die Gruppenleiter bewusst die Augen davor verschlossen, wie wir Kleinen von den älteren Kindern behandelt wurden. Oder sahen sie nicht, was los war? Das zu glauben, fällt mir schwer. Ich glaube eher, dass sie diese radikalen Ideen übernommen hatten, wo es hieß, Kinder würden sich am besten entwickeln, wenn sie sich allein überlassen blieben und ihre Konflikte untereinander lösten, ohne dass sich Erwachsene einmischten. Das Verhalten des Begleitpersonals lässt für mich keine andere Antwort zu.

Kinder lernen schnell, dass das Recht auf der Seite der Stärkeren liegt. Ich sah rasch ein, dass es keinen Sinn hatte, die Betreuer um Hilfe zu bitten. Wenn man sagte, die großen Jungen seien blöd und man wolle nicht mit ihnen hinauf in den Wald, wurde man mit einem »Ach, da passiert schon nichts« abgefertigt. Sie schickten uns kleine Jungen einfach weg. Wir fühlten uns total schutzlos. »Spielen macht Spaß! Cowboy und Indianer spielen doch alle!«

Ich wollte nicht in dem verdammten Lager bleiben. Ich fühlte mich von aller Welt verlassen, gedemütigt, den Wölfen ausgeliefert. Ich schrieb nach Hause und bat meine Eltern, mich holen zu kommen. Aber sie kümmerten sich nicht drum. Vielleicht begriffen sie nicht, wie ich litt. Ich versuchte es in meinen Briefen zu erklären, traute mich aber nicht, allzu konkret zu werden. Und ihnen fehlte es an Fantasie, um zwischen den Zeilen zu lesen. Aber als ich schließlich sogar an meine Großmutter schrieb und sie bat, mich abzuholen, hätten sie hellhörig werden müssen. Die Mutter meines Vaters mochte ich nämlich überhaupt nicht, und das wussten sie. Ich möchte sagen, ich hasste sie. Hass ist ein starkes Wort, und ich bin mir nicht sicher, ob man mit sieben, acht Jahren hassen kann. Nein, der Hass kommt später. Jedenfalls konnte ich sie wirklich gar nicht leiden. Nicht nur, weil sie so schrecklich altmodisch war und niemals etwas Neues akzeptieren konnte. Denn das war ja nicht so schwer zu verstehen, wenn man bedenkt, dass sie noch aus dem neunzehnten Jahrhundert stammte. Sondern weil sie ihre Umgebung vollständig beherrschte. In ihrem Leben war alles ganz genau eingeteilt und hatte seine festgelegte Ordnung. Wurde man zu ihr zum Essen bestellt – zu ihr wurde man nicht eingeladen, sondern dorthin beordert –, dann thronte sie grundsätzlich an dem einen schmalen Ende des Tischs und wir anderen bekamen die Plätze, die sie für uns vorgesehen hatte. Jedes Mal wurde auf dem guten Porzellan das gleiche eklige Essen serviert: zäher Braten mit brauner Soße.

Meine Großmutter konnte Jungen nicht leiden, obwohl ihr einziges Kind ein Junge war. Sie bevorzugte immer meine Schwester, die davon überzeugt war, dass ich das merkte, obwohl ich so viel jünger war als sie. Und so war es auch. Leider habe ich nur eine einzige Erinnerung an den Vater meines Vaters, der starb, als ich sehr klein war: an eine Märklin-Eisenbahn, die ich von ihm zu Weihnachten bekam.

Nein, die Großmutter mochte ich nie. Trotzdem schrieb ich ihr aus der Ferienkolonie einen Brief, genau wie ich an meine

Eltern geschrieben hatte. Ich wollte dort weg und war bereit, alle Mittel aufzubieten, die einem Siebenjährigen zur Verfügung stehen.

Aber es sollte noch schlimmer kommen. Wir waren drei kleine Jungen, zwei waren sieben und der dritte acht Jahre alt. Den ganzen Monat lang hatten uns die größeren Jungen gezwungen, ihnen die Betten zu machen. Zwei Tage vor der Heimfahrt, als endlich ein Ende dieser Hölle absehbar war, war es an der Zeit, für die nächste Gruppe sauber zu machen und aufzuräumen. Da schleppten uns die Großen einfach in ihren Schlafraum und zwangen uns, ihn zu putzen, während sie blöde Sprüche machten und höhnisch lachten. Wir waren natürlich verzweifelt, wagten aber nicht, uns zu widersetzen. Als ob diese Qual noch nicht gereicht hätte, befahl uns einer der älteren Jungen, vor sie zu treten. Zwei mussten sich hinknien. Dann zwangen sie den dritten Jungen, seinen Zipfel rauszuholen. Verlegen und unbeholfen versuchte er, sich zur Wehr zu setzen. Unter Lachen, Gespött und lauten Kränkungen steckten sie seinen Penis erst dem einen von uns in den Mund und dann dem anderen. Sie befahlen uns zu saugen. Es war eklig! Was ich in dem Moment empfand, lässt sich nicht beschreiben. Ich flennte und kämpfte gegen den Brechreiz, wagte aber nicht zu rebellieren. Nach einem Monat in der Gewalt dieser Burschen tat man, was sie sagten. Und während wir dort auf schmerzenden Knien gegen die Ekelgefühle ankämpften, bildeten sie einen Kreis um uns, lachten, zeigten mit dem Finger auf uns und beschimpften uns: »Da, wie eklig die sind! Bäh!« Wir waren absolut machtlos, wir konnten nichts machen, nicht einmal zu den Betreuern rennen und um Hilfe bitten.

Dieser Besuch im Ferienlager hinterließ in mir tiefe Spuren. Teils, weil keiner von den Erwachsenen sah, was sie hätten sehen und wo sie hätten eingreifen müssen. Teils wegen der Erniedrigung. Leider gab es damals keinen, der hinhörte. Ich bin offen gestanden sicher, dass mein Leben anders verlaufen wäre, wenn ich nicht im Alter von sieben Jahren diesen Monat im Gefängnis hätte verbringen müssen.

Am letzten Tag vor der Abfahrt sollten wir uns Mitbringsel kaufen. Ich suchte mir ein einfaches Fahrtenmesser aus. Und am nächsten Morgen, kurz bevor uns der Bus in die Stadt zurückbringen sollte, ging ich in das Zimmer, in dem einige von den Älteren gewohnt hatten, und zerstörte mit rasender Aggressivität jedes einzelne Kissen. Vor meinem inneren Auge sah ich, wie sich das Messer in ihre Gesichter bohrte, wie das Blut spritzte, sah ihre verwunderten und erschrockenen Blicke – die gleichen Blicke, denen sie oftmals in diesen Wochen von uns kleinen Burschen begegnet sein müssen –, sah, wie die schwächer wurden und sich nach innen wandten. Wie sie verschwanden, ausgetilgt, und nichts als zerstörte Kissen zurückblieben. Das wurde für den Moment meine Rache. Ja doch, es verringerte den Druck in mir etwas. Aber da war vieles geblieben, wovon einen nicht einmal ein Fahrtenmesser erlösen konnte.

Ich habe meinen Eltern nie erzählt, wie es mir im Ferienlager ergangen war. Es schien keinen Sinn zu machen und sie fragten auch nie.

Einer der Peiniger aus dem Lager ging in die gleiche Schule wie ich. Natürlich konnte er die Klappe nicht halten. Also verbreitete sich die Geschichte wie ein Lauffeuer und damit konnte ich meinen Spitznamen noch einen weiteren hinzufügen – Schwanzlutscher. Merkwürdigerweise verlor dieser Spitzname schnell an Popularität. Vielleicht wollten die anderen das alles nicht so richtig glauben. Vielleicht begriffen sie, dass ich bedroht worden war. Vielleicht war es ihnen peinlich. Die Geschichte geriet jedenfalls schnell in Vergessenheit und ich tat wirklich nichts dazu, um sie lebendig zu erhalten. Fünfundzwanzig Jahre lang habe ich nie jemandem davon erzählt. Sie war gestorben. Wieder aufgegriffen habe ich sie zusammen mit meiner Therapeutin, Monika Brandt, die einer der wichtigsten Menschen in meinem Leben werden sollte.

Die Erinnerung aber war immerzu da, nicht bewusst, sondern wie eine in all den folgenden Jahren aus der Tiefe wirkende Triebfeder. In einem langen Zug nahm ich an allem und allen Rache. Heute bin ich davon überzeugt, dass mein Bedürfnis nach Alleinsein und der Umstand, dass ich, ähnlich wie mein Vater, nie Gefühle mit jemandem teile, mit durch die Geschehnisse in einem schwedischen Ferienlager im Sommer 1971 bedingt sind. Dort lernte ich, mich niemals auf Erwachsene zu verlassen. Ich musste allein zurechtkommen, musste alle Probleme auf meine Weise lösen. Und meine Weise hieß: Krieg gegen alle und alles. Konflikte waren nicht anders zu lösen, etwa durch Verhandeln oder indem man andere Leute um Hilfe bat. Es gab keinen gangbaren Weg, das hatte mir die Realität gezeigt. Nein, das Einzige, was half, waren Drohung und Gewalt und sich sein Recht mit Gewalt zu nehmen. Natürlich dachte ich mit sieben, acht Jahren nicht bewusst so. Ich weiß nicht, ob ich mir überhaupt überlegte, wie sich mein Dasein entwickelte. Ich glaubte wohl eher, dass es einfach so sein musste – einige haben das Sagen und andere werden unterdrückt. So im Nachhinein kann man nur feststellen, dass Gewalt einen wesentlichen Teil meines Lebens ausmachte, bis ich dreißig wurde. Erst da hatte ich begriffen, dass Gewalt mehr Probleme schafft als löst.

In der Unterstufe ging es mir ziemlich gut. Ich versuchte, etwas für die Schule zu tun und mich gut zu betragen. Aber ich wurde kräftig schikaniert. Vielleicht war ich ein bisschen zurückhaltend, na ja, eigentlich weiß ich nicht, ob das stimmt. In den Stunden, die ich mochte, war ich immer aktiv. Zusammen mit zwei anderen Jungen machte ich Zeichnungen und präsentierte etwas, was wir »Urzeitnachrichten – Neuigkeiten aus der Steinzeit« nannten. Da konnte ich fantasieren und reden und andere zum Lachen bringen und das machte mir Spaß. Die Nachrichten wurden von unseren Klassenkameraden wirklich geschätzt, und mir tat es gut, manchmal als »cooler Typ« dazuzugehören. Die zwei anderen gehörten im Übrigen zu denjenigen, die am meisten mobbten.

Wegen der Sauferei meines Vaters brachte ich Freunde nur in den Ferien tagsüber mit nach Hause, wenn mein Vater nicht da war. Aber sonst, niemals! Ich hatte nicht viele Freunde oder Spielkameraden, obwohl in der Gegend jede Menge Kinder wohnten. Wenn wir Cowboy und Indianer spielten und uns gegenseitig gefangen nahmen, ging es immer heftig zu, ja eigentlich viel zu gewalttätig. Ich habe mich oft gefragt, ob sich das in anderen Gegenden genauso verhielt oder ob wir Kinder aus Årsta besonders gewalttätig waren. Überall gab es Mobbing. Es war, als ob die Erwachsenen nicht sehen wollten, was sie sahen, als ob sie sich weigerten, zu begreifen. Denn niemals stellte jemand unsere Spiele infrage und genauso wenig fragte jemals jemand, wie es uns ging. Das schien irgendwie nicht dazuzugehören.

Ich bin immer sehr klein gewesen, erst in der Neunten war ich etwa so groß wie meine Klassenkameraden. Ungefähr damals holte ich jedenfalls meinen Freund Olle, der im Haus auf der gegenüberliegenden Straßenseite wohnte, ein. Er war einen Meter achtzig groß. Aber bis dahin war ich sehr klein und dünn.

Olle und Magnus, der gleichfalls gegenüber wohnte, waren meine beiden engsten Freunde. Olle hatte noch zwei Brüder. Weil der Vater Ingenieur war, sollten auch die Söhne Ingenieure werden, das hatte der Vater so entschieden. Olles Familie war also ganz das Gegenteil von meiner. Dort entwickelte man für die Söhne tatsächlich Ambitionen, während meine Eltern sich so gut wie nie nach der Schule erkundigten oder fragten, ob ich Hausaufgaben aufhätte.

Aufgrund des Ehrgeizes von Olles Vater mussten wir unsere Spiele manchmal abrupt beenden, weil die Söhne auf Kommando des Vaters hin ihre Aufgaben machen mussten. Und dann flog ich raus. Ich weiß, dass dieses Hausaufgabenmachen ziemlich barsche Formen annehmen konnte. Einmal klopfte der Vater einem der Brüder mit einem Hammer an den Kopf. Ob das nur aus Versehen passierte oder ob es eine merkwürdige Art der Züchtigung oder ein neuer pädagogischer Kniff sein sollte, weiß ich nicht. Olle hat sich jedenfalls bis heute nicht aus dem eisernen Griff seines Vaters befreien können, obwohl der mittlerweile ziemlich alt und brummig ist.

Der älteste Bruder von Magnus wurde im Laufe der Zeit zu Årstas erstem und bekanntestem Haschraucher.

In der dritten Klasse kam es dann zu dem ersehnten Rollentausch, auf den ich seit dem ersten Schuljahr gewartet hatte. Nun konnte man nämlich bei den Spielen auf dem Berg bei der Schule selbst über die Kleinen bestimmen. Und weil wir uns nicht an den Älteren rächen konnten, mussten die Jüngeren das ausbaden. Jetzt waren sie es, die von uns ausgeschimpft und mit den Ruten der jungen Birken verdroschen wurden.

Im Nachhinein fällt es mir schwer zu begreifen, wie wir den Kleinen gegenüber so grausam sein konnten. Mit meiner Sicht auf andere und auf Gewalt musste sich etwas verändert haben. Denn je länger ich darüber nachdenke, umso klarer sehe ich, dass man als Neunjähriger eigentlich keine Siebenjährigen mit diesen üblen Ruten verhaut, denn das tut wirklich weh. Das ganze Ritual war sorgfältig geplant. In jeder Pause zwangen wir einige der Erstklässler nach dort oben, wo sie im Matsch stehen mussten. Sie wagten nicht zu rebellieren, denn sie wussten, was passierte, wenn man versuchte, sich zu verdrücken. Irgendeiner hatte mal eine Gelegenheit genutzt und war abgehauen, aber wir holten ihn ein und warfen ihn zu Boden. Er musste eine Menge Schläge und Tritte einstecken.

Sich so zu verhalten, war natürlich nicht normal. Auch nicht, sich bei Prügeleien auf dem Schulhof kleine Messingstückchen zwischen die Finger zu klemmen, was ein Freund und ich taten. Einer von uns beiden muss auf die Idee gekommen sein, denn von zu Hause kam das nicht. Mein Vater betonte immerzu, dass man nicht weglaufen dürfe, sondern sich verteidigen müsse, wenn man angegriffen würde. Aber das sollte reines Fighten mit den Fäusten sein, keine solchen Tricks oder Tritte. Klar hatte man auch zu seiner Zeit Schlagringe benutzt, aber man trat nie nach Leuten, die auf der Erde lagen. Wer lag, hatte verloren, bis er aufstand und weitermachen wollte. Deshalb weiß ich nicht, woher ich diese Ansicht von Schlägereien hatte – dass quasi alles erlaubt war, Hauptsache, man gewann. Irgendwo unterwegs müssen ein paar Sperren auf der Strecke geblieben sein.

Obwohl ich mich in die Schar derer, die andere mobbten, eingereiht hatte, hörte es leider nicht auf, dass ich schikaniert wurde. Nein, dieses Mobben schien hin und her zu wechseln. Den einen Tag Opfer, am nächsten Täter. Die meiste Zeit landete ich auf der Seite der Opfer. Aber manchmal durfte ich auf der anderen Seite mitmachen und selbst mobben. Da nahm ich dann die Gelegenheit wahr und machte nach Herzenslust mit.

Wenn ich mich an diese Zeit zurückerinnere, erscheint sie mir als einziger großer Überlebenskampf, oder – um mich weniger dramatisch auszudrücken – ein ständiger Kampf, dem Verprügeltwerden zu entkommen. Ganz so kann es nicht gewesen sein. Aber so ist mir die Zeit im Gedächtnis geblieben. Wenn ich an meine Kindheit denke, dann fallen mir immer sofort die Begriffe Kälte ein, Prügeleien, Schrecken, Wut und Angst. Und einzelne Vorfälle, die in klaren Bildern aus meiner Erinnerung auftauchen, handeln oft von demselben Thema. So wie die Geschichte mit Thomas.

Ich kann mich nicht daran erinnern, warum wir uns ausgerechnet Thomas aussuchten. Vielleicht fiel er durch irgendetwas aus dem Rahmen oder vielleicht lag es einfach nur daran, dass er immer über den Berg nach Hause ging. Dort konnte er angegriffen werden, ohne dass wir riskierten, entdeckt zu werden. Also, eines Nachmittags standen wir da, zehn Burschen, und warteten darauf, dass Thomas auftauchte, was er auch tat. Als er begriff, dass wir nicht als Kumpels auf ihn warteten, um ihn nach Hause zu begleiten, war es zu spät. Stattdessen bekam er eine richtige Packung ab, Schläge und Tritte. Warum? Fragt mich nicht! Allein die Tatsache, dass ich mich nicht erinnere, warum wir ihn eigentlich verprügelten, reicht aus, um das Wahnsinnige daran klarzumachen. Ein schwacher Trost kann vielleicht sein, dass in der Regel die Dritt- und Viertklässler nicht so wild wie die Älteren aufeinander losprügelten. Man schlug auf Arme und Beine und konnte gewinnen, ohne seinem Widersacher ernsthaft Schaden zuzufügen. Hinter den Schlägen steckte auch nicht so besonders viel Kraft.

Das Gleiche galt, wenn sich nur zwei miteinander prügelten. Allerdings unterschied ich mich hier von meinen Kameraden, weil ich bei solchen Auseinandersetzungen ins Gesicht schlug. Die Wirklichkeit sei nun mal kein Boxring, meinte mein Vater: »Da gibt es keinen Schiedsrichter und kaum Regeln«, pflegte er zu sagen, »sondern da geht es nur darum, zu gewinnen. Und es ist auch kein Schönheitswettbewerb. Also hau aufs Gesicht, auf die Nase. Das tut verdammt weh. Aber man gewinnt!«

Dabei blieb ich. Später dann, als Prügeleien Teil meines Alltags als Skinhead wurden, konnte es vorkommen, dass zwei einen Dritten festhielten und ein Vierter unterdessen mit aller Kraft mit einem Schlagring drauflosprügelte. Klar, dass so eine Behandlung wehtat und blaue Flecken hinterließ – an Körper und Seele. Auch mir ist das nie gut bekommen, weder als wir Thomas verhauten noch später im Leben. Doch bis ich aufhörte, mich wie ein Verrückter zu verhalten, dachte ich niemals darüber nach, wen ich geschlagen und wie die Gewalt auf denjenigen gewirkt hatte. Es war einfach so wie es war. Ich betrachtete das Dasein als einen Kampf auf Leben und Tod, wo der Stärkere überlebt und der Schwächere untergeht. Das galt schon ganz früh, in der Schule, wo ich selbst der Schwache war, den anderen ausgesetzt und kurz davor, unterzugehen. Vermutlich habe ich mich deshalb dann fürs Überleben entschieden. Und ich wusste, in dem Kampf war ich vollkommen auf mich allein gestellt.

Mein Vater war gern allein, meine Mutter das genaue Gegenteil. Wenn sie ihre regelmäßigen Treffen mit anderen Frauen hatte, hielt mein Vater sich fern und kam erst nach Hause, wenn es für die Gäste an der Zeit war, zu gehen. Manchmal lud sie ihre Geschwister ein, sie hatte ja genügend. Sie spielten dann Karten und klatschten ein bisschen über Freunde und Bekannte, wie das Leute eben tun, wenn sie zusammensitzen. Das Merkwürdige war vielleicht, dass meine Mutter, obwohl sie sich dafür entschieden hatte, sich mit so einem gewöhnlichen Menschen zusammenzutun, unter ihren Geschwistern die Starke war. Sogar am Ende, als sie an Krebs erkrankt war und wusste, dass sie sterben würde, war sie diejenige, die ihre Geschwister aufmuntern und trösten musste.

Der Kreis der Leute, mit denen meine Mutter verkehrte, war nicht unbedingt meiner. Als ich alt genug war, um mit meinen Vettern und Cousinen Kontakt zu haben, gab es für mich keinen Platz. Ich war ja ein Nachkömmling und mindestens zehn Jahre jünger als die anderen. Also haben mich die Treffen der Cousins und Cousinen nie berührt und das hat sich bis heute nicht geändert. Was für ein Verwandtentreffen? Wieso das? Ich verstehe ja, dass sie sich gern treffen wollen. Aber meine Beziehung zu ihnen beschränkt sich darauf, dass wir uns bei den Geburtstagen unserer Eltern und bei Beerdigungen sehen.

Nein, diese Verwandtentreffen gingen mich ebenso wenig an wie meinen Vater. Er wollte mit Mutters Familie nichts zu tun haben. Und selbst wenn mir mein Vater kein Vorbild gewesen wäre, hätte seine Einstellung auf mich abgefärbt. Er war doch mein Vater.

Meine Mutter hatte auch zu den Nachbarn im Haus Kontakt. Hier kannten sich alle untereinander. Ich glaube, sie schämte sich ein bisschen, weil mein Vater so viel trank, das wussten schließlich alle. So hatten wir, weil Vater so wenig gesellig war, einen ziemlich begrenzten Bekanntenkreis. Ich glaube, er war in vielerlei Hinsicht furchtbar bitter.

Im Vergleich zu Mutter war Vater schwach und ohne wirkliche Interessen – abgesehen von der Flasche natürlich. Er las ein bisschen, meistens die Abendzeitungen und Wildwestheftchen. Ich glaube, er hat tatsächlich Tage Erlanders* Memoiren durchgeackert und ›Våra drömmars stad‹ (Stadt unserer Träume) von Per Anders Fogelström** – die einzigen Bücher in ihrem Bücherregal, das ansonsten mit Schnickschnack vollgestellt war. In den letzten Jahren las er auch einige der Bücher

* 1901–1985, schwedischer Politiker, Sozialdemokrat, 1946–69 Parteivorsitzender und Ministerpräsident. Stand für soziale Reformpolitik und führte Schweden in Richtung eines sozialen Wohlfahrtsstaates.

** Buch über die Entwicklung der Stadt Stockholm seit dem 19. Jahrhundert aus der Sicht einer Arbeiterfamilie.

von Jan Guillou*, die ich ihm in die Hand gedrückt hatte. Nein, weder die Weltliteratur noch die schwedische Arbeiterliteratur standen auf der Leseliste meiner Eltern, auch wenn sie sich vielleicht in der Welt der Bücher hätten zu Hause fühlen können. Aber Lesen interessierte sie nicht sehr. Vielleicht hatten sie deshalb so eine laue Einstellung zum Lernen und Studieren. Sie fanden, man solle einen ordentlichen Job haben, das sei das Entscheidende. In den Familien meiner Onkel und Tanten herrschten völlig andere Vorstellungen. Meine Cousins und Cousinen gingen größtenteils sogar auf die Hochschule. Bei denjenigen, bei denen es dafür nicht reichte, sorgten ihre Väter dafür, dass sie einen guten Job bekamen.

Doch, wir waren ziemlich anders als die übrige Familie, und das muss ich schon ziemlich früh gemerkt haben.

Manchmal lud meine Mutter ihre Schwester Maj zum Essen ein. Sie war wohl die Einzige in der Familie, die Vater etwas sympathisch war, weil sie auch ganz ordentlich schlucken konnte. Die Treffen endeten immer damit, dass sie und Vater aneinander gerieten, weil sie ihre Finger nicht vom Alkohol im Kühlschrank lassen konnte. Nein, das mit dem Umgangpflegen funktionierte in unserer Familie nie gut, sondern führte stets zu Reibereien. Nicht mal Weihnachten, woran sich die meisten Kinder gerne erinnern, verlief in Ruhe und Frieden. Im Gegenteil, für mich war Weihnachten eine Qual. Gewisse Rituale wurden Jahr für Jahr eingehalten. Meine Mutter und meine Schwester bereiteten das Essen zu, während Vater wie gewöhnlich zu Hause keinen Finger krumm machte. Dann kam seine Mutter, und damit war mit dem relativen Weihnachtsfrieden Schluss, weil sie sofort das Kommando übernahm. Nach dem Verteilen der Weihnachtsgeschenke gab es Essen. Die Großmutter nahm den Ehrenplatz ein und Vater trank wie gewöhnlich zu viel – für Mutter reichte ein Glas Likör, zu Weihnachten wie zum Mittsommerfest oder bei Geburtstagen. Nach dem Essen fuhr Großmutter wieder nach

*** Kriminal- und Spionageliteratur

Hause und dann war der Tag um. Manchmal sahen wir noch ein bisschen fern, manchmal zog ich mich in mein Zimmer zurück, spielte mit den Weihnachtsgeschenken, bastelte weiter an angefangenen Modellbauten oder spielte mit meinen Zinnsoldaten Krieg.

Wenn sich zwischen den Erwachsenen etwas zusammenbraute, wurde mein Zimmer zu meiner Burg. Dort konnte ich für mich sein, selbst als ich das Zimmer mit meiner Schwester teilen musste.

Ich spielte sehr viel mit meinen Zinnsoldaten, einfachen Figuren, die nicht einmal bemalt waren. Das war nicht weiter schlimm, in meiner Fantasie waren sie bunt. Am häufigsten ging es um etwas, das mit Deutschland zu tun hatte. Ich weiß bis heute nicht, woher das Interesse für das, was vor und während des Zweiten Weltkriegs gewesen war, kam. Denn meine Eltern hegten wirklich keine Sympathien für dieses Land. Ich hatte schon früh anfangen, mich für Geschichte zu begeistern, und vielleicht waren es die Serien mit Asterix und Obelix, die für mich den Grundstein legten. Egal, wie ich dazu gekommen war, jedenfalls war ich mächtig beeindruckt von der deutschen Armee und ihren Schrecken einflößenden Uniformen, auf denen Totenköpfe und andere merkwürdige Symbole prangten. Die deutsche Kriegsmaschinerie, besonders die Panzer, kam mir wie eine uneinnehmbare Festung vor und den Streitkräften der Alliierten weit überlegen. Die Passion für alles Deutsche erstreckte sich von den Uniformen über das Waffensystem und die Kampftaktik bis hin zu den berühmten Schlachten, der militärischen Disziplin und dem Drill.

Zwischendurch tauschte ich für eine kürzere Zeit die Kriegsspiele gegen etwas friedlichere aus. Damals baute ich für die Modelleisenbahn eine Landschaft auf. Als das Interesse für dieses eher friedfertige Zugfahren abebbte, benutzte ich die Landschaft stattdessen für Kriegsspiele. Da gab es Truppentransporter und die Deutschen, die eine Stadt einnehmen oder sie verteidigen sollten. Mein eigenes Waffenarsenal erweiterte ich, indem ich Plastikmodelle baute.

Dass dieses ganze deutsche militärische Wunder geschaffen worden war, um sich die übrige Welt untertan zu machen und um so genannte »niedriger stehende« Gruppen der Bevölkerung auszurotten, das gehörte zu der Zeit nicht zu meinem Weltbild, das kam später. Ich hatte von der nazistischen Ideologie noch nichts gehört.

Meine Eltern kommentierten meine Neugier an allem Deutschen nie, obwohl sie Sozialdemokraten waren. Nicht gerade gläubige Sozis, besonderes Engagement steckte da nicht dahinter. Sie wählten halt aus alter Gewohnheit sozialdemokratisch. Ich will nicht behaupten, mein Zuhause sei direkt schlicht gewesen, aber besonders viel diskutieren konnte man mit meinen Eltern nicht. Außerdem bin ich ziemlich sicher – hätte ich meinen Vater zu dem Parteiprogramm, mit dem er sympathisierte, befragt, dann hätte er nicht darauf antworten können. Er redete vermutlich wie so viele andere: Wenn man Arbeiter ist, dann wählt man die Sozis. Und ist Gewerkschaftsmitglied. Fertig aus!

Ich habe früh zu lesen begonnen. Oft habe ich mir überlegt, woher diese Lust kam oder auch meine sprachlichen Fähigkeiten. Denn weder mein Vater noch meine Mutter waren besonders redselig, mein Vater schon gar nicht. Von ihm kam nicht viel. Vielleicht war seine Wortkargheit weniger ein Teil seiner Persönlichkeit als eine soziale Frage. Kann meine Lust am Lesen nicht auch eine Folge meiner »familiensozialen« Situation gewesen sein? Denn wenn man allein ist, dann liest man. Und nachdem ich sehr viel für mich war, konnte ich nicht viel anderes tun, als allein spielen und lesen.

Schon etwa in der sechsten Klasse fing ich an, mich verstärkt für Geschichte zu interessieren. Dazu gehörte, dass ich alles las, was ein Elfjähriger in sich aufnehmen kann – also nicht unbedingt historische Abhandlungen. Aber ich lernte viel dabei und bei einer späteren Gelegenheit war ich der Einzige in der Klasse, der die Namen der Staatsmänner von verschiedenen Ländern während des Zweiten Weltkriegs wusste, Stalin, Churchill, Roosevelt und Hitler. Als ich dann noch weitere Fragen zum Krieg beantworten konnte, klopfte mir mein Lehrer anerkennend auf die Schulter. Das wärmte, denn was Ermutigung anbelangt, war ich nicht gerade verwöhnt.

In der Mittelstufe entwickelten wir eine imaginäre »Mobbingliste«. Man konnte in der einen Woche als Opfer auf der Liste stehen, aber in der nächsten darauf fehlen und zu denjenigen stoßen, die andere schikanierten. Das galt für alle. Nur zwei Jungen in der Klasse, die Könige, die standen niemals auf der Liste. Ich selbst fehlte auch immer öfter darauf. Das lag vor allem daran, dass ich mich unheimlich viel prügelte. Und zwar haute ich immer so, wie es mir mein Vater beigebracht hatte, also aufs Gesicht. Ich glaube, die anderen fanden das nicht gut, aber das war mir egal. Es ging ums Gewinnen, und das tat ich meistens. Seither war es gar nicht mehr so lustig, mich anzugreifen.

Die Schule von Årsta war merkwürdig. Im Unterricht sollte Ordnung herrschen, damit gelernt werden konnte. Aber was außerhalb des Klassenraums vor sich ging, darum schien sich keiner zu kümmern. Wir Schüler hatten angefangen, unsere Plätze in der sozialen Hackordnung zu finden. Die Könige ganz oben, darunter eine Gang von notorischen Störenfrieden, dann alle übrigen Schüler – wie eine graue Masse, ohne weitere Ambition als der, dem Gemobbtwerden zu entgehen. Ich selbst gehörte zur Gruppe der Troublemakers – also zu denen, die ständig den Unterricht störten, die Lehrer dazu brachten, die Geduld zu verlieren, und die aus dem Klassenzimmer verwiesen wurden.

In der Fünften bekamen wir eine Vertretungslehrerin, die uns ein Schulhalbjahr unterrichten sollte. Mein Aufgabe wurde es, sie fertig zu machen. Nicht unbedingt, weil ich der Klassenkasper war. Aber ich hatte jetzt diese Rolle, das war einfach so. Die anderen notorischen Störenfriede unterstützten mich. Wir terrorisierten sie, indem wir den Unterricht sabotierten, und wir drückten uns nicht gerade besonders freundlich aus. Ich erreichte mein Ziel. Als sie in einer Stunde zusammenklappte und weinte, dachte ich: »Yes, jetzt habe ich gewonnen!« Gewonnen? Was denn? Hätte man mich das damals gefragt, hätte ich nicht darauf antworten können. Natürlich ging es um die Macht im Klassenzimmer. Und die zu erobern war mir für einen kurzen Moment gelungen. Das fühlte sich gut an, machte mich beinahe euphorisch.

Ich hätte natürlich rausfliegen oder zum Rektor bestellt und vom Unterricht ausgeschlossen werden müssen. Aber es passierte nichts! Wir Schüler machten, was wir wollten. Dabei hatte ich durchaus Angst vor meinem Vater. Ich kann mich an einmal erinnern, ich glaube, ich war in der Sechsten, da hatte ich oben im Wald heimlich geraucht. Als ich von einem kleinen Bergabhang auf die Straße hinuntersprang, hatte ich das Pech, meinem Vater direkt vor den Füßen zu landen. Wir waren wohl beide gleichermaßen erschrocken, doch er fasste sich als Erster und wollte wissen, was ich dort gemacht hatte. Ich erklärte, ich sei auf dem Weg zur Schule und damit begnügte er sich.

Ich versuchte, den Schein zu wahren. Aber sie bekamen doch immer das Zeugnis zu sehen und das war nicht so doll. Nur erfolgten darauf nie irgendwelche besonderen Reaktionen. Es war, als ob das Zeugnis keine Rolle spielte. Wichtig war, eine anständige Arbeit zu finden. Doch obwohl meinen Eltern meine Noten egal waren, wollten sie, dass ich mich in der Schule anstrengte. Ich glaube, wenn mein Vater nur einen Bruchteil von dem erfahren hätte, was ich hinter seinem Rücken anstellte, dann wäre zu Hause die Hölle los gewesen. Das Risiko war aber offenkundig nicht besonders groß.

Der Einzige, vor dem ich in der Schule Respekt hatte, war der alte Edberg, der Geschichte unterrichtete. Einerseits war er ein altmodischer Typ, der auf Disziplin hielt, andererseits war er ungeheuer gebildet. Er fiel auch deshalb aus dem Rahmen, weil er oft, wenn er von einem geschichtlichen Ereignis oder einer Person sprach, mit geschlossenen Augen vor der Klasse stand. Das tat er wohl, um ein inneres Bild erstehen zu lassen. Viele Schüler verstanden das nicht. Sie fanden, er sei komisch. Vielleicht hätte ich genauso reagiert, wenn ich nicht von Geschichte und von seinen Kenntnissen so ungeheuer fasziniert gewesen wäre.

Lehrer Edberg war ein wahrer und zutiefst engagierter Pädagoge. Er ermunterte uns, uns für Geschichte zu interessieren und Fragen zu stellen. Um Geschichte lebendig werden zu lassen, nahm er einige von uns interessierten Schülern mit ins Riddarhus, das alte schwedische Ständeparlament. Ein unvergessliches Erlebnis. Er lud uns auch zu sich nach Hause ein, zu Tee und Gebäck. Seine Wohnung schien aus Büchern gebaut zu sein. Ich hatte vorher noch nie so viele auf einmal gesehen, abgesehen von der Bibliothek. Überall standen vollgestopfte Bücherregale.

Ich habe nie an Gott geglaubt, nicht einmal als ich richtig klein war. Aber wenn es einen Gott gab, dann war er wohl ungefähr so wie Edberg. Ja, er übernahm für mich diese Rolle, denn ein richtiges Vorbild konnte er nie werden. Dafür war er einfach zu alt.

Obwohl ich Edberg geradezu verehrte, schaffte ich es, mich eines Tages während seines Unterrichts so blöd zu benehmen, dass ich rausflog. Dieses Mal waren die Rollen plötzlich ganz anders verteilt. Während ich es bei den anderen Lehrern als Sport ansah, rausgeworfen zu werden, empfand ich es als Niederlage, als Edberg mich vor die Tür setzte. Noch dazu, wo ich tatsächlich einmal an dem, was passierte, unschuldig war.

Zwar bin ich schon von klein auf an Geschichte interessiert gewesen, aber durch Edberg wurde aus diesem allgemeinen Interesse mehr, wurde daraus eine Leidenschaft. Bei Asterix beginnend, ging mein historisches Interesse weiter, bis hin zu Zeitgeschichte. Da besonders der Zweite Weltkrieg und die deutsche Geschichte. Wie gesagt, hatte das überhaupt nichts mit der Nazi-Ideologie von Übermenschen und gesunden, blauäugigen Germanen zu tun. Mich faszinierte etwas anderes. Und das kam auch durch, wenn wir in der Schule oder abends Krieg spielten. Ich suchte mir immer Deutschland aus. Nachdem niemand sonst die Rolle übernehmen wollte, bekam ich stets, was ich wollte. Ich fand, die Deutschen seien ein bisschen militärischer als die Engländer und die Amerikaner gewesen. Ihre Panzer waren toller und auch die Uniformen. Und dann hatten sie genau definierte Helden, die für ihren persönlichen Einsatz dekoriert wurden, während die andere Seite irgendwie diffuser und kollektiver gewesen zu sein schien.

In der Oberstufe bekam ich plötzlich einen Schwung neuer Mitschüler, die nicht besonders angenehm im Umgang waren. Sie kamen aus einer Schule in der Nähe, an der es keine Oberstufe gab. Ich hatte an sich beschlossen, mich zusammenzunehmen und mehr für die Schule zu arbeiten. Ich fing in Deutsch und Mathe mit Leistungskursen an. Aber das ging alles ganz schnell zum Teufel. Denn die Neuen legten sich ziemlich bald mit meinen alten Klassenkameraden an, beschimpften sie, Streber zu sein, und verprügelten sie. Da wurde mir klar, dass ich wählen musste. Entweder in der Schule gut vorankommen oder Kumpel in der neuen Gang werden. Bis dahin hatte ich mich in der Schule beständig unterlegen gefühlt.

Wollte ich es auch in Zukunft so haben? Wollte ich immer weiter der Unterlegene sein, als Streber klassifiziert oder als Brillenschlange gemobbt werden? Wollte ich mich mit meinen alten Mitschülern verbünden? Die zu schätzen hatte ich keinen besonderen Grund. Oder sollte ich zu ihnen auf Distanz gehen und mich den Neuen anschließen?

Die Antwort lag ziemlich nahe. Im Frühjahr war es mit dem Leistungskurs in Deutsch vorbei und aus dem Leistungskurs in Mathe wurde bald der allgemeine Kurs. Weil es damals noch keine Integrationsklassen für schwierige Schüler gab, waren alle verhaltensauffälligen Schüler unserer Schule in Mathe im allgemeinen Kurs. Man kann sich fragen, was der Kurs wohl mit Mathe zu tun hatte. Denn unser Lehrer gab seinen Versuch, uns die Sache mit x und y und Gleichungen beizubringen, umgehend auf. Stattdessen schlugen wir die Zeit mit Bingospielen tot.

Ich fing an, mit den Störern rumzuhängen. Das könnte klingen, als ob ich eine bewusste Wahl getroffen hätte, bei der ich ein Szenario gegen das andere abgewogen hätte. Aber so raffiniert war ich natürlich nicht. Es geschah vermutlich mehr intuitiv und weil ich es cool fand, mit den Neuen zusammen zu sein, denen egal war, was man für einen Hintergrund hatte, und die stattdessen sahen, wer man war und was man machte. Und wenn man so Sachen anstellte wie auf den Toiletten Feuer anzünden, den Unterricht sabotieren, die Vertretungslehrer fertig machen und sich prügeln, dann war man gut genug und gehörte dazu. Und das alles tat ich. Ich fand, es sei wichtiger, ein paar Kumpels zu haben und ein bisschen Aufmerksamkeit zu bekommen – auch wenn das von einem verlangte, dass man sich wie ein Idiot verhielt und schlechte Noten bekam. Aber mir gab es ungeahnte Möglichkeiten, meine Klassenkameraden zu verprügeln. Und das tat ich nicht ungern. Trotz allem fühlte ich mich in diesen neuen Kreisen nie zu Hause.

Nein, die Oberstufe vermisse ich nicht: viel Schuleschwänzen, miserable Noten, unbeliebt bei den Lehrern und wiederholte Besuche bei einer Schulkuratorin, die sich, schon ehe sie mich und meine drei Kumpel überhaupt traf, eine Meinung gebildet und uns verurteilt hatte. Für sie waren wir unbelehrbar, dumm. Weshalb sollte sie sich also um uns kümmern, eine Gruppe von Losern? Sie formulierte das wohl nicht exakt so, aber der Sinn dessen, was sie meinte, war nicht misszuverstehen. Wir hatten Probleme mit dem Lernen und tja, unsere Zukunft schien nicht so strahlend auszusehen. Da konnte die Schule nichts machen. Gleichwohl waren wir gezwungen, dort zu sein. Trotz allem rief nie jemand zu Hause an und beschwerte sich, wie mies wir uns aufführten, wenn wir tatsächlich einmal anwesend waren. Doch, einmal hatten sie sich wohl an meinen Vater gewandt und ihm mitgeteilt, dass mir die Schule egal zu sein schien und dass ich schwänzte. Aber er nahm das nicht so tragisch.

Es war nicht meine Absicht, asozial oder kriminell zu werden. Klar benahm ich mich in der Schule schlecht, aber viele andere taten das auch. Unter meinen Mitschülern gab es nicht viele, die aufs Gymnasium wechseln wollten. Die meisten wurden ganz gewöhnliche, angepasste Malocher. Uns konnte man doch nicht als angehende Gangster ansehen. Dass wir uns so benahmen, wie wir es taten, beruhte wohl eher auf unserer Abneigung gegen die Schule. Zum Teil aber auch darauf, dass es gegen unser Verhalten keinerlei Sanktionen gab. Man konnte sich noch so erbärmlich aufführen und landete nicht mal beim Rektor. Ja, die Lehrer schienen höchstens froh zu sein, wenn wir schwänzten und der Schule fernblieben. Zumindest interpretierten wir diesen Mangel an Sanktionen und dass sie sich nie an unsere Eltern wandten so.

Ich glaube nicht, dass meine Eltern ahnten, was los war. Vermutlich glaubten sie, dass die Schule noch so war wie damals, als sie hingingen. Denn da war die Disziplin noch ein bisschen anders gewesen. Ich meine, dass mir genau die Disziplin in der Schule am meisten fehlte. Denn eigentlich wollte ich, wie so viele andere, klare Grenzen. Die Erwachsenen sollten uns Grenzen setzen, die infrage zu stellen sich nicht lohnte.

Wenn ich schwänzte, blieb ich meistens in der Bibliothek in Årsta hängen und las Geschichtsbücher oder »Der Herr der Ringe«. Dabei konnte ich in eine Fantasiewelt abtauchen. Wenn das Wetter schön war, setzte ich mich irgendwo draußen hin oder lief durch den Wald. Als meine Mutter dann anfing zu arbeiten, ging ich meistens nach Hause, wenn ich blaumachte.

Besondere Freizeitinteressen hatte ich nicht, ich ging nicht zum Sport und gehörte keinem Verein an. In Årsta gab es eine Theatergruppe, da habe ich in der achten Klasse eine Zeit lang mitgemacht. Ich habe nie versucht, Theater zu spielen, sondern saß ganz unten in den Werkstätten, den Katakomben, wo wir Masken aus Pappmaché und Klebstoff anfertigten. Angeleitet wurden wir von einem Betreuer, den ich wirklich mochte. Dort unten konnte man ein bisschen Ruhe und Frieden finden. Viele Kinder machten damals bei den Pfadfindern mit, das war beliebt. Aber ich passte da nicht hin, es kam mir komisch vor, es war nicht mein Ding.

Dass ich verschiedene Male zur Schulkuratorin musste, war kein Wunder, wenn man bedenkt, wie oft ich aus dem Unterricht rausflog. Außerdem betrieb ich es als Sport, neue Vertretungslehrer fertig zu machen. Zoff und Schlägereien folgten mir irgendwie auf den Fersen, so dass ich bei allen dämlichen Streichen verdächtigt wurde, wie zum Beispiel dem Versuch, die Schule abzufackeln. Im Allgemeinen war ich schuldig, so dass um die Schuldfrage nicht lange drumherum geredet werden musste. Aber hätte man sich nicht doch wundern und fragen sollen, warum ich mich so verhielt? Ich kann mich nicht erinnern, dass die Kuratorin je Ansätze in dieser Richtung gezeigt hätte. Ihr war nur wichtig, mich auszuhebeln, dafür zu sorgen, dass ich in der Zeit, die ich noch zur Schule gehen musste, so wenig Schaden wie möglich anrichten konnte. Und ihr Rezept war in etwa das Gleiche wie das meiner Klassenlehrerin: »Raus aus dem Klassenzimmer, verschwinde, ich will dich nicht sehen!« Keine Versuche, einen Zusammenhang zwischen Ursache und Wirkung herzustellen. Nur weg, weg, weg! Das galt nicht nur für mich, sondern auch für einige von den anderen notorischen Störenfrieden. Keiner von ihnen hat eine besonders dolle Karriere hingelegt. Einer hat sich das Leben genommen, einige sind chronische User geworden und noch andere sind in der Psychiatrie gelandet.

Man kann sich ja fragen, was meine Klassenlehrerin stattdessen hätte tun sollen. Ehrlich gesagt, kann ich die Frage nicht beantworten. Aber vielleicht hätte sie zu einem frühen Zeitpunkt meine Eltern einbeziehen und gemeinsam mit ihnen eine Art Plan aufstellen sollen. Denn selbst wenn mein Vater die Schule hauptsächlich als notwendiges Übel betrachtete, wollte er, dass man sich anständig aufführte, pünktlich war und die Lehrer respektierte.

In den letzten Jahren, als ich und einige andere Jungen uns als die Idioten der Klasse etabliert hatten, bekamen wir also die Schuld an allem. Wenn man sich in neun von zehn Fällen wie ein Bekloppter verhält, muss man womöglich akzeptieren, dass man auch beim zehnten Mal verdächtigt und angeklagt wird.

Wenn es darum ging, unsere Vertretungen zu schikanieren und fertig zu machen, so hatte ich diese Rolle von Anfang an übernommen. Deshalb lag immer eine gespannte Erwartung in der Luft, sowie wir eine Neue bekamen. Wie würde er es diesmal anstellen? Was für einen Widerstand würde er bekommen? Was, wenn er es nicht schafft? Wie weit war er bereit zu gehen? Ich spürte die unausgesprochene Erwartung, die Forderung an mich. Es gelang mir nie, mich zu drücken. Dabei war ich es manchmal verdammt leid, diese Rolle zu spielen. Aber: »The show must go on.« Ich stand unter dem Zwang, das Spiel weiterzuspielen, um den Respekt, den ich mir aufgebaut hatte, lebendig zu erhalten.

Für mich ging es dabei ganz allgemein um idiotische Einfälle und um Gewalt, darum, bei Prügeleien niemals klein beizugeben, keine Mittel zu scheuen, um zu gewinnen. Leider forderte dieses Bild von mir ständig andere heraus, nicht zuletzt andere Idioten, die mich testen mussten, die mich vom Thron stoßen wollten. In solchen Fällen war es unmöglich, zurückzuweichen oder gar auszusteigen. Es ging nur darum, zuerst zuzuschlagen und dann zu fragen – wenn sich noch eine Gelegenheit für Fragen ergab. Sonst hätte man als Loser gegolten. Und wer zum Teufel will das schon sein?

Die Rolle als »Vertretungskiller« blieb an mir hängen, da kam ich nie wieder raus. Ehrlich gesagt bin ich nicht sicher, ob ich überhaupt raus wollte. Denn wenngleich es kein tolles Gefühl war, schon als Vierzehnjähriger als Idiot ohne Zukunft zu gelten, so war diese Bürde doch nicht so schwer, als dass ich sie nicht ganz gut hätte tragen können. Außerdem überlegte ich mir das damals gar nicht so genau. Das sollte später kommen, als ich etwas älter war. Da habe ich oft über die Rolle nachgedacht, in die ich mich verstrickt hatte und aus der wieder herauszufinden so verdammt schwer war. Schließlich drehte es sich nicht nur darum, sein Leben zu ändern, sondern auch darum, gegen einen Ruf anzukämpfen, der einen aller menschlichen Züge entkleidete und zu einem lebenden Mythos machte.

Noch heute merke ich, dass ein Teil der Kids, die ich treffe, fasziniert sind und dass es ihnen irgendwie imponiert, was ich angestellt habe. Ich rege mich darüber auf, obwohl ich weiß, dass ich früher genauso war. Ich war damals beeindruckt von einer kleineren Gruppe von Haschrauchern und Biertrinkern, die sich auf dem Marktplatz von Årsta herumtrieben. Sie zogen mich magisch an, waren für mich Sinnbilder der Freiheit. Sie taten, was sie wollten, und das, was andere fanden und dachten, war ihnen scheißegal.

Sie waren die Rebellen!

Um ihnen möglichst nahe zu sein, ging ich oft zu diesem Platz und sammelte leere Dosen ein. Ich kann noch heute die Spannung nachempfinden, wenn die Polizei plötzlich auftauchte und die alten Bekannten begrüßte und von den Unbekannten die Ausweise verlangte, den einen oder anderen Gesuchten mit auf die Wache schleppte. Manche davon gestikulierten wild, wollten ihre verlorene Freiheit zurück, andere verhielten sich nett, brav und untergeben. Ich kann mich auch noch genau an die Ruhe erinnern, die sich über den Platz und mein Inneres senkte, wenn die Polizei wieder abfuhr, manchmal mit Blaulicht und Martinshorn.

Doch, klar erinnere ich mich! Trotzdem werde ich wütend, wenn ich mit Fünfzehnjährigen rede, die so fasziniert sind von dem Verbotenen, dem Aufregenden, dem Rebellischen. Sie sehen nur das, was ich sah, wollen nie die verwitterte Kehrseite der Medaille sehen, nie die ernsten Folgen.

Ihr könnt mir gerne vorwerfen, unlogisch zu sein. Ich nehme den Vorwurf an. Mir ist sehr wohl bewusst, dass das Leben, das Dasein und die Zukunft für Kinder und Jugendliche nicht nur aus einer Reihe logischer Gedanken und Taten besteht, sondern genauso aus Hoffnungen, Träumen, Visionen und Gefühlen. Deshalb ist es so wichtig, bei all den Gefühlen besonders wachsam zu sein, die die Gesetze der Vernunft außer Kraft setzen und einen im schlimmsten Fall direkt in die Hölle führen!

2

Als mich die Polizei zum ersten Mal nach Hause brachte, ging ich in die Siebte. Sie hatten mich unterwegs aufgesammelt, ich hatte in einer Ecke gelegen und gekotzt. Sternhagelvoll! Aber als ich um halb zwei in der Nacht, zwischen zwei Polizisten hängend, nach Hause kam – reagierte dort niemand darauf. Man hätte ja vielleicht erwarten können, dass meine Eltern sauer gewesen wären, empört, erschrocken oder besorgt.

Nichts von alledem!

Mein Vater murmelte nur etwas von »es ist nicht gut, zu viel zu trinken« und meine Mutter fand »das war nicht so doll«. Das war alles!

Es war auch in der Siebten, als ich so eine komische Pille probierte, die ein älterer Kumpel anbot. Das war bei einer dieser klassischen Feten – Eltern weg, sturmfreie Bude. Die Nachbarn riefen dann ziemlich schnell die Bullen an. Denn wir waren etwa hundert Jugendliche, die in einer Wohnung mit zwei oder drei Zimmern fürchterlich einen draufmachten, den Fahrstuhl einsauten und die sich insgesamt wie die Wilden gebärdeten. Ich weiß bis heute nicht, was für eine Pille ich damals geschluckt habe. Die Nacht verbrachte ich bei einem Kumpel aus der Schule, der mich die halbe Nacht rumschleppte, damit ich nicht ins Koma fallen würde. Ich war nämlich total weggetreten.

Zu diesem Bild von Besäufnissen, Pillen, Stunk und Schlägereien gehörten auch jede Menge Diebstähle, vor allem von Bier. Das eine ergab das andere und an den Wochenenden war immer ungeheuer was los, Sauerei und Sauferei, gar nicht zu reden von all dem Zoff und den Prügeleien. Hin und wieder bekam man bei dem einen oder anderen der Jugendtreffs Hausverbot. Bei einer der unzähligen Schlägereien vor einem der Treffs schlug ich einen Flaschenhals ab, um die Flasche als Waffe zu benutzen. Statt meines Gegners verletzte ich aber ein Mädchen, das versucht hatte, sich zwischen uns zu stellen, damit die Prügelei aufhörte. Blutend und schreiend lief sie zurück in den Treff. Ich selbst begriff nicht, was passiert war. Und mein Gegner war schneller als der Blitz vom Platz verschwunden. Ich schwankte in den Treff, wurde aber sofort in einen kleinen Raum geschleppt. Dort wurde ich nach Strich und Faden von den Betreuern ausgeschimpft. Erst verstand ich nichts, dann versuchte ich zu erklären, dass ich auf den Kerl aus gewesen war, nicht auf dieses Mädchen.

Ich war vierzehn und sturzbetrunken.

Wäre der Junge stehen geblieben, wäre er bestimmt ernsthaft verletzt worden. Ich hätte diesen Flaschenhals gegen ihn benutzt, denn hier gab es kein Mitleid. Ich hatte selbst so oft Dresche bekommen, ohne dass mir einer geholfen oder Mitleid gezeigt hätte. Jetzt war ich an der Reihe und ich gab zurück. Ich hatte von meinem Vater auch gelernt »was dich nicht umbringt, macht dich härter«. Er fuhr knallhart auf diese Dinge ab, wie: Ein richtiger Mann weint nicht, sondern schlägt zurück. Also schlug ich zurück, womit auch immer – jedes Mittel war recht. Obwohl mein Vater das so nie gemeint hatte. Aber so weit dachte ich nicht, schon gar nicht nach der Ginmischung, meiner üblichen Freitagsration Alkohol. Dennoch glaube ich nicht, dass meine Aggression vom Alkohol kam. Denn aggressiv war ich ja auch in der Schule, wenn ich nüchtern war.

Klar folgt Gewalt einer Logik. Ich bekam nicht mehr Freunde, je mehr ich mich prügelte. Aber nachdem Vater mir das Kämpfen beigebracht hatte, wurde ich in der Mittelstufe nicht mehr so gemobbt wie früher. Ich wurde einfach mehr in Ruhe gelassen. Als dann in der Achten diese neuen Jungen dazukamen, hatte ich zu denen Kontakt. Das wäre nie so gekommen, wenn ich nicht bei Schlägereien so gut gewesen wäre. Wir bildeten eine Art Gemeinschaft, wenn auch eine asoziale. Aber irgendeine Gemeinschaft war besser als keine.

Ein treuer Begleiter der Gewalt ist die Furcht. Und ich fürchtete mich jedes Mal, sowie sich Gewalt zusammenbraute. Den meisten anderen ging es genauso. Das zeigt vermutlich, dass man trotz allem noch nicht ganz hirntot war. Obwohl man mit der Zeit lernte, mit dieser Furcht umzugehen, das Beste daraus zu machen.

Etwas später im Leben war ich oft in Schlägereien verwickelt, ohne es eigentlich zu wollen. Aber in der siebten, achten Klasse war das noch anders. Die Prügeleien waren auch noch nicht so brutal, wie sie später wurden. Klar konnten die Auseinandersetzungen ernste Formen annehmen, wie damals die Geschichte mit dem Flaschenhals. Aber das war doch die schlimmste aller Extremvarianten gewesen und war die absolute Ausnahme.

Man trat nicht nach Leuten, die lagen, jedenfalls nicht absichtlich und auf keinen Fall trat man gegen den Kopf. Ich weiß, dass man früher der Meinung war, treten sei überhaupt feige. Aber den Gedankengang habe ich nie verstanden. Es ging doch ums Gewinnen. Meistens kämpften wir mit Fäusten. Ging einer zu Boden, dann erhielt er vielleicht noch einmal einen Tritt gegen den Körper, aber auch das nur selten. Und wenn einer zurückwich, weil er zu bluten anfing oder so, dann ließ man von ihm ab, sogar ich. Selbst für mich gab es, so aggressiv ich auch war, Grenzen.

Ich kann mich nicht erinnern, dass ich ehrgeizige Zukunftspläne hatte, als ich klein war. Ich wollte weder Lokführer werden noch Kampfpilot oder was Jungen sonst so werden wollen. Höchstens Professor für Geschichte. Aber das dauerte nicht lange. Obwohl – eine Zeit lang wollte ich Busfahrer werden. Das war nach einem Praktikum beim Verkehrsverbund von Großstockholm. In den letzten Schuljahren hatte ich jedenfalls definitiv keinerlei Vorstellungen von einer zukünftigen Berufswahl. Damals war ja schon alles zusammengekracht, da ging es nur noch darum, so schnell wie möglich aus der Schule zu kommen.

Während meines zweiwöchigen Berufspraktikums in der Neunten arbeitete ich in Gränges Hedlunds Lager im Industriegebiet von Hammarby. Als ich zum ersten Mal dort war, beeindruckten mich die großen Hallen, wo geschweißt wurde, sehr, vielleicht aber mehr noch einer der Vorarbeiter, der Viking hieß. Jetzt wollte ich unbedingt Schweißer werden. Ich wollte einen ganz gewöhnlichen Job haben, nichts anderes. Deshalb entschied ich mich bei der gymnasialen Oberstufe für den polytechnischen Zweig.

Ich war fünfzehn, als ich die Schule mit einem miserablen Notendurchschnitt verließ. Bestimmt hätte ich in dem einen oder anderen Fach eine Drei bekommen können, aber ich war ja nicht so oft in der Schule gewesen und hatte in den meisten Fächern eine Fünf. Also kein Zeugnis zum Angeben vor den Verwandten. Aber es gab einem immerhin das Recht, die Schule zu wechseln. Ich bemühte mich um einen Platz im polytechnischen Zweig der Oberschule von Enskede Gård. Dort versammelte sich wahrhaftig nicht die intellektuelle Elite, trotzdem bekam ich beim ersten Mal eine Absage. Beim zweiten Versuch klappte es.

Mein Besuch dieser Schule beschränkte sich auf drei Wochen. Hier trafen eine Menge Schüler aufeinander, die schon vorher durch ihr Verhalten aufgefallen waren. Ich geriet gleich am ersten Tag in eine Prügelei. Ich behaupte, dass das nicht an mir lag. Natürlich hätte ich dem aus dem Weg gehen können, aber nachgeben und aus dem Weg gehen war nicht meine starke Seite. Ich wusste außerdem, wenn ich einmal klein beigab, würde ich das für den Rest meiner Schulzeit machen müssen. Genau das wollte ich nicht.

In einer der ersten Pausen kam ein Mädchen auf mich zu und fing mit mir ein Gespräch an. Ob sie noch was anderes im Sinn hatte, als nur ein paar Minuten zu reden, weiß ich nicht. Jedenfalls wechselten wir ein paar Worte. Das wurde von einem Typ, der beträchtlich kräftiger war als ich, als Flirt aufgefasst. Ich hatte damals noch nicht mit Krafttraining angefangen, ich war nur lang und extrem dünn. Der Junge, den ich noch nie gesehen hatte, kam herüber und fing an mich zu provozieren. Er war ganz einfach eifersüchtig und auf Stress aus. Er hoffte wohl, dass ich entweder Angst bekommen und vor ihm auf die Knie gehen oder mich mit ihm streiten und mich aufplustern würde, so dass er einen Grund hätte, mir eine zu langen. Die Situation war mir nicht neu, eher altbekannt. Wieder ging es darum, zu fressen oder gefressen zu werden. Ich hatte während der letzten zwei Schuljahre deutlich klargestellt, dass ich in Zukunft keinem mehr erlauben würde, mich anzumachen. Das galt natürlich auch für diese Schule. Da ich hier neu war und keinen kannte, konnte ich genauso gut gleich meine Grenzen abstecken. Und das tat ich. Ich diskutierte nicht erst lange, sondern schlug sofort zu.

Genau in dem Moment fühlte ich wieder die Süße des Siegs. Es fühlte sich gut an. Der Kerl würde mich in Zukunft nicht mehr stören, dachte ich. Aber nach Schulschluss stand er mit seinen Kumpels da und wartete auf mich. Das wurde keine sehr erfreuliche Angelegenheit, sieben gegen einen. Ich weiß nicht, was man in so einer Situation als normal ansehen soll, zur Seite treten und seine Wunden lecken oder weiterkämpfen. Für mich gab es keine Wahl. Ich wollte nie mehr im Leben angepöbelt werden und ich hatte nicht die Absicht, mein neues Dasein damit zu beginnen, diesen Vorsatz aufzugeben. Am nächsten Tag schnappte ich mir in der ersten Pause meinen Gegner im Treppenhaus, beförderte ihn einige Stufen hinunter und gab ihm ordentlich ein paar mit auf den Weg, so dass er zu Boden ging. Dann setzte ich mich auf ihn und erklärte ihm sehr deutlich – wobei ich bis heute nicht verstehe, woher ich die Kraft nahm –, wenn seine Kumpels sich wieder an mir vergreifen sollten, dann würde ich hiermit weitermachen. »Genau dich werde ich mir immer wieder vorknöpfen und am Schluss werde ich dich übers Geländer gehen lassen«, das hieß ein Fall über mehrere Stockwerke bis hinunter auf die Steinplatten im Erdgeschoss. Ich spielte hoch, aber er wich zurück, und ich konnte am Nachmittag in aller Ruhe nach Hause gehen. Das Mädchen, das die ganze Geschichte ausgelöst hatte, war im Übrigen nicht mein Typ. Ich war zu der Zeit überhaupt nicht sonderlich an Mädchen interessiert. Und dieses ständige Großtun, das etliche Jungen immerzu betrieben, war nie mein Ding.

Ich will nicht behaupten, dass alles in Ruhe und Frieden endete. Aber ich hatte meine Grenzen deutlich abgesteckt und wir mussten in den Wochen, die ich auf diese Schule ging, miteinander klarkommen, weil wir in derselben Klasse waren.

Da die beruflichen Gymnasien alles an sich zogen, was es an schulmüden Schülern gab, verkleinerte sich unsere Klasse ziemlich schnell. In der ersten Woche waren wir zwanzig Schüler, in der zweiten fünfzehn, in der dritten Woche zwölf und in der vierten Woche, ja, da war es für mich an der Zeit, aufzugeben. Ich hatte eingesehen, dass ich nie Schweißer werden könnte. Tag für Tag mit dieser Maske vor dem Gesicht dasitzen, das war nichts für mich. In der so genannten Grundausbildung hatten wir bereits die unterschiedlichen Schritte kennen gelernt, die zur Werkstattausbildung gehörten, unter anderem klempnern. Schon da bekam nicht nur ich, sondern noch viele andere Probleme. Das begriff ich sofort, als der Lehrer erklärte, Klempnerei sei weitaus mehr als nur auf ein Blech klopfen. Ehe man so weit kam, musste man nach einer Zeichnung die Blechplatten ausmessen und zuschneiden. Dafür musste man ausrechnen können, wie viel Blech man brauchte. Hier wurde mir klar, dass die Bingospielerei in unserem allgemeinen Mathekurs in der Oberstufe nicht weit reichte.

Einen Strich zu ziehen, ging ja noch. Aber das mit dem Ausrechnen der Oberflächen und so. Nein! Hier kam es darauf an, genau zu sein, alles musste stimmen und exakt passen. Es ging ja nicht an, zu einem Kunden mit etwas zu kommen, das man nur so aufs Geratewohl gemacht hatte. Dann wäre man den Job schnell los gewesen. Also packte ich den Blaumann ein und bedankte mich und sagte der Schule von Enskede Lebewohl.

Zu Hause schien keiner erstaunt zu sein. Meine Mutter fragte nur, was ich stattdessen machen wollte. Jobben, antwortete ich und fing an, mir eine Stelle zu suchen. Das war im Herbst 1980 und damals gab es genug Jobs. Weil ich im Dezember Geburtstag habe und die Schule schon nach wenigen Wochen verlassen hatte, war ich allerdings erst fünfzehn Jahre alt. Das war ein Problem. Ich telefonierte überall herum. Aber sowie die hörten, dass ich erst fünfzehn war, fanden sie, ich solle erst die Schule fertig machen. Aber ich wollte nicht in die Schule!

Nach einer Weile hatte ich beim Konsum Glück. Ich wurde von einer Frau angesprochen, die mich bat, mein Zeugnis mitzubringen. Da war es vorbei. Ich versuchte es damit, dass das Zeugnis verbrannt sei. Dann musst du in der Schule anrufen und ein neues anfordern, meinte sie. Am Schluss bekam ich jedenfalls einen Job als eine Art Laufbursche bei der Ladenkette ICA: Allerdings war das in Lidingö und damit viel zu weit weg. Von wegen sich einfach einen Job suchen – die Sache erwies sich als sehr viel schwieriger, als ich angenommen hatte. Aber ich gab nicht auf, ich wollte einfach einen Job haben. Und schließlich bekam ich durch hartnäckiges Nachfragen einen, wenngleich es sich anfangs nur um eine Weihnachtsvertretung handelte.

Das war im Dezember 1980 und ich war gerade sechzehn geworden. Ich bekam eine Vertretung als Briefträger in einem der südlichen Viertel Stockholms. Damals hieß es noch Königliche Post und war kein Unternehmen, sondern eine staatliche Institution. Ergatterte man dort einen Job, so hatte man für den Rest seines Lebens ausgesorgt. Im Übrigen hatte die Post in der Folkungagata wenig Königliches an sich. Im Prinzip war es unmöglich, dort rauszufliegen, egal wie sehr man seine Arbeit vernachlässigte. Weshalb es mir bis heute ein Rätsel ist, dass von diesem Postamt aus überhaupt irgendwo Briefe ankamen. Aber offenbar taten sie es doch. Heute, glaube ich, funktioniert die Post wesentlich besser. Aber damals! Was für Wracks es damals unter den Briefträgern gab, was für Originale! Wie Fager, groß und stattlich, garantiert schwul. Erstaunlicherweise schikanierte ihn niemand deshalb, obwohl das Milieu ziemlich hart war und männlich. Ich weiß nicht, warum ihn keiner anmachte, vielleicht hatte man einen gewissen Respekt für einen, der jeden Morgen um halb sechs mit geputzten Schuhen, gebügelter Uniform, exakt gebundenem Schlips, stets gekämmt und sonnengebräunt bei der Arbeit erschien, der Favorit der Damen unter den Briefträgern. Ein nüchterner, fleißiger und ordentlicher Mann unter vielen versoffenen königlichen Angestellten.

Nach der Probezeit, die nur wenige Monate dauerte, wurde

ich fest angestellt. Da ließ ich mich krankschreiben. Ich unternahm ganz frech einen Versuch, ging ins Krankenhaus und klagte über Schmerzen im Knie. Denn diese vielen Treppen rauf- und runterlaufen, das war nicht mein Ding. Jedenfalls nicht so viele und nicht jeden Tag. Weil ich der Jüngste war, hatte ich eine Menge in verschiedenen Bezirken rumlaufen müssen, immer wo zufällig gerade jemand fehlte. Da man damals nach Akkord arbeitete, konnten die mit festen Distrikten schon gegen zehn, halb elf am Vormittag nach Hause gehen, während ich immer bis um drei, manchmal um vier Uhr nachmittags arbeiten musste. Nach der Arbeit war ich jedes Mal völlig fertig. Da konnte ich nur noch nach Hause fahren und schlafen.

Eigentlich wollte ich nicht mehr zu Hause wohnen, wenngleich ich nur zum Schlafen dort war. Ich wollte alle Bindungen hinter mir lassen und ganz allein für mich entscheiden. Ich war doch jetzt erwachsen, hatte einen Job.

Meine Lüge den Ärzten im Krankenhaus gegenüber ging durch, denn die fanden, es würde auf eine merkwürdige Weise in meinem Knie knacken. Nach etlichen Untersuchungen zeigte sich, dass ich was am Meniskus hatte. Das war mir zwar total neu, ich nahm es jedoch dankbar an. Und die Freude wurde nicht geschmälert, als die Ärzte meinten, ich dürfe nicht als Briefträger arbeiten.

Keine schweren Taschen mehr schleppen müssen, keine verfluchten Treppen mehr rauf- und runterrennen, keine langen Arbeitszeiten mehr!

Der Job war mir jedenfalls sicher. Man konnte einen Staatsbediensteten ja nicht rauswerfen, nicht einmal einen Briefträger mit Meniskusproblemen. Stattdessen musste für ihn ein anderer Platz gefunden werden. So landete ich im Büro. Wenn schon unter den Briefträgern gesoffen wurde, so war es hier drinnen eher noch feuchter. Und ich war plötzlich viel näher an Arbeitskollegen, die Alkohol für mich kaufen konnten.

Alle tranken sie gerne einen, einschließlich des Gewerkschaftsvorsitzenden. War man voll, wurde man mit einem Schulterklopfen nach Hause geschickt. Nicht gerade ein gesundes Arbeitsmilieu, weder für Erwachsene noch für Sechzehnjährige.

Die Frauen am Schalter waren mit den Jungs, die sortierten, zusammen. Bei der Arbeit mussten die Frauen natürlich nüchtern sein. Aber später, am Abend, war oft Highlife im Gröna Jägaren oder Kvarnen. Nett, wie sie waren, durfte ich mit. Wir waren doch Arbeitskollegen und natürlich fühlte ich mich gleich ziemlich erwachsen. Leider begann damit allerdings mein heftiger Alkoholmissbrauch. Liebe Güte, was habe ich da gesoffen. Und im Gefolge gab es natürlich Randale und Prügeleien.

Einer meiner Kollegen hieß Leif. Sein Vater war ein hohes Tier bei der Post. Leif war nur wenige Jahre älter als ich, weshalb wir zwei uns ziemlich schnell fanden. Leider war er viel zu sehr auf Hasch aus. Er ging mehrmals am Tag runter zur Laderampe, um zu rauchen. Ich war ziemlich bald dabei und erweiterte meine früheren Erfahrungen mit Haschrauchen, die nicht besonders angenehm gewesen waren. Leif lebt nicht mehr, er machte sich mit den Drogen kaputt. Er gehörte zu jener kleinen Schar, der es tatsächlich gelang, bei der Post gefeuert zu werden, vermutlich weil er für sechs Jahre ins Gefängnis wanderte. Da half ihm auch der Vater nichts.

Ich hatte schon früher in der Siebten versucht, Hasch zu rauchen. Beim ersten Mal war nicht so viel passiert. Beim zweiten Mal dafür umso mehr, und das war kein erfreuliches Erlebnis gewesen. Mir ging es ganz einfach hundeelend. Trotzdem musste man weitermachen. Dabei habe ich Hasch nie gemocht, obwohl ich es hin und wieder versucht habe. Vermutlich hoffte ich, ich würde so wie andere dieses Ruhige und Angenehme und Schöne erleben. Aber bei mir hat es sich immer merkwürdig ausgewirkt. Wie später, als ich in Svartsjö einsaß und dort mit einem anderen Kerl rauchte. Da landete ich in einem psychoseähnlichen Zustand und meinte, ich sei ein Insekt. Das war entsetzlich!

Leif hingegen war ein gewohnheitsmäßiger Haschraucher, so dass er funktionierte, auch wenn er bekifft war. Mir hingegen wurde immer entsetzlich schlecht, ich fühlte mich einfach nur schrecklich. Eigentlich war das ja gut, dass ich Hasch nicht vertrug, das war für mich noch lange Zeit eine Art Sperre gegen alle möglichen Drogen. Mit der Zeit allerdings überwand ich dann auch diese Sperre und wandte mich ziemlich heftig Amphetaminen und Koks, Kokain, zu.

3

Schon in der letzten Klasse hatte ich angefangen, mich für allerlei Kriegsspiele zu interessieren. Die faszinierten mich. In der Altstadt gab es einen Spieleladen, namens »Tradition«, dort wurden Zinnsoldaten verkauft und Rollenspiele, auch solche mit Plänen für Kriegsspiele. In diesem Geschäft hing ich oft rum. Es machte mir Spaß, mit mir selbst Kriegsspiele zu spielen – nicht zusammen mit anderen. Also saß ich dauernd zu Hause und spielte.

Irgendwann nahm ich mir vor, die Einsamkeit aufzugeben und zu einem Spieleverein zu gehen, um bei so genannten war games mitzumachen. Wir sollten »Napoleonkrieg« spielen. Aber das war nichts für mich. Ich bin nie ein guter Verlierer gewesen und reagierte dort ziemlich heftig. Das war nun allerdings nicht der richtige Ort, um sich als schlechter Verlierer zu outen, überhaupt nicht wie bei der Post, wo sie alle irgendwie gleich komisch waren. Jedoch hielt mein Interesse an den Spielen an und ich blieb ein treuer Kunde von »Tradition«.
Da ich nur mit mir selbst spielte, gewann ich natürlich immer. Klar hatte ich meine Favoriten. Hitler und Napoleon faszinierten mich vor allen anderen. Beide waren sie von dem Traum erfüllt, die Welt zu erobern. Napoleons Truppen machten vermutlich durch ihre Uniformen den größten Eindruck auf mich. Ihm und seinen Truppen haftete etwas Pompöses, Großartiges an.

Obwohl mein erster Besuch bei einem Spieleverein nicht besonders erfolgreich gewesen war, entschloss ich mich, es noch einmal zu versuchen. Ich nahm Kontakt mit einer Gruppe auf, die in dem Spieleladen am Schwarzen Brett annonciert hatte, dass sie Interessierte suchten. Auch dieses Mal klappte es nicht. In dieser Gruppe hatten sich ein paar Jungen um einen Spielleiter zusammengefunden. Man würfelte, obwohl es keinen Spielplan gab. Das Ganze lief dann darauf hinaus, dass alles bei jedem Einzelnen im Kopf vonstatten gehen soll-

te. Das setzte voraus, dass man als Team arbeitete. Damit war es für mich gelaufen. Ich wollte nicht zusammenarbeiten, ich wollte mein eigenes Ding machen, jeder gegen jeden.
Schließlich fand ich eine Spielgruppe, zu der ich passte, vier Typen, alle sehr unterschiedlich. Rick war ein schwarzer Amerikaner, der später an Aids starb, Joachim ein Oberschichtsohn aus Djursholm, mit dem ich bald mehr Kontakt hatte. Er rauchte Hasch und Gras, während wir Übrigen tranken. Joachim kam aus einem Zuhause, wo man nicht einmal auf den Gedanken gekommen wäre, Vino tinto oder Schwarzgebrannten zu schlucken. Nein, dort wurde in eleganter Umgebung und aus bedeutend teureren Verpackungen getrunken. Aber gesoffen wurde!

Der Dritte hieß Patrick, er war Finne. Anfangs behauptete er, er sei Amerikaner. Als ich die anderen zum ersten Mal traf, glaubte ich, alle drei kämen aus den USA, weil sie untereinander englisch sprachen. Aber sie konnten alle schwedisch, auch Rick. Obwohl er es abgefahrener fand, englisch zu reden. Ich machte das dann auch mit, und Englisch wurde im Weiteren unsere Verkehrssprache.

Der Vierte der Gang, Mike, war der Spielleiter.

Dies war die erste Rollenspielgruppe, zu der ich passte, die Typen hier machten sich gegenseitig nur Ärger. Sie arbeiteten nicht zusammen, wie in den anderen Gruppen, sondern jeder war sich selbst der Nächste. Das war genau mein Stil. Das war cool! Nach und nach hatten wir auch privat Kontakt. Auf die Weise landete ich plötzlich in Djursholm, in der »Welt der feinen Leute«. Joachim wohnte ja dort, einige seiner Freunde waren Diplomatenkinder aus Kenia, Polen und anderen Ländern.

Bei meinem ersten Besuch fand ich alle meine Vorurteile über die Oberschicht und ihre Feste bestätigt. Dass ich mit meinem konventionellen Hintergrund dabei sein konnte, war irre. Alkohol umsonst und Haschisch in unbegrenzten Mengen, wow, das war für mich eine ganz neue Welt. So im Nachhinein kann ich wohl einfach zugeben, dass ich da nie reinpasste. Und hätten die etwas von meinem Hintergrund gewusst, wäre ich nie auch nur bis hinter ihren Zaun gelangt. Denn hier kam es darauf an, in den diversen Renommierverzeichnissen zu erscheinen. Und im Handbuch des Adels oder im Who's who der besser Verdienenden standen nun wahrhaftig weder mein ständig alkoholisierter Vater noch meine Buchbinder-Mutter. Das Einzige, was meinen Vater und die Väter von Joachim und seinen Freunden verband, war vermutlich, dass sie gleichermaßen munter tranken. Nein, wenn man dort dabei sein wollte, dann musste man sich schon was zusammenlügen. So war ich mit einem Mal Schüler auf dem wirtschaftswissenschaftlichen Zweig einer Privatschule. Im Sommer arbeitete ich regelmäßig bei einer Bank. Das war meine Eintrittskarte und mit der ging ich richtig sorgsam um, wobei ich wusste, dass sie früher oder später makuliert werden würde. Mit der einen oder anderen Lüge zur eigenen Person zu leben, geht immer. Aber sich alles über Herkunft, Eltern, Geschwister, Schulen, Vermögen und Zukunftspläne zusammenzulügen, das konnte nur eine gewisse Zeit gut gehen.

Mein Vater war Schneider gewesen, ehe er LKW-Fahrer wurde. Er war gezwungen gewesen, umzusatteln, als in der Textilindustrie Schneider freigestellt wurden und er seinen Job verlor. Er hielt eisern daran fest, dass ein Mann seine Hemden selbst wäscht und bügelt. Die Schuhe müssten immer tadellos geputzt sein. »Der Stil, man muss immer den Stil im Auge haben.« Ich kann nicht unbedingt behaupten, dass er selbst nach diesen weisen Worten lebte, und seine Hemden und Krawatten mochte ich nicht, schließlich gehörte er einer ganz anderen Generation an. Aber wenn er sich fein machte, sah das gut aus, auch wenn es nicht mein Stil war. Er hatte es immer damit, dass man aufgenommen würde, wie man gekleidet war. Bisher war mir an sich egal gewesen, wie ich aussah, das war nicht so wichtig. Aber jetzt, wo ich dabei war, mich der Oberschicht zu nähern, wollte ich von meinem Vater Hemd und Krawatte leihen. Das lief nicht so gut, also kaufte ich mir ein neues Hemd und eine Krawatte. Bis dahin hatte ich noch nie einen Schlips besessen.

Ich lernte dort eine ganze Menge. Was für ein Elend. Nicht

dass die Leute in Lumpen gingen und nicht genug zu essen hatten. Aber diese geistige Misere, mit Alkohol und anderen Drogen. Mein Freund Joachim wohnte in einer gigantischen Zehnzimmervilla. Die Eltern waren wahnsinnig reich, trotzdem war die Mutter Alkoholikerin und Joachims Freunde, die Diplomatenkinder, waren ihre Liebhaber. Sein Vater, auch er Alkoholiker, war nie zu Hause. Es heißt in diesen Kreisen ja immer, die Männer arbeiteten so verdammt viel, und deshalb seien sie so reich. Ich bin mir allerdings nicht so sicher, dass die Abwesenheit von zu Hause immer mit der Arbeit zu tun hat. Ich merkte bald, dass dort draußen schrecklich viel gepichelt wurde. Aber das war ein anderes Trinken als bei der Post. Dort arbeitete ich immer noch, ein gut gehütetes Geheimnis vor meinen neuen Freunden. Ja, das war eine ganz andere Welt, viel Drogen, aber nicht so viel Gewalt. Die waren nie sonderlich aggressiv, deshalb geriet ich dort nie in eine Prügelei. Außerdem war ich ja nicht dumm und hatte begriffen, dass es auf keinen Fall anging, dort draußen einem eine zu verpassen, egal wie blöde oder provozierend er auftrat. Das war nicht das richtige Milieu für rohe Gewalt, mit so etwas hatte man in dieser Welt nichts zu tun.

Bei einer Gelegenheit fuhren wir mit der Yacht von Joachims Vater los, so einem Millionendingens, um chicken-race zu fahren, also mit vollem Tempo auf ein anderes Schiff oder auf Land zuzuhalten und dann in letzter Sekunde auszuweichen. Einmal trafen wir achtern ein Schiff – der am Ruder hatte entweder angeben wollen oder er war zu ungeschickt oder vielleicht auch zu betrunken. Joachim ging über Bord. Wir fuhren zurück und fischten ihn aus dem Wasser. Auf dem Heimweg fuhren wir einen kleinen Kajak an. Der kenterte und wurde in Kleinholz verwandelt. Ich fand, wir müssten anhalten und nach den Leuten Ausschau halten. Aber daran war keiner interessiert. »Nee, nee, nee, das ist Pack, mit solchen Langhaarigen befassen wir uns nicht. Bis die Polizei kommt, sind wir schon zu Hause!«

Ich hatte mich wirklich oft genug wie ein Schwein verhalten. Aber das hier, das war einfach zu viel. Gleichzeitig wurde mir klar, dass meine Situation langsam unhaltbar wurde. Früher oder später würde ich hochgehen. Früher oder später würden sie merken, dass ich überhaupt nicht auf diese Schule ging oder im Sommer bei der Bank jobbte. Die Frage war nicht, ob, sondern wann es auffliegen würde.

Um überhaupt dort draußen in Djursholm mithalten zu können, musste ich mich krankschreiben lassen. Es ging ganz einfach nicht, den ganzen Tag auf der Post zu arbeiten und nachts auf den Putz zu hauen, selbst wenn man jung war und einiges wegstecken konnte. Am Ende war die Königliche Post meine vielen Krankentage leid und ich musste schon vom ersten Tag an von einem Arzt krankgeschrieben werden. Diese Regelung konnte solche treffen, die zu oft krank waren oder zu oft krankgeschrieben waren, was nicht immer das Gleiche ist. Die Regelung galt für mindestens ein Jahr, was mir sehr deutlich vermittelt wurde.

Außerdem war ich drauf und dran, aus dem Büro zu fliegen. Der Postamtsleiter dort, ein alter Mann, mochte mich nicht. Wie gewöhnlich handelte es sich darum, dass ich mich niemandem unterordnen wollte, also ein Machtkampf. Nachdem der Amtsstellenleiter im Pensionsalter war und ich gerade achtzehn, war es klar, wer am längeren Hebel saß. Wir gerieten einige Male aneinander und am Ende erwischte er mich, als ich das Amt eines Tages zu früh abschloss. Es handelte sich nur um ein paar Minuten und kein einziger Kunde war da. Aber klar, wenn die Post bis achtzehn Uhr geöffnet haben soll, dann muss sie verdammt noch mal auch bis achtzehn Uhr offen sein. So hatte ich mich also endlich für einen Wechsel qualifiziert.

Oberschicht zu spielen kostete. Meine Freunde in Djursholm hatten immer so verdammt viel Geld, egal was wir unternahmen. Geld, das sie von ihren Eltern bekamen, für das sie keinen Finger krumm zu machen brauchten. Ich selbst hatte permanent Probleme, wie ich mein Doppelleben finanzieren sollte. Meistens konnte man einfach von dem nehmen, was angeboten wurde. Aber manchmal war man gezwungen, selbst einen auszugeben. Wo sollte ich so viel Geld hernehmen? Der Kuchen vom Staat war zwar sicher, aber gleichzeitig wahnsinnig klein. Man konnte ihn nur strecken, indem man klaute. Und das tat ich, genauer gesagt wir, denn ich war gewiss nicht der Einzige, der sich bediente. Solange man sich an Pornofilme hielt, die man weiterverkaufen konnte, ging das gut, denn weder der Verleiher noch der Empfänger hatten große Lust, die Verluste anzuzeigen. Ich bin überzeugt, das hätte noch ewig so weitergehen können, wenn nicht einer der Briefträger angefangen hätte, Briefe mit nach Hause zu nehmen, sie über Dampf zu öffnen und den Inhalt, meist Geld, zu stehlen. Da war der Teufel los. Durch interne Untersuchungen wurden noch zwei weitere Briefträger entlarvt. Bei den Pornofilmen ließ sich nie beweisen, wo die abgeblieben waren.

Mit meiner neuen Krankschreibungs-Regelung wurde es für mich immer schwerer, mit den anderen rumzuhängen. Ich musste schlicht und einfach auf der Arbeit erscheinen, um sie nicht zu verlieren. Ich täuschte dann vor, mehr Zeit für die Studien zu brauchen. Aber an den Wochenenden war ich weiter dabei, trank, rauchte Gras – selbst wenn ich langsam einsah, dass diese Welt nichts für mich war. Natürlich waren die Feste dort verlockend. Und natürlich gab es eine Art von Gemeinschaft. Zu der Zeit hatte ich noch keine klassenbewussten Ansichten zu diesem Leben. Das änderte sich, als ich die Seiten wechselte und Skinhead wurde. Da war ich gern dabei, die aufzumischen, die auf die feinen Schulen gingen. Und wenn wir nach Täby* fuhren und da aufräumten und uns auf den Festen prügelten, dann hieß die Triebfeder Klassenhass. Aber das kam, wie gesagt, erst später.

Mein Gastspiel in Djursholm nahm dann doch ein rasches Ende. Auf einem Fest war ich mit einem Mädchen zusammen, die bei den Jungliberalen mitmachte. Sie stellte mich ihren Eltern vor, und als ihr Vater mitbekam, dass ich im Sommer bei einer Bank arbeitete, wollte er sofort wissen, bei welcher. Ich weiß nicht, wie ich mich aus der Affäre zog, aber nun war es an der Zeit, diesen Teil der Stadt zu verlassen.

* Vorort von Stockholm

Ich unternahm einen weiteren Versuch, in diesen Kreisen zu bleiben und trat den Jungliberalen bei. Damals fing ich an, mich für Politik zu interessieren. Gleichzeitig war ich gezwungen, weiter zu lügen, dass ich noch zur Schule ging. Und das wurde immer schwerer, weil meine neuen Freunde auf die gleiche Schule gegangen waren. Ich redete mit, wenn es um Lehrer ging, die ich nie gesehen, geschweige denn als Lehrer gehabt hatte. Erstaunlicherweise wurde ich nie entlarvt. Aber ihre Ideologie war nie mein Ding. Wenn man die Oberschichtkinder über Botkyrka* und die Arbeiterklasse diskutieren hörte, dann musste man manches Mal an sich halten. Was für Vorstellungen!

* Städtische Gemeinde südwestlich von Stockholm mit hohem Anteil von Ausländern

4

Viele junge Männer sehen den Militärdienst als ein notwendiges Übel an, als etwas, zu dem einen die Gesellschaft verpflichtet, als einen Hemmschuh für eine begonnene Karriere, ein Spiel mit Symbolwert für halberwachsene Männer, einen Abschnitt, wo das Kind zum Mann geformt wird, heutzutage auch zur Frau.

Aber für mich wurde die Zeit beim Militär zu einer positiven Erfahrung, an die ich mich immer erinnern werde. Nicht so eine Erinnerung, über die man in der Sauna Witze macht, sondern ganz einfach an eine glückliche Zeit.

Bei der Musterung 1983 sollte man drei alternative Regimenter angeben, denen man am liebsten zugeteilt werden wollte. Eins davon musste auf Gotland oder in Norrland sein. Ich entschied mich dreimal für Boden in Nordschweden, und zwar weil ich von Stockholm wegkommen wollte, weg von allem, wofür die Großstadt stand. Denn was sollte ich machen? Mein Leben verlief im Moment nur im Leerlauf. Ich vermute, es war nicht üblich, dass Stockholmer so beharrlich darum baten, an einen Ort verlegt zu werden, der mehr als tausend Kilometer von zu Hause weg war, denn der Hauptmann, der meinen Antrag entgegennahm, schaute mich streng an, nachdem er einen Blick darauf geworfen hatte. Dann wies er mich ziemlich grimmig zurecht:

»Hier machen wir keinen Spaß, die Musterung ist eine ernste Angelegenheit. Das da war gar nicht komisch.«

»Aber«, fragte ich erstaunt, »was meint der Herr Hauptmann?«

»Glaubst du, das hier sei ein Spiel oder was? In allen drei Fällen Boden!«

»Aber ich will nach Boden!«

Das war offenkundig nicht das, was sich Stockholmer wünschten. Ich musste wiederholte Male beteuern, dass ich tatsächlich nach Boden wollte. Nachdem er lange nach Zeichen leichter Verwirrung gesucht hatte, sah er am Ende ein, dass ich es ernst meinte. Dann wurde es also I 19/P5 in Boden.

Vielleicht hatte ich gehofft, dort das zu finden, was ich mehr oder weniger unbewusst immer gesucht hatte. An meine Schulzeit erinnerte ich mich nicht gerade mit Sehnsucht oder Wehmut. Und bei der Post hatte ich mich auch nicht so richtig zu Hause gefühlt. Ich war dort immer der Jüngste, und nach der Arbeit blieb mir nie viel mehr zu tun, als nach Hause zu fahren und zu schlafen oder mir gemeinsam mit irgendwelchen Arbeitskollegen die Zeit zu vertreiben. Meistens hing ich nur rum und trank zu viel. Und das war für einen Achtzehnjährigen ja nicht unbedingt das Sinnvollste. Dementsprechend kam ich mit neuer Hoffnung und Kribbeln im Bauch in Boden an.

Am 6. Juni, dem Nationalfeiertag, fand ich mich mit zweifarbigen Haaren und irre spitzen Schuhen in einer riesigen Garnison beim Panzerregiment ein. Da ich Funker werden sollte, wurde ich zu den Nachrichtentruppen verlegt, S3 auf der anderen Straßenseite.

Bevor ich beim Militär einrückte, hatte ich viele verschiedene Kleider- und Lebensstile getestet. Und gerade als ich eingezogen wurde, stand ich auf Synthie. Ein harter Stil und eine harte Musik, die sehr an Märsche erinnert. Es gab eine Gruppe namens DAF, Deutsch Amerikanische Freundschaft, die bei einem der Songs, »Der Mussolini«, ewig die Namen Hitler und Mussolini wiederholte. Diese Musik wurde aber nicht, wie man hätte meinen können, von Nazis vorgetragen, sondern von zwei kommunistischen Lederschwulen, die provozieren wollten. Und diese Art von Musik mochte ich. Provokativ! Diese Lust zu provozieren gehörte zu den Synthis. Die meisten von ihnen waren Oberschichtkids, also war das irgendwie auch verkehrt. Zu ihren üblichen Kennzeichen gehörten zweifarbiges beziehungsweise blauschwarzes Haar und »Arschpicker«, irre spitze Schuhe. Ich stand auf diese Art von Musik: Kowalski, hart und taktfest, Laibach, eine slowenische Band, die in Uniform auftrat und sehr an alte SS-Angehörige erinnerte.

Ich war darauf gefasst, für mein Aussehen angemacht zu

werden. Aber aus irgendeinem Grund passierte nichts. Später wurden viele gemobbt und ausgegrenzt. Nur dieses eine Mal landete ich sofort auf der richtigen Seite. Teils lag das wohl daran, dass ich mir trotz meines Äußeren vorgenommen hatte, mich sehr zurückzuhalten, da das Ganze sonst wohl in die Binsen gehen würde. Außerdem machte ich nie mit, wenn die anderen Stockholmer die aus Nordschweden schikanierten, was mir später, als wir im Gelände lagen, richtig zugute kam. Da waren die Stockholmer dann auf die Nordschweden angewiesen, die die Natur kannten. Als sich die großspurigen Nullen selbst zurechtfinden mussten, haute das nicht hin. Die Einbußen beim Regiment waren entsprechend hoch. Nicht einmal die Hälfte der Typen aus dem Süden schaffte die Grundausbildung. Ein Teil wurde nach Hause geschickt, andere wurden versetzt. Aber ich hatte keine Probleme, sondern fühlte mich wohl. Und das merkte man sicher auch an meinem Auftreten. Doch, das stärkte mein Selbstvertrauen wirklich. Nun gehörte ich dazu und schikanierte andere.

Einer der Typen beim Militär hatte ständig Sehnsucht nach seiner Mutter und seiner Freundin und galt als eher lahm. Bei einer Übung im Feld brauchte er so lange für die Hindernisstrecke, dass wir die Zeit überschritten und Strafpunkte bekamen. Die Gruppe wurde ja als Einheit betrachtet und sollte als solche handeln und eben auch als solche bestraft werden. Wenn das richtig funktionierte, wurde die Gruppe dadurch gestärkt. Aber dafür mussten die Gruppenmitglieder begriffen haben, dass man zusammenarbeiten und dem schwächsten Glied in der Gruppe helfen muss. Das klappte nicht immer. Und wenn dann Gruppenstrafen einfach nur so, ohne nähere Erklärung, verteilt werden, machen sich die anderen natürlich über das schwächste Glied der Gruppe her. Das ist sein Fehler, schließlich war er das, der das mit der Hindernisstrecke nicht hinbekommen hat, sein verdammter Fehler hat uns eine Extrarunde im Gelände eingebrockt.

Wir hatten einen Offizier, der uns sehr deutlich sagte, dass man das schwächste Glied nicht terrorisieren darf, weil das sonst bloß bei der nächsten Übung auf die Gruppe zurückschlägt. Wir weigerten uns, auf dem Ohr zu hören und fingen stattdessen an, den lahmen Typen ziemlich zu mobben, wir pinkelten in sein Bett und solche Nettigkeiten. Natürlich endete das damit, dass er vom Dienst mit der Waffe freigestellt wurde. Damit war er draußen.

Viele waren in Boden nicht am richtigen Ort. Zum Teil schafften sie die Tests in Telegrafie und Morsen nicht. Sie flogen raus oder wurden versetzt. Zum Teil setzten ihnen Kälte, Dunkelheit und Heimweh zu sehr zu, vor allem denen aus der Großstadt Stockholm. Aber ich fühlte mich dort oben wohl, weit weg von Stockholm, weit weg von zu Hause. Ich mochte auch die Disziplin, die Zucht und Ordnung. Und draußen im Busch zu sein, gab mir einen Kick. Bei den Kampfübungen lag man da und hielt drauf und spürte, dass man lebte.

Dass ich mit diesen anstrengenden Übungen fertig wurde, schrieb ich meiner starken Psyche zu, rein mental steckte ich mehr weg, als ich erwartet hatte. Diese Stärke führte ich auf die mühseligen Kinder- und Jugendjahre und die ebenso mühsame Schulzeit zurück. Das hatte mich wohl erzogen und mental gestärkt. Damals fing ich damit an, Nietzsche zu lesen und über seine Thesen vom Übermenschen nachzudenken. Denn wenn ich, nicht gerade der Stärkste und oft gemobbt, mit diesen Übungen hier, die physische Anstrengung verlangten, fertig wurde, dann musste das an meinem starken Willen liegen. Gleichzeitig bedeutete das natürlich, dass diejenigen, die mit den Übungen nicht fertig wurden, einen schwächeren Willen hatten und ganz allgemein schwächer waren. Da begann ich auf die, die dasaßen und flennten und nach Hause wollten, herabzusehen. Sie taten mir nicht leid, ich fand sie nur schwach.

Diese Einschätzung wurde von einigen Offizieren bekräftigt, auch wenn das vielleicht gar nicht immer so gemeint war. In einer damals vollkommen männlich geprägten Welt war der Jargon beim Militär nun mal, wie er war. Wie diese Marschlieder, die wir sangen, die waren ja nicht gerade stubenrein. Klar ermunterten uns die Offiziere, auf unsere Umgebung durch ziemlich gefärbte Gläser zu schauen, wenngleich ihr Ziel war, uns einzuheizen, und nicht, uns zu Rassisten oder Nazis zu machen. Es wurde dadurch nicht besser, dass einige der Offiziere schreckliche Machos waren und für die etwas Schwächeren oder Künstlertypen keinerlei Geduld aufbrachten. Nein, denen gegenüber waren Duldsamkeit und Toleranz nicht besonders ausgeprägt. Das färbte natürlich auf mich ab, der ich angefangen hatte, die Schwächeren als unterlegen und entsprechend uns Stärkere als überlegen zu betrachten. Zusätzliche Nahrung erhielt das dadurch, dass die Offiziere uns Funker anders behandelten als diejenigen, die die Kabel legten. Während wir im warmen Funkwagen sitzen durften, um die Funkgeräte zu bedienen, mussten die »Strippenzieher« draußen im Gelände die Kabel verlegen, damit wir arbeiten konnten. Außerdem wurden sie morgens vor uns geweckt, und ihr Job verlangte nicht besonders viel Hirn, dagegen eine gewisse körperliche Kraft und Ausdauer.

Wir fanden, dass sie auf der Skala, die den Wert eines Menschen misst, ein paar Stufen unter uns standen. Die Offiziere zögerten nicht, uns darauf hinzuweisen. Denn bei S3 waren die Funker die Elite, und diejenigen, die hereinkommende und hinausgehende Nachrichten codierten und dechiffrierten, bewegten sich in der Rangskala irgendwo in der Mitte. Die Übrigen wurden als Bodensatz betrachtet. Das sollte uns wohl anstacheln und das Beste aus uns herausholen. Es gehörte einfach zum Jargon, wenn der Offizier uns in die Minderwertigen, die Guten und die Besten einteilte. Aber für einen suchenden und etwas verirrten jungen Menschen wie mich hatte das ungeahnte Konsequenzen.

Mir gefiel die Uniform und ich stand vor allen anderen auf, um als Erster im Waschraum, als Erster angezogen und als Erster im Speisesaal zu sein, hauptsächlich, um die Schlangen zu vermeiden. Mir bereitete es einen fast perversen Genuss, stets gut geputzte Schuhe bzw. Stiefel zu haben. Geputzte Schuhe waren mir nichts Neues, die hatte ich auch schon vor der Militärzeit, was mit meinem Vater zu tun hatte. Man sollte sauber und ordentlich sein. Ich rasierte mich immer und bekam deswegen oder wegen der Uniform nie einen Tadel.

Mit der Uniform war ich wer, jemand, zu dem man aufsehen konnte. Wenn es auch niemand sonst tat, so sah ich doch zu mir selbst auf. Manchmal, wenn ich allein war, stellte ich mich vor den Spiegel und posierte mit einem automatischen Karabiner. Mir gefiel, was ich sah. Zum Glück merkte das kein Offizier.

Zum militärischen Drill gehörte auch, auf eine bestimmte Weise sein Bett zu machen und in seinem Spind peinlich genau Ordnung zu halten. Ich achtete auf alles, bekam nie irgendeinen Tadel und hatte keine Probleme mit dem Vorgesetzten. Ich merkte schnell, dass der immer freundlicher wurde, je mehr ich auf das Militärische setzte. Und daran war nichts Merkwürdiges. Offiziere funktionieren wie die meisten anderen Menschen auch, sie werden freundlicher dem gegenüber, der sich bemüht, den geltenden Regeln zu folgen. Für mich war es nie ein Problem, strammzustehen und wie ein wütender Tiger »Jawohl, Herr Unteroffizier!«, »Nein, Herr Unteroffizier!«, zu brüllen und so was alles.

Obwohl es beim Militär viel um Ordnung und Disziplin ging, konnte ich dort mein Talent, mich krankschreiben zu lassen, ebenfalls anwenden. Denn wenngleich mir die Anstrengungen Spaß machten, wollte ich es manchmal doch eher langsam angehen lassen. Dann ging ich morgens zur Krankenschwester und meldete mich krank. Bei S3 gab es keinen Arzt, deshalb wurde man bei bestimmten Beschwerden zum Arzt in der Krankenabteilung von I 19/P5 überwiesen. Mit dem persönlichen Krankenblatt in der Hand zog man also zur ärztlichen Sprechstunde. Dort saß man im Wartezimmer und versuchte, unauffällig auszusehen, während man gleichzeitig die Unterschrift des Arztes auf dem Krankenblatt fälschte. Dann brauchte man nur noch zum Dienst habenden Offizier zurückzutrotten, dem man mitteilte, man habe Innendienst bekommen und solle nicht an irgendwelchen Übungen draußen teilnehmen.

Wären sie mir auf die Schliche gekommen, weiß der Teufel, was dann passiert wäre. Ich griff auch nur ein paar Mal zu diesem Mittel, denn eigentlich wollte ich keine Übungen im Gelände verpassen. Irgendwie muss ich pervers gewesen sein, denn ich mochte sie. Kalt wie verrückt, der Boden matschig – das war tough und, ja, eine mächtige Herausforderung.

Die erste Übung im Feld machte ich bei I 19/P 5, siebte Panzerabwehrkompanie, zehnter Zug. Dort gab es einen verrückten Leutnant und einen noch verrückteren Hauptmann, die morgens immer brüllten: »Guten Morgen, Panzertöter!«

In unserem Zug waren wir zwei, die bei I 19/P5 zum Militärdienst eingeteilt waren, aber die Grundausbildung bei S3 machten. Das beinhaltete, dass wir sowohl bei I 19/P5 als bei S3 an den Feldübungen teilnehmen mussten, also die doppelte Anzahl. Hier sollte sich jetzt auszahlen, dass ich mir vorgenommen hatte, mich ruhig zu verhalten und niemanden zu provozieren. Der andere aus meiner Mannschaftsstube bekam es umso mehr ab. Er hatte sofort den Spitznamen Rondell (Kreisel) weg, weil sein Nachname zu dieser Assoziation verleitete. Er war eine sonderbare Existenz, in der Schweiz aufgewachsen, ziemlich heller Kopf und mächtig anders, schwer zu fassen und ebenso schwer zu beschreiben. Er schien in seiner eigenen Welt zu leben.

Klar wurde er Opfer von Mobbing und Terror. Aber offenbar hatte er nicht gelesen, wie sich Mobbingopfer verhalten, sondern fiel ganz und gar aus dem Rahmen, er schien sich überhaupt nicht darum zu scheren, wie man ihn behandelte. Offensichtlich hatte er ein dickes Fell. Vielleicht konnte er auch nur fantastisch gut verbergen, wie es tief innen aussah. Also kein eingeschüchtertes und zurückweichendes Opfer, weshalb seine gesamte Erscheinung eine einzige große Provokation war. Viele reizte das wahnsinnig, und nicht nur ein Typ aus dem zweiten Zug nahm sich vor, sich Rondell zu schnappen. Aber ehe der Angreifer sich's versah, wurde er vom »Kreisel« innerhalb von Sekunden auf die Matte gelegt. Das reichte, das Mobben hörte auf.

Obwohl ich ihn nicht mochte, waren wir beide doch ein Team und gezwungen, zusammenzuarbeiten, also er und ich gegen den Rest der Kompanie. Bei der abschließenden

Übung, als wir zwei Wochen lang mit den Panzern draußen im Feld lagen, fanden es viele ungerecht, dass wir, die von I 19/P5 an S3 ausgeliehen waren, um als Funker ausgebildet zu werden, an den Feldübungen beider Regimenter teilnehmen mussten. Aber Rondell und ich beschwerten uns nie darüber. Wir führten die Übung so gut wie möglich durch und hielten die Klappe. Mir gaben die Übungen gefühlsmäßig einen Kick, obwohl es matschig und schmutzig war und keine Zeit für längeren Schlaf am Stück blieb. Aber es war mächtig was los, es gab Uniformen und Waffen und war wirklich cool. Und nach und nach könnte ich das ersehnte TOW-Abzeichen bekommen, ein spezielles Stoffabzeichen, das an Verdiente der I 19/P5 ausgegeben wird. Meiner Beurteilung brauchte ich mich nicht zu schämen, sie war alles andere als eine Wiederholung der Parade von Fünfern in meinem Abschlusszeugnis.

Raggare, Rocker, sind Leute, mit denen ich mich nie verstanden habe, und die Rocker von Boden machten keine Ausnahme. Sie schienen diejenigen, die dort ihren Militärdienst leisteten, insbesondere die aus Stockholm, abzulehnen. Wenn man sich also mit heiler Haut außerhalb der schützenden Mauern der Kasernen bewegen wollte, war es von Vorteil, wenn man stark war und jemandem auch mal aufs Maul hauen konnte. Schlagen konnte ich. Aber ein physisches Prachtexemplar war ich nicht unbedingt, es war also an der Zeit, zu trainieren. Ich bin in der ganzen Zeit dort ein treuer Besucher der Sportanlagen gewesen, was die Offiziere förderten.

Hier ging es doch um Männlichkeit, Mut und Kühnheit!

Eine echte Gang bildeten wir beim Militär nicht gerade, wir wären sonst sicher öfter ausgegangen. Im Dienst waren wir nun mal gezwungen zusammenzuarbeiten, aber das musste ja nicht notwendigerweise in der Freizeit zu einer Gemeinschaft führen. Nein, eine verschworene Gemeinschaft, eine wirkliche Gruppe sind wir nie geworden. Viele wurden unter Druck gesetzt, besonders diejenigen, die in ihrer Art und ihrem Auftreten gegen die Konventionen verstießen oder irgendwie andere Lebensanschauungen vertraten. Auf unserer Stube hatten wir zum Beispiel einen, der war Christ. Er erhob sofort Einwände, als wir anfingen Pornofilme auszuleihen. Aber das war uns so was von egal. Es wurde auch nicht besser, als er sich bei den Offizieren beklagte, die ihn abfertigten und fanden, es sei vollkommen normal, dass junge Burschen Pornofilme schätzten.

Nein, einen richtigen Zusammenhalt gab es nicht. Natürlich klappte es mit manchen besser als mit anderen. Bei den Übungen war man ganz einfach gezwungen, als Gruppe zu funktionieren. Aber viele Kerle bekamen dort oben Schläge, sowohl physische wie mentale. Als der Sommer dann vorbei war und der Herbst anstand, da waren die meisten von denen, die nicht damit zurechtkamen, weg. Da zogen auch fast alle restlichen Stockholmer nach Süden. Und als im August, September der erste Schnee fiel, waren von den Leuten vom Anfang nicht mehr viele übrig. Innerhalb von wenigen Monaten war unser Zug halbiert worden, ohne im Kampf gewesen zu sein. Die Nordschweden, anfangs in der Minderzahl, waren plötzlich in der Mehrzahl. Und wir aus Stockholm, die wir bis zum Schluss dabeiblieben, wir hatten nicht nur bewiesen, dass wir zur Elite gehörten. Wir waren die Elite!

5

Während meiner Zeit beim Militär fing ich an, Bücher über die Waffen-SS zu sammeln. Das meiste Material fand ich in einem Geschäft in Stockholm namens Supply. Dort arbeitete ein alter Mann, den ich etwas näher kennen lernte, ein politisch engagierter Rentner. Er fand junge Männer gut, die ihren Militärdienst ableisteten und ihr Vaterland verteidigten.

Ich gehörte zu den wenigen, die in Uniform in Urlaub fuhren, ich genoss das einfach. Wenn ich also Supply aufsuchte, trug ich immer Uniform. Und da ich zu I 19/P5 gehörte, hatte ich das Recht, eine Baskenmütze zu tragen. Die anderen von S3 hatten das nicht. Aber diese verdammte Baskenmütze zu erhalten, erwies sich als schwerer als gedacht. Ich ging bis zum Regimentschef und flennte fast, um sie zu bekommen. Faktisch gehörte ich doch zur I 19/P5. Ich war dorthin abkommandiert und jetzt sollte ich mit der siebten Panzerkompanie mit solchen TOW-Missiles los und ich wollte deren Stoffabzeichen haben und eine Baskenmütze. Aber er wollte nicht nachgeben. Baskenmütze, okay. Aber nicht das TOW-Abzeichen, denn das verteilte der Kompaniechef an die, die ihren Militärdienst bei der Kompanie absolvierten.

Meine ersehnte Baskenmütze erhielt ich. Es dauerte allerdings eine Weile, bis sie die richtige Fasson hatte. Sie aufzusetzen und ein bisschen seitwärts herunterzuziehen, reichte wahrhaftig nicht aus. Nein, um sie in die absolut richtige Fasson zu bringen, musste man sie einweichen, weit zur einen Seite hinunterziehen und eine Nacht mit ihr schlafen.

Immer wenn ich bei Supply reinschaute, trug ich die Ausgehuniform und die Baskenmütze. Das Angebot an Büchern bestand zu neunzig Prozent aus Titeln zur deutschen Armee und höchstens zehn Prozent zu den Alliierten. Von allen Büchern über die deutsche Armee handelten gut siebzig Prozent von Waffen-SS, Wehrmacht und Luftwaffe. Dort kaufte ich eine Menge Bücher, die ich eifrig durcharbeitete und die ziemlich bald die Grundlage für meine nazistische Überzeugung bildeten.

Ich wohnte noch immer zu Hause, wenngleich ich an den Wochenenden nicht sehr viel zu Hause war. Ich schlief dort, war sonst aber meistens unterwegs und feierte. Oder soff, um es genauer zu sagen. Die Bücher, die ich bei Supply gekauft hatte, nahm ich mit nach Hause, aber meine Eltern reagierten nie darauf. Sie fanden es gut, wenn man ein Interesse hatte. Und da die meisten Bücher auf Englisch waren, verstanden sie nicht, wovon sie handelten.

Einige der Bücher nahm ich mit zum Regiment. Aber auch dort reagierte keiner darauf. Nicht einmal auf eine amerikanische Reihe mit Titeln wie ›Hitler Samurai‹ und ›Hitler Teutonic Nights‹. Der Autor dieser Bücher machte recht deutlich, dass ihn nicht die Politik oder Ideologie der Nazis faszinierten, sondern die Effektivität, für welche die Waffen-SS stand. Das mag man glauben, wenn man will. Aber offenbar war er sehr beeindruckt von den Panzerdivisionen der SS, dem Opferwillen und dem Elitedenken der Soldaten. Er schrieb, nicht ohne Bewunderung, dass diese Truppen eine Front nach der anderen retteten, wenn sie wie eine Art Feuerwehrtruppe eingesetzt wurden, dass sie fanatischer waren als andere und dass sich dieses in den Verlustzahlen spiegelte, die sehr viel höher lagen als bei allen anderen Truppen. Er war von der enormen Effektivität der SS fasziniert, ich hingegen blieb an dem Ideal vom Übermenschen hängen. Was für Offiziere, was für harte Kerle und was für Uniformen!

Unter den Büchern gab es auch solche von Deutschen, die selbst zu Totenkopfverbänden gehört und ihre eigenen Erfahrungen und Auffassungen vom Krieg aufgeschrieben hatten. Sie nährten nicht nur mein Elitedenken, das in Boden angefangen hatte zu wachsen und gedeihen. Sie förderten zugleich meine Faszination für Zucht und Ordnung und Disziplin. Jetzt war ich selbst beim Militär. Näher konnte ich Wehrmacht und Waffen-SS in der nächsten Zukunft nicht kommen.

Von den fünf Büchern, die zu der Reihe gehörten, handelten zwei nur von Uniformen. Aber ich arbeitete sie alle durch und wurde ein wahnsinnig fanatischer Bewunderer von allem, was SS und Hitler-Deutschland hieß. Zunehmend faszinierte mich die Ideologie, die dahintersteckte. Also schon lange, ehe ich innerhalb der schwedischen Nationalsozialisten aktiv wurde, wusste ich, worum es ging. Ich hatte zumindest angefangen, gründlich darüber zu lesen. Viele der Männer, die ich später innerhalb der nationalsozialistischen Bewegung kennen lernte, hatten nicht diese Kenntnisse. Meine Begeisterung für die SS hatte schon in der Hauptschule angefangen. Es dauerte allerdings ziemlich lange, ehe das Gedankengebäude, die Ideen und Wertungen in mir zementiert wurden. In der Hauptschule lagen die Ideologie und Politik noch außerhalb meines Interesses. Aber jetzt fing ich an, mir Fragen zu stellen: Was war eigentlich die SS? Was ließ die SS-Soldaten so fanatisch und die SS-Einheiten so effektiv sein? Um Antwort auf solche Fragen zu bekommen, war ich gezwungen, darüber nachzulesen und mich in alles zu vertiefen. Wie war die SS aufgebaut und warum? Bei mir lag kein objektives historisches Interesse zugrunde, sondern ich blieb daran hängen, weil ich von dieser Geschichte mit den blonden und blauäugigen Germanen fasziniert war, davon, gesund zu leben und den Körper fit zu halten und so etwas. Ferner hieß es, den Kampf aufzunehmen gegen Slawen, Juden, gegen die USA und England. Das bedeutete: wir germanischen Europäer gegen die. Und dann schätzte ich Hitler wohl als Visionär ein, der sowohl die schwedischen wie norwegischen, finnischen, dänischen und französischen jungen Männer dazu bekommen hatte, sich als Freiwillige zur SS zu melden. Junge Krieger, die für ihre Überzeugung kämpften. Eine Art EU-Gedanke. Das faszinierte mich, das lockte. Aber was hatte sie gelockt? Eine eindeutige Antwort auf diese Frage habe ich nie bekommen, auch nicht in den Büchern. Dort erfuhr ich von General Franco in Spanien, den Hitler unterstützte. Warum? Franco war nicht gerade ein blonder, groß gewachsener Germane!

Hitler war im Übrigen selbst kein besonders glaubwürdiger Repräsentant des germanischen Idealbildes. Aber damals dachte ich nicht so. Wenn ich Filme mit ihm sah, dann bewunderte ich seine Redekunst, statt ihn als einen sabbernden Irren anzusehen. Ich ließ mich ganz einfach mitreißen. Und erst jetzt, viele Jahre später, nachdem ich all das hinter mir gelassen habe, begreife ich, wie verrückt er war. Hätte er sich selbst und die anderen Nazigrößen an seinem eigenen Idealbild messen lassen, dann hätte er sich und die anderen in Lager stecken lassen müssen. Denn wenn sie schon nicht klein und dunkel waren wie Hitler selbst, hatten sie eine Masse von anderen »Fehlern« wie Drogenmissbrauch und Homosexualität und hätten gemäß der nazistischen Terminologie als Abschaum betrachtet werden und damit in die »Endlösung« einbezogen werden müssen.

Aber zu der Zeit dachte ich nicht so, das wäre die reinste Schmähung gewesen! Stattdessen fragte ich mich, wer die deutsche Kriegsmaschinerie und den deutschen Wohlstand geschaffen hatte. Hitler doch! Das reichte mir. Ein solcher Mann, ein solcher Führer stand über solchen Petitessen wie »das nazistische Idealbild eines Mannes« – wenn man sich überhaupt solche Gedanken gestattete. Nein, ich war vollständig mit Überlegungen beschäftigt, wie das europäische kulturelle Erbe vor der Vergiftung durch Bolschewisten und Juden gerettet werden könnte.

Im April 1984 kam dann der traurige, richtiger vielleicht der wehmütige Tag, an dem ich vom Militär entlassen wurde. Jetzt war wieder zivile Kleidung angesagt. Ich hatte sozusagen zehn Monate meines Lebens meinem Vaterland geopfert. Aber für mich war das wahrlich kein Opfer gewesen, eher ein Privileg. Ich hätte mir gut und gern eine Zukunft als Verteidiger des nordischen Erbes vorstellen können. Aber hier holte mich mein schwacher Einsatz in der Schule ein. Ohne gymnasiale Oberstufe keine Offiziersausbildung!

Meine drei Wochen auf dem beruflichen Gymnasium reichten also nicht weit. Gewisse Voraussetzungen erfüllte ich ansonsten schon, obwohl bei der Musterung der theoretische Teil für mich voll danebengegangen war. Meine Kenntnisse in Mathe waren gleich null, in logischem Denken machte ich allerdings gut Punkte wett. Meine Konstitution war bei der Musterung nicht gerade hervorragend gewesen, aber ich hatte ja in Boden viel trainiert. Und die psychologische Auswertung war gut gewesen.

Klar hätte ich Gefreiter, Unterfeldwebel werden und dann in der militärischen Hierarchie zum Leutnant aufsteigen können, das hätte eine zusätzliche Grundausbildung von fünfzehn Monaten verlangt. Außerdem hätte ich noch einige Fächer in der Erwachsenenbildung nachholen müssen. Weiter wäre ich nicht gekommen. Zudem hätte ich für fünf Jahre in Boden bleiben müssen, ehe ich um eine Versetzung an einen anderen Ort hätte nachsuchen können. Und so cool war es dann dort oben im Norden doch nicht. Also lehnte ich das Angebot dankend ab und kehrte nach Stockholm und in mein Zimmer bei meinen Eltern in Årsta zurück.

Um diese Zeit starb meine Großmutter und hinterließ meinem Vater als einzigem Erben lebenslanges Wohnrecht in einer Wohnung in der Stadt. Da meine Eltern nicht die Absicht hatten, aus ihrer Zweizimmerwohnung in Årsta auszuziehen, durfte ich in die andere Wohnung einziehen. Eigentlich hatte ich kein Recht darauf, wie einer meiner Nachbarn betonte. Aber sicher hätten sowohl er wie die übrigen Nachbarn darüber hinweggesehen, wenn ich nicht unter die Skinheads geraten wäre. Immerzu all diese betrunkenen Menschen im Treppenhaus und diese deutsche Marschmusik, die aus meinen Fenstern dröhnte. Am Ende war ich die Wohnung los, aber das dauerte noch eine Weile.

Zu jener Zeit kannte ich nicht einen »Ausländer«. Mein Bild baute deshalb nur auf Hörensagen und Vorurteilen auf. Einmal wurden jedoch ich und zwei andere – alle drei waren wir Skinheads – an einer U-Bahnstation von einer Gang aus Schweden und Ausländern angegriffen. Wir trafen auf dem Bahnsteig aufeinander. Sie waren eindeutig auf Krawall aus. Sie hatten diesen klassischen Trick drauf, einem ein Bein zu stellen und dann so zu tun, als seien sie schwer beleidigt. Bei dem Kräfteverhältnis von fünfundzwanzig gegen drei sahen wir schnell ein, dass es am besten war, auszuweichen. Bestimmt gehörten wir nicht zu denen, die zurückschreckten, denn Prügeleien gehörten für uns wie die Luft zum Leben. Aber wir waren doch keine Selbstmordkandidaten. Wir nahmen also die Treppe zur Bahnhofshalle, um dann zu verschwinden. Die nahmen allerdings auch die Treppe, und zwar die zur anderen Seite hin. Oben zwangen sie uns zum Rückzug bis zur Fahrkartensperre. Dann verschwanden sie.

Ja, meine Erfahrungen mit Ausländern waren äußerst begrenzt. Aber das sollte sich bald ändern, als nämlich die Vorstadtgangs anfingen, in der Stadt aufzukreuzen. Das trug nur dazu bei, meine Vorurteile gegen »Schwarzköpfe« aller Arten zu verstärken und das Gewicht des »Kampfes der germanischen Rasse gegen diese Untermenschen« zu unterstreichen.

Eins ergab das andere. Ich begann nach weiteren politischen Texten zu suchen, die den Rasseaspekt aufgriffen. Hier war Südafrika bahnbrechend. Ich weiß nicht, warum meine Gedanken in diese Bahnen glitten, denn ich selbst passte ja auch nicht in das Muster des großen stolzen Schweden, jedenfalls nicht am Anfang. Klar war ich mehr als durchschnittlich groß, das wurde aber dadurch neutralisiert, dass ich schmal war wie eine Bohnenstange. Ich tröstete mich damit, dass es für solche wie mich immer Platz bei der SA gegeben hatte. So rutschte ich mehr und mehr in derartige Überlegungen hinein.

Ich engagierte mich nicht von Anfang an politisch, ich stürzte mich wieder auf die Bücher. Dieses Mal waren es die schwedische Großmachtzeit und die Karolinger, die mich fesselten. Man kann ohne weiteres behaupten, dass meine Geschichtsauffassung und mein Geschichtsinteresse enorm selektiv waren. Sie bauten auf bestimmten historischen Geschehnissen auf, die zwar vielleicht an sich wahr waren, aber natürlich kein vollständiges, sondern nur ein verzerrtes und damit unwahres Bild der historischen Wirklichkeit wiedergaben. Ein romantisches Bild – besonders im Hinblick auf mein Interesse an den christlichen Ritterorden. Wobei ich gleichzeitig fand, die Sache mit dem Christentum und mit Jesus, der sein Kreuz trug, mit den Märtyrern, ja der Religion überhaupt sei etwas für die Schwachen, die daran ihr Leben festmachen konnten. Andererseits war ich fasziniert von den Kreuzrittern, die sicher Christen waren, aber eben militante Christen, und die im Heiligen Krieg zwischen Christentum und Islam gegen die Ungläubigen zu Felde gezogen waren.

Also in meiner Einstellung den »Ausländern« gegenüber war etwas vom Ritterideal, von den christlichen Ritterorden und dem Kampf gegen die Ungläubigen, davon, Europa vor den Invasionen der Fremden zu erretten, enthalten. Natürlich nicht so bewusst und ausdrücklich. Für mich waren die germanischen und nordischen Ritter jedenfalls die Elite Europas. Dass die Phönizier den Handel entwickelt hatten und was die alten arabischen Kulturen für die westliche Welt bedeutet hatten, war mir vollständig gleichgültig. Spanien und die gebildeten Mauren, die Muslime waren, blieben ebenfalls irgendwo auf der Strecke. Die waren für mich nicht so interessant. Umso mehr faszinierte mich das Römische Reich und wie die Römer die Welt erobert hatten. Die waren ja auf jeden Fall Europäer. Zu Hause waren es die Wikinger, außerdem Gustav II. Adolf und die schwedische Großmachtzeit und Karl XII. und die Karolinger. Doch, klar war meine Geschichtsauffassung naiv!

An Deutschland und der SS war ich seit Jahren interessiert. Ich hatte nie verstehen oder Erklärungen dafür finden können, wieso Deutschland den Krieg hatte verlieren können. Ich konnte mir Hitler-Deutschland nur als ein funktionierendes Staatsgebäude vorstellen. Für mich war das alles mehr wie ein wagnerianisches Drama.

Nein, kritisches Denken war nicht direkt meine Lieblingsbeschäftigung.

6

Nach dem Militärdienst arbeitete ich wieder bei der Post. Einer meiner jüngeren Arbeitskollegen, Åke, machte Krafttraining. Er fand, ich solle mit ihm kommen und trainieren. Ich ließ mich nicht lange bitten. Während des Militärdienstes hatte ich das ja auch schon getan und es war mir gut gegangen. Ich schloss mich ihm also an. Das hatte einen doppelten Effekt: Ich wurde stärker und ich musste meinen Alkoholkonsum einschränken. Beim Militär hatte ich mich an der Alkoholfront zurückgehalten, aber nach der Entlassung war die Statistik gleich wieder in die Höhe geschnellt. Mein Vater meinte, ich sei nun erwachsen. So saßen wir dann zu Hause und pichelten, was kaum sehr gesund war. In der Zeit in Boden war ich, von Ausnahmen abgesehen, nüchtern geblieben.

Christian kannte ich schon aus einer Spielgruppe, ich hatte auch mal mit ihm trainiert; er wohnte in Sundbyberg. Christian war ebenfalls sehr an der SS interessiert, aber aus einer völlig anderen Perspektive. Bei ihm schlug das Interesse niemals aufs Gehirn und er wurde nie Nazi. In Sundbyberg wohnte noch ein anderer Kumpel aus einer Spielgruppe, Tobias, der Boxen trainierte. Christian und Tobias hatten losen Kontakt, und als wir uns alle drei trafen, kam die Rede auf Krafttraining und Boxen. »Du müsstest anfangen zu boxen«, meinte Tobias. »Du bist lang und schmal und wiegst nicht so viel, du kannst Mittelgewicht werden.« Ich würde auf jeden Fall einen Kopf größer sein als die übrigen Mittelgewichtler und eine bessere Reichweite haben, warum also nicht.

Ehe ich mit Boxen anfing, versuchte ich es mit Karate. Aber das war nichts für mich. Im Trainingszentrum herrschte zwar Ordnung, aber die meisten, die mitmachten, waren Ausländer. Zwar hatte ich damals noch nicht diesen Fremdenhass entwickelt, aber irgendwas daran gefiel mir nicht. Was, konnte ich gar nicht so genau benennen, vielleicht lag's an der Meditationskiste. Ich fühlte mich fremd, fand alles nur merkwürdig. Außerdem wird Karate in der Gruppe trainiert. Das bedeutete, dass man fast die ganze Zeit mit anderen zusammenstand und die gleichen Bewegungen vollführte. Beim Boxen ist das Training dagegen individuell. Man konnte sich schon am ersten Tag in den Ring stellen, wenn man unbedingt ein paar aufs Maul haben wollte. Außerdem war fürs Boxen nicht so viel Grundtraining nötig wie für Karate mit seinen Gürteln und Bewegungsabläufen und so weiter.

Zu dem Zeitpunkt hatte ich einige Skinheads kennen gelernt, die beim Arbeitersportverein trainierten, ich ging dann mit dorthin. Das war wie nach Hause zu kommen. Schon seit einiger Zeit faszinierten mich die Skinheads. Ich hatte mir Stiefel gekauft und angefangen, meine Haare kurz zu schneiden, und ich fand es wichtig, alles, was schwedisch war, zu verteidigen. Aber Hasse, der Trainer dort, der von allen im Club wie ein Vater betrachtet wurde, akzeptierte keinerlei Rassismus. Alle waren gleichermaßen willkommen. Und alle trainierten gemeinsam, Skinheads und Ausländer. Es war nicht daran zu denken, dort mit den Immigranten Krach anzufangen, denn dann flog man raus. Und wenn Hasse mitbekam, dass man außerhalb des Rings fightete, dann war es auch vorbei.

Ich mochte die Disziplin im Club, konnte es aber nicht sein lassen, in der Stadt auf der Straße und in Lokalen zu boxen. Bereits beim ersten Mal, als ich mit den Skinheads unterwegs war, landeten wir in einer Schlägerei. Und schon da explodierte in mir, was mich so viele Jahre lang lenken sollte: meine Gewaltbereitschaft.

Ich hatte irgendwo mit Tobias rumgestanden und Bier getrunken. Ziemlich angetrunken nahmen wir die U-Bahn, um Leute aufzumischen. Dieses Mal traf es irgendwelche friedlichen Musiker, halbe Hippies, die in einer U-Bahnstation in der Altstadt saßen, Gitarre spielten und sangen. Noch vier weitere Skinheads schlossen sich uns an. Einer von ihnen ging geradewegs auf einen der Musiker zu, nannte ihn einen »verdammten Userhippie«. Dann riss er ihm die Gitarre weg, schlug sie in Stücke und trat dem Musiker gegen den Kopf.

Klar hatte ich oft Stunk gemacht und ich war über die Jahre hin in viele Schlägereien verwickelt gewesen. Aber irgendeine Form von Ankündigung hatte es immer gegeben. Hier machte es einfach nur Päng! Ich hatte mitbekommen, dass da drei Hippies saßen, die aussahen wie halbe Junkies, war aber nicht vorbereitet auf das, was passierte, und wusste nicht so recht, wie ich mich verhalten sollte. Einer der Skinheads war so schrecklich voll, dass er den, den er treffen wollte, verpasste und deshalb eine halbe Runde drehte. Das sah so wahnsinnig komisch aus, etwa wie in einem alten Stummfilm. Als er schwankend stillstand, richtete er seine Augen auf mich. Ich sah, dass es sich hinter seiner Stirn immer noch weiter drehte und dass er sich fragte, wer ich war, denn wir waren uns noch nie begegnet. Da geschah etwas Sonderbares in mir, es ist schwer zu beschreiben. Aber plötzlich wurde ich von einem Lachanfall geschüttelt. Als ob Leute krumm und lahm zu schlagen, das Witzigste war, das ich mir vorstellen konnte. Und dann sprang ich selbst in den Ring. Erwischte einen, der versuchte, über die Absperrung zu klettern, riss ihn zu Boden und schlug ihn.

Tobias und ich waren nüchterner als die anderen vier. Als wir sahen, wie der Fahrkartenkontrolleur die Polizei anrief, wussten wir, dass uns zum Verschwinden nur noch wenige Minuten blieben. Tobias, dem das System der Gänge auf dem U-Bahnhof besser bekannt war als mir, zog mich mit zu einer Treppe, die zum Kai führte, ein Stück vom Hauptaufgang entfernt, den unsere Kumpels genommen hatten. Im selben Moment, als wir beim Kai herauskamen, hielt der erste Polizeibus vor dem Haupteingang und eine Gruppe Polizisten sprang heraus und griff sich die vier, während wir weiterliefen und uns dann in eine Kneipe setzten. Dort bestellten wir uns ein Bier und stießen auf den Erfolg an.

Es lässt sich nicht richtig beschreiben, was ich in dem Augenblick empfand. Ein absolutes Glück, Euphorie, Machtrausch, Siegestaumel, als ob man plötzlich lebte, als ob man unverwundbar, unschlagbar wäre. Wir hatten sie nach Strich und Faden vermöbelt. Mochten sie noch so verletzt sein, mochte es ihnen noch so schlecht gehen, sie waren ja nur Abschaum. Außerdem waren wir entkommen. Das zeigte, wer die Besten waren, wer zu den Übermenschen gehörte. Nicht diejenigen, die Prügel bekamen, auch nicht die anderen Skinheads, die sich hatten fassen lassen, die hatten sich ja für den falschen Weg entschieden. Nein, das waren wir, wir! Tobias und ich!

Dann verschwanden meine Haare ganz. Jetzt hatte ich mich definitiv entschlossen, ein richtiger Skinhead zu werden.

Das war, als ob ich innerlich wachsen würde. Im Laufe der Jahre bin ich bestimmt drei Meter groß geworden, ich wuchs jedes Mal, wenn ich mich prügelte und gewann, einige Zentimeter. Für mich gab es auch eine Rückkoppelung zu den Spielen mit den deutschen Plastiksoldaten, als ich klein war. Jetzt steckte ich in demselben Kampf oder zumindest in denselben Situationen. Obwohl das ein bisschen an den Haaren herbeigezogen war, den Kampf der Deutschen an der Ostfront mit etwas zu vergleichen, wo einer dastand und nach jemandem trat, der schon am Boden lag. Eigentlich war es verdammt feige. Aber auf den Gedanken kam ich nie und meine Freunde auch nicht. Wir hatten ja Recht. Wir waren die Elite. Die waren Junkies oder Hippies oder whatever! Und wenn irgendwann mal Überlegungen auftauchten, wie »das war ja wohl nicht so ganz das Richtige, er hatte ja eigentlich keine Chance«, dann drehte man den Gedankengang ganz schnell um. »Was glaubst du, hätte er mit dir gemacht, wenn du allein gewesen wärst?« oder »der eine war doch eklig« oder »er hat dich angeschaut«.

Es war immer der Fehler der anderen. Wir sollten feige sein? Nie! Es fand ein Krieg statt, und nicht nur aus der Rassenperspektive. Sondern auf irgendeine Weise war es ein allgemeiner Krieg, ein Kampf, um zu überleben, ein Kampf gegen eine nicht vorhandene Bedrohung. So war es für mich immer schon gewesen, seit ich ein kleiner Junge war.

Das lässt mich an eine größere Prügelei mit ganz gewöhnlichen Schweden denken, wir gingen ja nicht nur auf Ausländer los. Wir fanden immer einen Anlass, uns auch andere vorzunehmen. Vermutlich wird die nationalsozialistische Bewegung deshalb nie eine Massenbewegung. Dann hätten wir uns nur an die Ausländer halten müssen und nicht mit waschechten Schweden Randale anfangen dürfen.

Eigentlich fingen nicht wir diese Prügelei an, sondern eine Gang von etwas älteren Jungs, die sich über etwas aufregten, was wir taten. Wer anfängt, spielt eigentlich keine Rolle. Denn wenn uns die nicht angemacht hätten, hätten wir uns zwei Sekunden später andere vorgeknöpft.

Aus irgendeinem Grund war ich von meinen Kumpels getrennt worden und in einer Gasse gelandet, mir gegenüber ein Kerl, der sich in Karatepose aufbaute und diverse Laute ausstieß – fo, ho, hojo, mojo. Dann trat er mir gegen den Schenkel und riss mir in der nächsten Sekunde die Füße weg, so dass ich zu Boden ging. Aus purem Reflex versuchte ich den Kopf mit den Armen zu schützen gegen die Tritte, die ich erwartete. Erst dann spürte ich Furcht und den Adrenalinstoß, der durch mich hindurch ging. Ja, man fürchtet sich in solchen Situationen immer. Das ist bei allen so, denn man kennt seine Gegner nicht, und man hat keine Ahnung, wie der Fight ausgehen wird. Deshalb – diejenigen, die behaupten, sie würden sich beim Prügeln nie fürchten, sind entweder große Lügner oder haben einen Knacks und dann sind sie wirklich gefährlich.

Nach ein paar Sekunden begriff ich, dass der Kerl gar nicht daran dachte, mich zu treten. Da kam ich schnell auf die Beine und konnte gerade noch denken: »Was für ein Idiot, der bei so einer Gelegenheit nicht Schluss macht.« Bei meiner Denkweise war es klar, dass ich ihn nicht verstand. Gleichzeitig begriff ich, dass dieser Typ nichts mit Kontaktkarate zu tun hatte, denn seine Tritte waren nicht besonders fest gewesen. Trotzdem wusste ich, dass ich sportlich auf Distanz gegen ihn keine Chance haben würde. Ich sprang ihn deshalb direkt an, ging wie eine Dampfwalze los und packte sein langes Haar, zog es herunter, so dass er gezwungen war, sich vorzubeugen. Dann brauchte ich ihn nur noch mit dem Knie zu traktieren. Er kämpfte und zappelte, um loszukommen, aber das ging nicht. Ich versuchte, ihm mit den Stahlkappen ins Gesicht zu treten, aber das war zu schwierig. Deshalb bearbeitete ich ihn immer weiter mit dem Knie, und als er auf der Erde lag, beschloss ich das Ganze mit einigen Tritten. Er lag noch da, als ich wegging, nachdem ich ihn mit weiteren Tritten gedemütigt hatte. Erst dann war mein Sieg total.

Diese abschließende Demütigung war bei Prügeleien furchtbar wichtig. Das war die endgültige Markierung, die Verachtung des Schwachen. Ich hatte Kameraden, die sich einen Spaß draus machten, die Kleidung ihrer Opfer zu zerreißen und sie zu bespucken.

Mich verwunderte, dass die jungen Ausländer immer damit glänzen wollten, welche hoch angesetzten Tritte sie hinbekamen. Natürlich sah das klasse aus und klar holte man damit im Dojo* Punkte. Aber die Straße ist kein Dojo. Auf der Straße gibt es keine Regeln, keine Richter. Wenn man also bei einem Straßenfight nach dem Kopf des Gegners tritt, ist das vollkommen idiotisch, weil man riskiert, das Gleichgewicht zu verlieren – wenn man nicht Bruce Lee heißt, das große Idol dieser Kerle. Nein, auf der Straße geht es um Leben und Tod, um das Gewinnen um jeden Preis, egal mit welchen Methoden. Um nichts sonst!

Ich weiß nicht, wie meine Freunde, die genauso gewaltbereit waren und nicht bange vor Prügeleien, sich nach einem Fight fühlten. Aber ich selbst bekam von der Gewalt einen Kick, außer natürlich wenn ich selbst Schläge einsteckte. Es mag einem paradox vorkommen, dass wir, die Übermenschen, manchmal von denen, auf die wir hinabsahen, Prügel bezogen. Aber das Kräfteverhältnis war dann oft zehn gegen einen. Deshalb wurde mein Selbstwertgefühl nicht angeknackst, wenn ich Schläge einstecken musste, eher wurde der Hass geschürt. Am nächsten Abend zog man los und nahm Rache.

Eines Nachts war ich auf dem Heimweg, als eine Gang von zehn, fünfzehn Dunkelhäutigen auf mich losging. Sie stürzten sich auf mich, warfen mich zu Boden, aber sie schlugen mich nicht, sondern meinten, sie würden mir »Scheißschweden und Scheißnazi« eine Chance geben. Ich sollte vor ihnen auf die

* Trainingsraum

Knie gehen und sagen, ich sei eine verdammte Fotze. Das war einfach undenkbar. Ich hätte mich eher totschlagen lassen, als vor ihnen zu kriechen. So konnte das hier nur auf eine Weise enden. Ich wurde mächtig verdroschen und erhielt außerdem auf der Wange Schnittwunden. Wäre ich in dem Moment vor ihnen gekrochen, hätte ich jegliches Selbstwertgefühl verloren. Und früher oder später würde ich meine Rache bekommen, auch wenn es manchmal die ganz Falschen traf.

Wie später einmal, als einer von uns am Abend vorher von zwei Schwarzen auf dem Odenplan verprügelt worden war. Wir fuhren dorthin, sahen aber keine Menschenseele. Was sollten wir tun? Was sonst, als in der Gegend herumzuschlendern und uns mit denen zu prügeln, denen wir begegneten? Und das taten wir. Wer es nicht schaffte, abzuhauen, dem gaben wir eins in die Fresse.

Als wir wieder zum Odenplan kamen, stand dort allein ein Schwarzer, der bei unserem Anblick um sein Leben fürchtete. Er wollte sich in einem Taxi verstecken, aber der Taxifahrer hatte genauso viel Angst und verschloss die Türen. Es half ihm nichts, dass er gegen die Türen hämmerte und um Hilfe bat. Wir gingen also lachend auf das Auto zu, während der Kerl auf die Erde sank und flennte und uns bat, ihn nicht zu schlagen. Es half ihm nichts, dass er beteuerte, am Abend vorher nicht dabei gewesen zu sein, als unser Kumpel eins aufs Maul bekommen hatte. Da fuhr mir für Sekunden der Gedanke durch den Kopf, »ach, Scheiß drauf, das hier ist gerade zu viel«. Aber da machte einer von uns einen Schritt vor und sagte: »Scheiß drauf, ob du dabei warst oder nicht. Jetzt bist du dran.« Dann ging es nur noch drauf. Bei der Gelegenheit waren wir zehn gegen einen, sonst war es oft umgekehrt.

Nein, gemäß den Regeln des Boxens waren diese Prügeleien auf der Straße nichts, wo man mitmachen durfte. Da die Kerle untereinander darüber redeten, wer wem außerhalb des Rings eins aufs Maul gegeben hatte, dauerte es nicht lange und Hasse wusste Bescheid über das, was ich in der Freizeit anstellte. Damit war für mich die Tür zum Training beim Arbeitersportverein verschlossen.

Unser Kultfilm Nummer eins – ich glaube, ich habe ihn fünfundzwanzig Mal gesehen – war Stanley Kubricks »Clockwork Orange«, ein Film über Ultragewalt, die durch nichts provoziert worden war. Ein Film über Verrückte in weißen Overalls und schwarzen Stiefeln, die herumfahren und Leute verprügeln, die sie nicht mögen, alte Alkoholiker und solche, die sich nicht wehren können. Die in England den gleichen Typ von Verrückten, so genannte Clockworkskins, dazu brachten, ihren Helden gleichen zu wollen. Wir sahen niemals die andere Dimension dieses Films, die Anklagen gegen eine Gesellschaft, die nicht den Willen oder die Macht hat, das Böse zu neutralisieren.

Nach meinem kurzen Gastspiel beim Arbeitersportverein besorgte ich mir einen privaten Trainer. Das war ein richtiger Psychofall. Ich weiß bis heute nicht, was diesen Mann trieb. Der Mammon war es nicht, denn er nahm nicht viel Geld dafür. Vielleicht bereitete es ihm Vergnügen, mich mächtig zu quälen, denn das tat er. Setzte mich auf Diät und verpasste mir ein Programm, als stünde ich vor einem Kampf als Titelverteidiger. Ich fand, er wirkte wie aus einem Handbuch für Folterknechte ausgeschnitten. Trotzdem hatte er Züge, die mich versöhnlich stimmten, etwa seine nazistische Einstellung. Fand, es gäbe zu wenig Ordnung und Disziplin. Und dann hasste er die Schwarzen. Das war ja alles Nahrung für meine eigenen Anschauungen.

Ich begreife es nicht – warum habe ich mich nie gefragt, worauf zum Teufel ich mich da eingelassen hatte!

Irgendwann hatten wir Skinheads angefangen, uns in der Altstadt zu treffen, statt auf dem Sergels Torg (Sergels Platz) im Zentrum, wo uns die Ausländer nicht mehr in Ruhe ließen, denn der Platz war ihr Treffpunkt. Natürlich prügelte ich mich auch mit Schweden, war aber darauf eingestellt, gegen die anderen vorzugehen. Manches Mal fuhren wir, etwa zwanzig Skins, einfach los zum Sergels Torg, um uns mit den Kanaken zu prügeln. Das gab mir einen Kick. Ob ich selbst Prügel abbekam, spielte dabei keine Rolle. Es kam tatsächlich vor, dass wir, ich mit einigen anderen mächtig gestörten Glatzen, in der U-Bahn zwischen Gullmarsplan und Fridhemsplan hin- und herfuhren, nur um uns zu prügeln. Wenn wir keinen fanden, der freiwillig eine aufs Maul bekommen wollte, dann provozierten wir selbst Zoff. Bei einer Gelegenheit, als in den Wagen keine Ausländer saßen, die man schlagen konnte, gingen wir zu ein paar langhaarigen Typen hin, Hardrockern, und fragten sie:

»Mögt ihr Europa?«

»Nein.«

»Aber wir.«

»Ja, ja, also wir auch.«

»Aber wir nicht!«

Was sie auch sagten, drehten wir ins Gegenteil um und am Ende schlugen wir sie. Erst provozieren und dann zuschlagen, egal ob die Provokation ankam oder nicht, war bei uns eine übliche Methode.

Eine andere Möglichkeit war, David und seine Vettern Daniel und Pontus in eine Kneipe zu schleppen. Wenn er einen bestimmten Alkohollevel erreicht hatte, wurde Daniel nämlich unerhört reizbar. Dann versackte er in einem Neandertalerstadium und prügelte sich mit allen und jedem. Also ließen wir ihn genau so viel Bier trinken, wie nötig war, um ihn in diesen Zustand zu versetzen. Anschließend schleppten wir ihn auf die Straße. Er vorneweg, wir hinterher. Das führte jedes Mal mit allen, die uns über den Weg liefen, zu fürchterlichen Schlachten. Es gab keinerlei Grenzen.

Bei einer solchen Gelegenheit fing ich an, mich in der U-Bahn mit einigen zu prügeln, von denen wir glaubten, sie seien Anarchisten. Wahrscheinlich waren sie es aber nicht. Als wir zur U-Bahnstation Hauptbahnhof kamen und die Türen sich öffneten, wurden wir von der Menschenmenge geradezu aus den Wagen herausgepresst. Als wir ein bisschen erstaunt auf dem Bahnsteig standen, kam ein Typ mit Cowboyhut und fragte nach Feuer. Nur Daniel war richtig voll. Wir anderen waren nicht besonders betrunken, vermutlich habe ich deshalb eine so klare Erinnerung an das, was passierte. Wie auch immer, ich schätzte diesen Cowboy als so einen Scheiß-Kommunisten ein oder so was Ähnliches, und schlug nach ihm. In dem Moment tauchten plötzlich zwei Wachmänner auf, die mich packten.

Ich weiß nicht, was mich traf, vielleicht ein Schock, jedenfalls leistete ich keinen Widerstand, sondern folgte den beiden artig mit zur Treppe. Aber nach einigen Stufen machte es einfach nur swutsch und die beiden Wachmänner waren weg. Als ich mich umdrehte, standen Daniel und seine Vettern da und grinsten. Und hinter ihnen lagen die Wachmänner auf dem Bahnsteig, niedergeschlagen.

Wir hatten keinen Grund zu warten, bis sie wieder auf die Beine kämen und ihre Funkgeräte rausholten. Wir verzogen uns, so schnell wir konnten, die Treppe hinauf. In der U-Bahnhalle konnte man zwischen zwei Ausgängen wählen, geradeaus zum Bahnhof oder nach links in die Vasagata. Wir entschieden uns für links, und in demselben Moment, als wir auf die Straße traten, bremste vorn der erste Mannschaftswagen. Es gelang uns, rennend und euphorisch lachend in Richtung Sheraton Hotel zu verschwinden. Erst Leute in der U-Bahn aufmischen, dann zwei Wachmänner umlegen. Teufel, war das heftig!

Das war solange cool, bis wir mal bei mir zu Hause saßen und Bier tankten, und Daniel, kaum waren wir aus der Tür, in einem Fehlstart schon einen meiner Nachbarn wegfegte. Wir anderen fanden das verdammt cool. Ja, es war total krank mit dieser ständigen Gewalt, Gewalt, Gewalt! Es war nicht mehr ganz so cool, als eine Mitteilung der Wohnungsgesellschaft in meinen Briefkasten fiel: »Ihnen ist fristlos gekündigt!«

Da war ich also meine Wohnung los.

7

Mein Kollege Åke hatte den Job bei der Post satt gehabt und war zu einer privaten Wachgesellschaft, die Kaufhäuser betreute, gewechselt. Die Post war zwar noch immer staatlich und nicht nach privatwirtschaftlichen Grundsätzen geführt. Aber plötzlich waren Leute aufgetaucht, die von Effektivität redeten, von Zeitstudien. Die fanden, es gäbe viel zu viel Personal. Dann ging das Gerede von natürlichem Abgang und von Versetzungen los. Der Spruch »zuletzt rein, zuerst raus« machte die Runde.

Ich hatte ja meine Arbeit bei der Post nach der Militärzeit wieder aufgenommen. Das brachte mit sich, dass ich zunächst dort, wo gerade jemand fehlte, einspringen musste. Als ich endlich ganz oben auf der Versetzungsliste für den Dienst in Stockholm-Süd gelandet war, kam eine Gruppe von Organisationsfachleuten, die personelle Umstrukturierungen vornahmen, und ich rutschte wieder ein Stück nach unten. Dann wurde das alte Zweischichtsystem gegen ein bedeutend schlechteres ausgetauscht. Nun musste man morgens um vier Uhr aufstehen. Das schaffte ich nicht. Vor allem seit ich wusste, dass die Wachgesellschaft gut bezahlte, das hatte Åke erzählt.

Ich beschloss also, einen Versuch zu starten und Wachmann zu werden. Zuerst bewarb mich bei einer privaten Wachfirma.

Um dort angenommen zu werden, musste man zunächst jede Menge Fragebögen ausfüllen. Dann folgte ein Persönlichkeitstest beim Psychologen. Eine Reihe von Bildern wurde einem vorgelegt, die sollte man kommentieren. Was man zu sehen meinte. Eines der Bilder zeigte eine schlafende Frau und einen Mann, der durch das offene Schlafzimmerfenster einstieg. Für mich konnte das Bild viele verschiedene Situationen illustrieren, worauf ich selbstverständlich hätte hinweisen sollen. Aber da ich die Frage albern fand, war meine Antwort vermutlich genauso albern: Ich sehe einen Vergewaltiger auf dem Weg nach drinnen, um die Frau zu ermorden. Diese

Erklärung war doch wohl so gut wie jede andere. Aber so fantasievoll durfte man bei dieser Firma nicht sein, ich wurde sofort offside gestellt. Ich begriff damals genauso wenig wie heute, was mit der Frage bezweckt wurde.

Aber wer wird schon aufgeben! Also schrieb ich einen anderen Wachdienst an. Dort lief es bedeutend besser und man führte auch keine Tests durch, sondern begnügte sich mit zwei Interviews, die jeweils drei Stunden dauerten und an sich richtig nett beziehungsweise eher pfiffig waren.

Ich wurde angenommen und tat als Wachmann bei Ahléns, einem großen Stockholmer Kaufhaus, Dienst. Unter anderem musste man zwischen den Menschen patrouillieren und anwesend sein, wenn die Kollegen in Zivil einen Dieb fassten und ins Wachlokal brachten. Das lag dem Personalraum gegenüber und bestand aus zwei kleinen Räumen, wo wir Berichte schrieben und die Ertappten festhielten, bis die Polizei kam. Uns war auch die Ein- und Ausgangskontrolle des Personals unterstellt, das sollte den Abstand, der zwischen uns allen bestand, angeblich aufrechterhalten. Es kam ja vor, dass man Mitglieder des Personals schnappte, die irgendwas hatten mitgehen lassen. Auch die Wachleute selbst waren nicht so schlecht darin, sich Sachen aus den Regalen zu nehmen und dann das Bezahlen zu »vergessen«. Für die Wachleute war das ohne Risiko. Wir schlossen das Kaufhaus schließlich ab und uns kontrollierte keiner!

Ich fühlte mich unter den Wachmännern sofort heimisch. Sie waren allesamt gebürtige Schweden. Hier wurden Ansichten gepflegt, die ganz auf meiner Linie lagen. Es wurde beinahe als Verdienst angesehen, wenn man im Wachlokal Ausländern oder Junkies eine langte. Nur hin und wieder geriet Sand ins Getriebe, wie das eine Mal, als wir einen zur Probe hatten, der gläubiger Christ war und bei einer Gelegenheit gegen die Polizisten aufmuckte. Oft benahmen sich die Polizisten gegenüber den Ladendieben wie Schweine. Als dieser Kollege aufstand und sagte »Das könnt ihr nicht machen«, wandte sich der Polizist an uns Wachleute: »Wollt ihr euern Kollegen, diesen Idioten, bitten, die Klappe zu halten«. Das funktionierte mit unserem religiösen Kollegen jedoch nicht so recht. Der meldete uns wegen Gewaltanwendung. Sein Pech war, dass er anschließend allein gegen fünf Lügner dastand. Über die Probezeit kam er nicht hinaus.

Es waren fast immer die gleichen zwei Polizisten, die kamen, um die Ladendiebe zu holen. Der, der das Kommando führte, war ein Mann mit so gut geputzten Schuhen, dass man sich darin spiegeln konnte, sie waren wie Lackschuhe. Und sein Kollege war im Großen und Ganzen auch nicht besser oder schlechter, wie man es nun betrachtet.

Der Polizist sprach den Gefassten in der Regel nicht direkt an, sondern nur über uns. Und versuchte derjenige in irgendeiner Form ein Gespräch einzuleiten, wandte sich der Polyp immer an uns: »Kann der Herr Wachmann« – so pflegte er uns anzureden, »dem hier sagen, er soll still sein.« Einmal, als »der hier«, ein Afrikaner, nicht still war, sondern aufstand, forderte ihn der Polizist ruhig auf, sich zu setzen. Aber er weigerte sich, blieb stehen und argumentierte laut. Da wandte sich der Polizist uns zu und bat uns, hinauszugehen. Das taten wir und dann hörten wir von drinnen einen Knall, gefolgt von Schreien.

Als wir zurückkamen, lag der Afrikaner auf dem Boden. Der Polizist wandte sich an uns: »Die Herren Wachmänner sahen ja, dass er stürzte.« »Natürlich«, fanden wir. Aber die Schikanen hatten damit kein Ende, sondern sein Kollege setzte sie fort, indem er die Brieftasche des Afrikaners an sich nahm und durchsah. Als er ein Foto fand, meinte er:

»Wer ist das denn?«

»Das ist meine Familie.«

»Ach so. Die Armen können einem ja leid tun. Ist das deine Schwester, sie muss wohl einen Unfall gehabt haben.«

»Wieso?«

»Sie scheint Brandverletzungen zu haben. Sie ist ja ganz schwarz.«

Klar wurde der Typ wütend und versuchte aufzustehen. Da schlugen sie ihn noch mehr. Sie konnten ihn nun obendrein noch wegen gewaltsamen Widerstandes festsetzen.

Ich fand das cool, diese Mentalität gefiel mir. Wir gegen die.

Uns stand es frei, die Leute zu schlagen, denn wer sollte gegen uns aussagen? Was machte es schon, ein paar Kanaken und Junkies zu schlagen, die waren ja doch nur Gesindel – im Gegensatz zu uns, den Stützen der Gesellschaft.

Die Wirklichkeit hatte mit dem, was bei der Anstellung zur Sprache gekommen war, nicht besonders viel zu tun. Denn in diesem Job konnte man wirklich die Sau rauslassen. Hier fühlte man sich auch politisch nicht besonders extrem, egal ob man nun mit den Arbeitskollegen oder mit den Polizisten, die vorbeischauten, über Nationalsozialismus diskutierte. Hier gedieh wirklich nationalsozialistisches Gedankengut. Einige meiner Kollegen drückten klar ihre Sympathien für Hitler aus. Rein von der Uniform her gesehen, passten wir in das nazistische Bild, denn unser Outfit bestand aus einem hellbraunen Hemd, schmutzigbraunem Schlips und schmutzigbraunen Hosen mit Biesen.

Mehr als einer der Polizisten, die in unser Wachlokal kamen, war der Meinung, sie seien diejenigen, die in dieser beschissenen Gesellschaft für Sauberkeit sorgten. Sie fragten mich und einige meiner Kollegen, ob wir uns nicht bei der Polizeischule anmelden wollten. Ihr Weltbild war glasklar. Richtiger gesagt, es war in schwarz und weiß aufgeteilt, in richtig und falsch. Und für das falsche Benehmen standen die Ausländer, die Einwanderer, während sie selbst das richtige repräsentierten, obwohl sie sich oft säuisch verhielten. Aber aus irgendeinem Grund waren sie, genau wie die Wachleute, der Auffassung, sie seien berechtigt, selbst für Recht und Ordnung zu sorgen, zu verurteilen und zu vollstrecken, alles in einem Rutsch.

Ihre Haltung innerhalb dieser Runde sollte bald damit konfrontiert werden, wie sie sich vor der Allgemeinheit darstellen wollten. Der Auslöser war ich. Ich erschien nämlich eines Tages mit rasiertem Kopf bei der Arbeit und fing an, mich immer stärker politisch zu engagieren.

Die vier Skinheads, mit denen Tobias und ich unterwegs gewesen waren, als wir die Musiker in der Altstadt aufgemischt hatten, teilten eine Wohnung in Jordbro, einem der südlichen Vororte Stockholms. Wir trafen uns regelmäßig dort, sahen uns Videos an und tranken Bier. Aus verschiedenen Gründen, vor allem taktischen, hatte ich meine Haare behalten, kurz zwar, aber lang genug für eine Frisur, obwohl ich schon nach meinem ersten Abend in der Stadt zusammen mit den Skins beschlossen hatte, demnächst den Kopf zu rasieren.

Eines Abends vor der Glotze in Jordbro meinten die anderen, jetzt sei es an der Zeit. Klar, verdammt, fand ich doch auch! Weg damit! Kurze Zeit später war mein Schädel mithilfe einer Schneidemaschine ebenso kahl wie der meiner Kumpels. Jetzt war ich wirklich einer von ihnen, einer von uns! War ein gutes Gefühl.

Als ich später am Abend mit der S-Bahn nach Hause fuhr, spürte ich schon als ich einstieg den Unterschied zwischen kurzen Haaren und rasiertem Schädel. Die Leute reagierten unmittelbar. Entweder starrten sie mich an oder direkt durch mich hindurch, versuchten so zu tun, als sähen sie nichts. Aber ich bekam sofort die Stimmung mit – verdichtet, frustriert und aus Furcht verstummt. Ich hatte das verursacht! Was für ein Gefühl!

Am Tag drauf reagierten meine Arbeitskollegen ganz ähnlich. Das besserte sich nicht, als meine Skinheadkumpels anfingen, mich während der Arbeit zu besuchen. Da wurde es zum Problem. Denn natürlich war es okay, unter Freunden nazistische Ansichten zu äußern. Es war auch okay, in unseren Räumen die Leute zu schlagen, wenn kein Außenstehender zusah. Aber offen zu erklären, wo man politisch stand, nein, das ging einen Schritt zu weit. Und die Skinheads, das waren doch weiße Proleten, Unterschicht, die sich nur schlecht benahmen, fanden die Kollegen. Mit denen konnte man nicht verkehren. Im Übrigen waren wir ja Polizisten und Wachleute, also etwas höher stehend, und hatten das Recht, für Ordnung zu sorgen. Wenn also die Skinheads zu uns in unsere Räume kamen, wurde es etwas stressig.

Ich kam bei dem Wachdienst nie so weit, dass ich als Wachmann eine Ausweismarke erhielt, ich hatte nur einen Ausweis. Das lag zum Teil daran, dass ich etliche Verwarnungen bekommen hatte, zum anderen dass ich mich weiterhin in der Freizeit prügelte. Ja, es gab in einer Tour Schlägereien und noch mal Schlägereien. Es dauerte nicht lang, dann wurde ich festgenommen. Wir hatten uns in der Altstadt in ein Fest prügeln wollen und die Polizei war dazugekommen. Da war es mit mir so weit gewesen, dass sogar die ausgekochten alten Skins zu mir sagten: »Jetzt reiß dich verdammt noch mal zusammen!« Als jedoch die Polizei von einem meiner Kumpels den Ausweis sehen wollte, da rastete ich aus. Rasch hatten mich die Bullen überwältigt und bei der Gelegenheit entdeckten sie auch meinen Ausweis als Wachmann. Das war gar nicht gut und trug neben meinen politischen Aktivitäten zur Entlassung bei der Wachgesellschaft bei.

Anfang der achtziger Jahre hatte die NRP (Nordiska Rikspartiet, Nordische Reichspartei) – die einzige offen nationalsozialistische Partei Schwedens – angefangen, sich an Jugendliche zu wenden. Vielleicht, weil die alten Nazis dabei waren, auszusterben – wie übrigens auch die NRP als Partei. Die beiden führenden Köpfe der Partei waren damals wie heute das Ehepaar Vera und Göran Oredsson. Vera wurde vor dem Zweiten Weltkrieg in Deutschland geboren und ist ein Produkt des BDM, Bund Deutscher Mädel, jener Organisation, die junge Mädchen zu guten Nationalsozialistinnen erziehen sollte. Sie hatte also gewissermaßen »the real thing« erlebt. Nach dem Krieg heiratete sie Sven Olof Lindholm, der während des Krieges einer der großen nationalsozialistischen Führer Schwedens gewesen war. Nach seinem Tod heiratete sie Göran Assar Oredsson, einen Gärtner aus Strängnäs. Vera Oredsson ist also diejenige gewesen, die nach dem Zweiten Weltkrieg als Verbindungsglied zwischen den deutschen und den schwedischen Nazis fungierte.

Anfang der achtziger Jahre war ich persönlich nicht einmal in der Nähe dessen, wofür die NRP steht. Anfangs interessierte sich die Partei nämlich nicht für Skinheads, sondern nur für

»normale« schwedische Jugendliche, die auf der Suche waren. Es gelang ihnen, zu einem Treffen in Göteborg am 3. Dezember 1983 viele Sympathisanten zusammenzubekommen. Dort wurde der Film ›Triumph des Willens‹ von den Parteitagen in Nürnberg gezeigt. Das Treffen endete im Chaos und in gewalttätigen Auseinandersetzungen mit einer Masse von Gegendemonstranten.

Ende der siebziger Jahre, als Ian Stuart Donaldson* in England via National Front loslegte, hatte in der Skinhead-Bewegung eine Veränderung eingesetzt, was sich auch in Schweden bemerkbar machte. Damals zeigten NRP und BSS (Bevara Sverige Svenskt, Schweden soll schwedisch bleiben) zum ersten Mal Interesse an den Skinheads. Wir stellten doch eine gute Basis dar, um daraus Neue zu rekrutieren, und darüber hinaus waren wir immerzu an der Front. Die Skinheads waren diejenigen, die ständig mit den Ausländergangs Zoff hatten. Der große altersmäßige Umschwung in den nationalen Bewegungen setzte also in den achtziger Jahren mit den Skinheads ein. Denn selbst wenn wir uns nicht von Anfang an auf eine bestimmte politische Zugehörigkeit festgelegt hatten, so führte doch der stete Krieg mit den Ausländern dazu, dass wir für die gesetzteren nationalen Parteien und Bewegungen interessant wurden. Sie begannen sich ganz einfach auf die »weißen Krieger« einzustellen – die vielleicht nur ein bisschen undiszipliniert waren und denen ja vielleicht nur die richtige ideologische Basis fehlte.

Ich könnte mir denken, dass die Oredssons Parallelen mit der deutschen SA sahen, der Sturmabteilung, die in der Partei das Potenzial der Gewalt bildete. Diejenigen, die ausreichend intellektuelle Möglichkeiten besaßen, konnte man ja ideologisch schulen, konnte ihnen Kenntnisse vermitteln. Denn die nationalen Bewegungen und insbesondere die NRP bedurften wirklich einer »Auffrischung« oder »Nachfüllung«. Das zeigte sich nicht zuletzt bei der berühmten Demonstration von Växjö

* Sänger der Band ›Screwdrivers‹

am 15. April 1985, als sich gut zehn Skinheads mit einigen Nationalen mit »normalem« Aussehen zusammenschlossen.

Aber nicht nur die NRP zog Skinheads an. Auch die Nachfolgeorganisation der BSS, die SP (Sverigepartiet, Schwedenpartei), versuchte uns zu werben. Die meisten Skinheads waren jedoch viel mehr an Alkohol interessiert als an Politik. Einige von uns beteiligten sich trotzdem zum Beispiel am 30. November, um Karl XII. als Heldenkönig* zu ehren. Die SP war von unserer Anwesenheit bei diesen Gelegenheiten nicht so recht begeistert. Schließlich waren wir immer betrunken und undiszipliniert, und das machte immerhin einen Teil der Würde, mit der sie sich bei solchen Zeremonien zu umgeben versuchten, zunichte. Im Übrigen wirkten die SP-Mitglieder ganz gewöhnlich und normal, wenn auch manche unter ihnen, wie der so genannte Parteiführer Stefan Herrman, ziemlich gestörte Zeitgenossen waren.

Nachdem ich mein politisches Engagement intensiviert hatte, blieb ich nach und nach bei solchen Veranstaltungen brav nüchtern – nicht nur der Würde wegen, sondern mindestens ebenso sehr, um gegen die Gegendemonstranten vorgehen zu können.

Im Sommer 1987 ging es im Zusammenhang mit dem Zeitungsverkauf der SP im Gang zwischen dem U-Bahnhof und dem Hauptbahnhof richtig rund. Anfangs war es noch ruhig gewesen. Aber nach einigen Wochen fingen Gegendemonstranten an, dort aufzukreuzen. Die Stimmung wurde mit jedem Samstag, der verging, aufgeheizter. Als wir von der Polizei keine Erlaubnis mehr erhielten, weiterhin in diesem Gang zu stehen, spitzte sich die Situation zu. Wir stellten uns stattdessen vor dem Kaufhaus Ahléns auf. Während einiger Samstage wuchs der Druck gegen uns und eskalierte schließlich in erbitterten Krawallen.

* Warum? Vermutlich, weil er mit halb Europa Krieg führte, ohne sich zu ergeben, vor allem gegen Russland.

Ich hatte mich in der Schwedenpartei engagiert, die später mit der Framstegsparti (Fortschrittspartei) zusammengehen und ihren Namen zu Sverigedemokraterna (Schwedendemokraten) verändern sollte. Die Umbenennung änderte nichts an der politischen Ausrichtung. Die Partei war und blieb extrem nationalistisch und ausländerfeindlich, aber nicht direkt antisemitisch. Dafür standen Radio Islam und andere. Man muss sich dessen bewusst sein, dass Extremnationalisten nicht das Gleiche sind wie Nationalsozialisten, auch wenn sich die Begriffe teilweise überschneiden.

Ich besuchte also die Treffen der SP. Meistens waren es kleinere Zusammenkünfte bei einem von uns zu Hause, wo wir über Politik reden, Ideen erörtern und Pläne machen konnten. Dazu gehörte auch, Broschüren, Zeitungen und Flugblätter zu entwerfen und sie in unterschiedlichen Zusammenhängen auszugeben. Das Verteilen von Zeitungen hatte in Stockholm gerade zu Krawallen geführt. Dabei hatte ein Pressefotograf ein Foto von mir aufgenommen. Dort bin ich zu sehen, wie ich brüllend dastehe und auf unsere »Feinde« zeige, die Ausländer, während uns die Polizei in Schach hält.

Das Bild erhöhte meinen Status in der Skinhead-Bewegung. Es wurde in den achtziger Jahren auch in den norwegischen Nazizeitungen veröffentlicht. Ich bekam dadurch jede Menge neue Bekannte. Das Foto wurde im gleichen Jahr im Stockholmer Kulturhaus im Rahmen eines Wettbewerbs unter der Rubrik das »Gesicht des Rassismus« gezeigt.

Am Morgen nach den Krawallen im Stadtzentrum wachte ich mit einem ziemlichen Kater zu Hause auf, eine Braut neben mir im Bett. Da klingelte das Telefon, ein Kumpel.

»Verdammt stark«, meinte er. »Hast du die Zeitungen gesehen?«

»Nein.«

»Geh raus und kauf sie!«

Auf dem Weg zum Zeitungsladen kam es mir so vor, als würden mich die Leute feindselig anschauen. Eine alte Frau spuckte mir tatsächlich vor die Füße, wobei sie etwas Unverständliches murmelte. Im Zeitungsladen kaufte ich ›Dagens Nyheter‹ und ›Expressen‹*, immer noch mit diesem Gefühl, die Leute würden mich merkwürdig anschauen. Sowie ich die Zeitungen aufschlug, wusste ich, jetzt stecke ich in einer blöden Lage. Gleichzeitig war ich mächtig stolz. Denn da war es, das Bild von mir! Im größtmöglichen Format. In beiden Zeitungen!

Als ich nach Hause kam, riefen noch mehr Leute an und mir wurde bald klar, dass ich innerhalb der Skinhead-Bewegung auf der Karriereleiter hochgeklettert war. Ein Kerl, der auf einem vierspaltigen Foto in den größten Zeitungen des Landes zum Kampf anspornt. Für einen Moment vergaß ich meine Besorgnis, die mich beim ersten Anblick des Bildes überfallen hatte, was ich alles verlieren würde – meinen Arbeitsplatz, meine Uniform und meine Arbeitskollegen. Dabei wussten die doch nun wirklich, worum es in der rechten Politik ging. Und das selbstverliehene Recht würde ich verlieren, die Untermenschen zu schlagen, die im Kaufhaus ihre Finger nicht unter Kontrolle hatten. Tja, der bittere Geschmack der Leere, den ich zuerst gespürt hatte.

Aber gleich drauf kam die Quittung, so wie ich es befürchtet hatte. Denn da rief ein Herr an, der merklich barscher klang als meine Kumpels, der Personalchef der Wachgesellschaft.

»Sie haben die Zeitungen gesehen?«, fragte er.

»Ja.«

»Ich werde morgen mit den anderen Mitgliedern der Direktion sprechen. Sie brauchen heute nicht zur Arbeit erscheinen, Sie können eine Woche Urlaub nehmen.«

»Ja.«

»Die Polizei hatte sich schon wegen dieser Geschichte in der Altstadt gemeldet und dazu nun noch das Engagement in der SP. Tja also, Sie werden zwischen zwei Möglichkeiten wählen müssen. Entweder Sie kündigen selbst und hören heute

* ›Dagens Nyheter‹ ist eine der zwei großen überregionalen Tageszeitungen des Landes, ›Expressen‹ eine der zwei großen überregionalen Boulevardzeitungen.

auf, mit einem weiteren Monatsgehalt und Referenzen. Oder Sie bekommen die Kündigung und keine Referenzen. Dazu haben wir rechtlich die Möglichkeit.«

Kurz schoss mir durch den Kopf, dass ich zwei Monate rausschlagen könnte, wenn ich die Gewerkschaft einschaltete. Aber ich war ja nicht mal Mitglied. Und dann das Zeugnis. Um einen neuen Job zu bekommen, brauchte ich es. Wie der nach diesem Foto auch aussehen mochte. Die Situation war eindeutig und ich brauchte nur wenige Sekunden, um mich zu entscheiden. Ich kündigte, bekam mein Zeugnis und hörte am gleichen Tag auf. Merkwürdigerweise überlegte ich kein einziges Mal, was ich angerichtet hatte, sondern für mich endete das Ganze in einem »so what«. Nein, für mich waren diese Ereignisse keine Warnung. »Jetzt reicht's«, dachte ich nie. Stattdessen drehte ich die Situation in meinem Sinne um. Das war doch nur ein weiterer Beweis dafür, wie die Ansichten von uns Nationalisten unterdrückt wurden, fand ich. Ich stand dafür ein. Auf jeden Fall hatte ich gezeigt, dass ich für Schweden war und für die Kräfte, die das Land retten sollten. Und die Arbeit – es dauerte nicht lange, da hatte ich einen neuen Job, jetzt arbeitete ich schwarz in der Umzugsbranche.

8

Im Jahr 1984 eröffnete das Fryshus* in Stockholm seine Übungsräume für Bands. Ziemlich bald begann man dort, etwas gegen die wachsende Gewalt unter Jugendlichen in der Stadt zu unternehmen. Und wenngleich sich nicht nur Skinheads und Ausländer prügelten, so nahmen in der Presse diese Fights doch den größten Platz ein.

Unter den Skins gab es einen, der sehr begabt war, er wurde Trevor genannt. Ich glaube, er ist heute Lehrer. Trevor und noch ein paar andere – ich meine mich zu erinnern, dass sie im Fryshus trainierten – lernten dort Anders Carlberg kennen. Im Gespräch kamen sie auf den Gedanken, ob es nicht gut wäre, wenn die Skins einen eigenen Treffpunkt hätten. Nicht alle fanden es so berauschend, durch die Stadt zu ziehen und sich zu prügeln, schon gar nicht diejenigen, die im Krankenhaus landeten – Nase oder Arm gebrochen, Lippen oder Augenbraue geplatzt, mit Stich- oder Schnittwunden. Und die Behörden hatten von all den gewaltsamen Auseinandersetzungen der Straßengangs mehr als genug. Ein derartiges Projekt wurde deshalb aus unterschiedlichen Richtungen unterstützt. Es erhielt den Namen Gruvan (Die Grube).

Der Gedanke dahinter war an sich wunderbar: Jeder Mensch sei eine Goldgrube. Man müsse nur tief genug graben, um auf Gold zu stoßen.

Ich selbst ging zum Krafttraining ins Fryshus. Bei dem Grubenprojekt war ich nicht besonders engagiert. Aber Trevor und einige andere steckten viel Energie hinein. Ja, sie hatten sogar ein eigenes Büro im Fryshus. Der Schritt vom Gedanken zur Tat kann jedoch manchmal enorm sein, und das galt auch in jeder Hinsicht für dieses Projekt. Die Stadtverwaltung hatte versprochen, gemeinsam mit einigen Sponsoren das Geld auf-

* Begegnungszentrum; heute hat dort Exit sein Büro.

zubringen. Aber nachdem man endlich geeignete Räume gefunden hatte, sagte der Vermieter ab, als ihm klar wurde, wer sich dort in Zukunft aufhalten sollte. Dic Stadt wollte ihrerseits keine ihrer eigenen Räumlichkeiten zur Verfügung stellen. So drehte sich alles im Kreis. Währenddessen gingen die gewaltsamen Auseinandersetzungen in der Stadt mit unverminderter Heftigkeit weiter. Wir Skinheads interpretierten die Vorgänge als einen weiteren Beweis dafür, dass die Gesellschaft gegen uns war. Erst zwei tragische Ereignisse, der Tod von Ronny Landin und der von Ronny Öhman, bewog schließlich die Stadtverwaltung dazu, uns zwei Räume in der so genannten Baracke in der Nähe des alten Fryshus zur Verfügung zu stellen.

Beim Mittsommerfest 1986 wurde Ronny Landin zu Tode geprügelt. Das geschah bei einer Badestelle außerhalb von Stockholm, in Nickstabadet. Einer der drei, die für diese Tat verurteilt wurden, hat die Tat immer bestritten. Ich bin nicht sicher, dass er beteiligt war. Alle waren sich einig, dass es Skinheads gewesen waren, die Ronny Landin umgebracht hatten. Aber dass es gerade diese drei gewesen waren, ist nicht so sicher. Massen von Menschen hatten sich an diesem Tag an der Badestelle aufgehalten. Es gab einige Auseinandersetzungen zwischen den Skins und den Ausländern. Dort waren auch aktive Nationalsozialisten aus anderen Teilen des Landes, abgesehen von all den anderen Gangs, die weder zu den Skinheads noch zu den Nazis gehörten. Herauszufinden, was wirklich passierte, war nicht leicht. Aber es gab zwei neutrale Zeugen, die keinen der drei Verdächtigen wieder erkannten.

Das war jedoch 1986, als die Kämpfe zwischen Skinheads und Ausländern kulminierten. Für die Presse war es natürlich am leichtesten, sich auf die Skinheads einzuschießen.

Die Skins wurden in der Presse vollkommen einseitig dargestellt. Außerdem enthielt man den Lesern Erkenntnisse vor, die vor Gericht herauskamen und die das Bild ein wenig hätten verändern können. Darüber hinaus warf man alle Skinheads in einen Topf. Dass Ronny Landin Opfer der Brutalität der Gangs geworden war, darüber herrschte kein Zweifel. Aber alle Skinheads, die an Ort und Stelle gewesen waren, als Schweine darzustellen, wie die Presse es tat, das ist zu viel. Denn das waren sie nicht. Etliche waren sogar ausgesprochene Gegner von Gewalt und Rassismus. Aber an diesen Nuancen war die Presse völlig desinteressiert. Skinhead war gleich Mörder. Das bekamen wir in der Stadt wirklich zu spüren, genau wie die drei vor Gericht. Denn alle drei wurden zu langjährigen Gefängnisstrafen verurteilt.

Was in dem Sommer geschah, trug viel dazu bei, den Hass zwischen Skinheads und Ausländern noch anwachsen zu lassen. Das wurde auch nicht besser, als später im gleichen Jahr der Skinhead Ronny Öhman starb. Da schlug die Presse ganz andere Töne an.

Ronny war von vier Burschen auf einem Friedhof zusammengeschlagen worden, zwei davon mit ausländischen Eltern. Sie brachten ihn zwar nicht um, ließen ihn aber mitten im Winter bewusstlos dort liegen, so dass er erfror.

Die vier Täter wurden als Opfer hingestellt. Öhman hätte es sich mehr oder weniger selbst zuzuschreiben gehabt, denn was hatte er auf dem Friedhof zu suchen. Er war Skinhead und musste deshalb damit rechnen, zusammengeschlagen zu werden. Hier war nicht die Rede von sechs oder acht Jahren Gefängnis. Nein, hier gab es Bewährungsstrafen oder ein paar Monate Gefängnis. Die Mutter des einen wandte sich an die Presse und erklärte, ihr Sohn würde es nie fertig bringen, einen Monat im Gefängnis zu sitzen. Die Reporter teilten diese Ansicht ganz offenkundig.

Die Botschaft an uns Skinheads war klar. Jedem stand frei, uns totzuschlagen, ohne unangenehme Folgen befürchten zu müssen. Das schweißte uns nur noch fester zusammen.

Obwohl es lange her ist, dass ich dieses Leben als Skinhead hinter mir gelassen habe, fällt es mir noch heute schwer, mit Journalisten zu sprechen, vor allem mit denen unserer Boulevardzeitungen, und obwohl ich weiß, dass es für das, womit ich mich heute beschäftige, positive PR bedeuten könnte. Für mich ist es nach wie vor höchst unangenehm, mit Journalisten

– nicht mit allen, aber vielen – zu tun zu haben. Und ich ärgere mich über ihr Gerede von objektivem Journalismus, was doch heißen soll, sie publizieren nur Fakten und weigern sich, für die Folgen die Verantwortung zu übernehmen. Damit machen sie es sich wirklich zu leicht, insbesondere, da sie ja nicht nur Fakten veröffentlichen. Denn Journalisten sind nie objektiv. Sie wählen aus und verwerfen, sie setzen hinzu und ziehen ab und lenken das alles durch eigene Bewertungen. Außerdem scheinen sie farbenblind zu sein und alles nur in Schwarz und Weiß zu sehen. Aber so unkompliziert ist die Wirklichkeit nicht. Ich glaube nicht, dass ihnen bewusst ist, wie sehr sie die Gruppen, über die sie schreiben, beeinflussen.

Das, was in den Fällen von Landin und Öhman geschah, wirkt noch jetzt. Man braucht heute nur aktiven Nationalisten zuzuhören, solchen, die Kinder waren, als das passierte. Sie können die Geschichten auswendig erzählen, Geschichten, die sie darin bestärken, wie machtlos sie sind und wie ungerecht sie behandelt werden und dass die Gesellschaft gegen sie ist, dass die Presse von Juden gelenkt wird und so weiter.

Hier stoßen wir im Hinblick auf das Fryshus auf ein weiteres Paradox. Denn hätte es nicht so lange gedauert, einen Treffpunkt für die Skinheads bereitzustellen, dann wäre der Mord an Landin nie geschehen. Und jetzt war genau dieser Mord der Grund, weshalb es die Behörden plötzlich eilig hatten.

Allen zwischenzeitlichen Hindernissen zum Trotz wurden bei der Einweihung der Baracke des Fryshus für Skinheads lauter großartige Vorstellungen und Pläne verkündet. Vier halbe Stellen für uns Skins und eine volle Stelle für einen Sozialarbeiter sollte es geben, und alle sollten sie sich an den Löhnen beteiligen, das Fryshus, die Stadt und das Sozialamt. Die Probleme begannen sofort. Denn als Erste schickte man uns eine Frau, eine trockene Alkoholikerin. Doch hier servierte man von früh bis spät Alkohol und die meisten Gäste waren mehr oder weniger betrunken! Dieses Milieu muss für sie schrecklich gewesen sein. Hinzu kam, dass neunundneunzig Prozent der Besucher Typen waren, deren Blick auf Sozialarbeiter nicht gerade positiv war.

Nicht alle Skinheads waren aggressive Idioten, auch wenn ein Teil unter diese Kategorie fiel. Viele waren weder politisch interessiert noch fremdenfeindlich eingestellt. Es war eine gute Mischung, die sich dort traf. Gemeinsam waren uns die rasierten Schädel und unser ungeheurer Alkoholdurst. Diese Individuen unter einen Hut zu bekommen und sie an diversen Aktivitäten zu beteiligen, die große anfängliche Vision, war nicht leicht.

Als einer der Burschen die Sozialarbeiterin mit einem Telefonkabel zu erdrosseln versuchte, gab sie auf. Übrig blieben nur die vier halbtags angestellten Glatzen, einer davon war ich. Da niemand kontrollierte, was in den Räumen vor sich ging und wer dort war, nutzten wir das weidlich aus. Es mussten lediglich die Zeiten eingetragen werden, schon kam freundlicherweise das Geld. Jetzt im Nachhinein kann ich wohl enthüllen, dass nur wenige zu den Arbeitsstunden, die sie eintrugen, auch anwesend waren. Man bat stattdessen einen der Jüngeren, hinzugehen und zu öffnen – gegen ein paar Dosen Bier als Dankeschön.

In diesen Räumen wurden Unmengen getrunken. Und es wurde auch politische Propaganda betrieben. Plakate mit Hitler wurden auf- und abgehängt, je nachdem, wer sich gerade dort aufhielt. Denn wie gesagt waren nicht alle Skinheads Nazis oder ausländerfeindlich. Nach einer Weile schlossen sich einige der Bewegung »Skinheads gegen Rassismus« (SHARP SkinHeads Against Racial Prejudice) an. Dennoch gab es eigentlich die ganze Zeit latent Ausländerfeindlichkeit. Die Musik war ausschließlich Typ White-Power, das Horst-Wessel-Lied und Ähnliches eben. Außer wenn wir Besuch vom Fryshus oder dem Sozialdienst erwarteten, die meldeten sich aber immer an.

Natürlich war es prinzipiell gut, den Skinheads eigene Räume zu geben. Die Polizei war zufrieden, da die Zahl der Anzeigen wegen Schlägereien und Bedrohungen in der Altstadt drastisch zurückging. Klar war es angenehmer und schöner in warmen Räumen zu sitzen, als sich draußen aufzuhalten. Alkohol zu verkaufen und zu trinken war erlaubt – sonst wäre kein Mensch gekommen. Da es keinerlei Kontrolle gab, wurde munter drauflos gesoffen. Wir betreuten die Bar selbst. Damit gingen alle Pläne, Bücherregale aufzustellen und das Ganze etwas aufzumotzen, zum Teufel. Außerdem schliefen Leute dort, obwohl das nicht erlaubt war. Wenn Skinheads aus dem übrigen Europa nach Stockholm kamen, oft solche mit dezidierteren politischen Ansichten, sammelten sie sich in den Räumen. Das gefiel nicht allen, besonders nicht unseren einheimischen Skinheads von außerhalb. Die waren sowieso strikt dagegen, dass sich Skinheads in Räumen institutionalisieren ließen, die von der Stadtverwaltung, dem staatlichen Alkoholmonopol* und verschiedenen Behörden gesponsert wurden. Das schien ihnen irgendwie inkonsequent zu sein.

Am wenigsten populär war das bei der NRP und anderen politisch militanten Gruppen. Sie fanden, die Baracke sei zu eng mit dem Fryshus verknüpft und mit der Gesellschaft, die sie doch beeinflussen und verändern wollten. Die Behörden verfolgten damit schließlich das entgegengesetzte Ziel – durch Fryshus und die Sozialarbeiter sollten die Skins in die »richtige« Richtung gedreht, in die Gesellschaft integriert werden. Ihre Aggressivität sollte kanalisiert und auf etwas Konstruktiveres gerichtet werden, als durch die Stadt ziehen und Leute vermöbeln. Schlicht und einfach: Die Skinheadbewegung sollte in ruhigere Bahnen gelenkt werden und auf lange Sicht sollte sie auslaufen. Aber natürlich wurden diese Intentionen sabotiert. Aufkleber mit rassistischen und nationalsozialistischen Symbolen und Slogans tauchten auf, Zeitungen mit nazistischer Propaganda wurden ausgelegt und verkauft, es gab immer öfter politische Diskussionen, verbunden mit Schlägereien und internem Zoff. Denn wo so viel Alkohol floss, gab es auch jede Menge Konflikte – was ja nun nicht nur für die Skinheads gilt!

* Alkoholverkauf wird in Schweden vom Staat geregelt (Systembolaget).

Ich las noch immer eine ganze Menge, vor allem solche Bücher, die gleich nach dem Zweiten Weltkrieg über Hitler und den Nationalsozialismus geschrieben worden waren. Sie bauten oft auf Dokumenten auf, die später angeblich verschwanden. Die Bücher waren von Leuten geschrieben, die gegen Hitler waren. Aber sie bemühten sich dennoch ziemlich, nur Fakten zu präsentieren. Einen der Autoren, William Shirer, der in den fünfziger Jahren ›Aufstieg und Fall des Dritten Reichs‹ schrieb, konnte man lesen und interpretieren, wie man wollte. Ich selbst übersprang seine Kapitel über Massenvernichtungen und Endlösung, denn das war nicht mein Ding. Aber das Übrige, wie Hitler an die Macht gekommen war, und auch der ideologische Grund für das Ganze waren okay. Das stellte er objektiv und ohne Umschweife vor.

Es gab mehr Bücher dieser Art. Ich las sie allerdings auf meine Weise. Dazu gehörte, dass ich sie sofort weglegte, sobald der Autor auf das Unlogische und Unhaltbare in der nationalsozialistischen Ideologie hinwies. Das waren doch nachträgliche Konstruktionen der Gewinnerseite.

Andere Literatur, die mich faszinierte, waren die Publikationen des deutschen Munin Verlags, der eine ganze Reihe von Büchern über Deutschland im Zweiten Weltkrieg herausgegeben hat. So gut wie alle handeln von der deutschen Armee, der Waffen-SS und der Luftwaffe. Viele der Bücher wurden von SS-Veteranen geschrieben, was nicht immer hieß, dass sie den Nationalsozialismus verteidigten. Denn viele von ihnen hatten die nationalsozialistischen Ideen längst hinter sich gelassen.

Mein Lieblingsbuch handelte von der Panzerdivision Totenkopf. Geschrieben hatte es der vorletzte Divisionsbefehlshaber Ulrich. Er vermied in seiner Darstellung alle strittigen Punkte. Stattdessen wurde man mit Bildern folgenden Typs gefüttert: »Hier sind einige meiner Jungs mit einem Welpen zu sehen, denn alle meine Männer waren tierlieb« oder »Hier befreien wir ein Dorf in der Ukraine, man sieht, wie froh die Einwohner sind« und so weiter.

Ich bezog meine Informationen aus den verschiedensten Quellen, sogar aus Zeitungen wie ›Vit Rebell‹ (Weißer

Rebell) und den Büchern von Ahmed Rahmi aus den achtziger Jahren. Da gab es allerdings eine Komplikation, denn Ahmed selbst war doch Araber. Wenn man dann noch die verwirrten Pamphlete der Eheleute Oredsson von der NRP dazunahm, wurde das am Ende natürlich ein reichlich merkwürdiger Mischmasch.

Dies alles diskutierte ich nicht mit den anderen Skinheads. Mit denen konnte man möglicherweise über die schwedische Großmachtzeit oder Karl XII. reden, aber mehr war nicht drin.

Ich las auch weiterhin viel über Geschichte. Außerdem fiel es mir leicht, mich auszudrücken. Deshalb wurde ich hin und wieder zu Diskussionsrunden eingeladen.

Die gestiegene Gewalt unter Jugendlichen war das Thema einer solchen Debatte. Initiiert hatte sie der damalige Chefredakteur der Boulevardzeitung ›Aftonbladet‹, Torbjörn Larsson. Er beteiligte sich selbst an der Diskussion. Als die Einladung kam, wollten wir, ein anderer Skin und ich, erst nicht hingehen. Jede Menge anderer Jugendlicher würden kommen, und dazusitzen und einen ganzen Saal gegen sich zu haben, das klang ja nun nicht so besonders verlockend. Wir waren davon überzeugt, dass man uns lynchen würde. Aber dann entschieden wir uns doch teilzunehmen, und wir waren ganz schön verwundert, denn der kompakte Widerstand gegen uns erwies sich als ziemlich hohl. Klar gab es viele, die sagten, vor Skinheads hätten sie Todesangst. Doch gleichzeitig bekamen auch die Massenmedien ihren Teil ab. Denn war es wirklich so, dass die Skinheads bereit waren, alle und alles kurz und klein zu schlagen?

Wie auch immer, nach dieser Debatte veröffentlichte ›Aftonbladet‹ eine ganze Doppelseite über mich. Meist waren es ich und noch ein paar Skins, die alle Interviews mit den Medien übernehmen mussten, weil wir reden konnten. Deshalb erschien ein Journalist vom ›Aftonbladet‹ bei mir zu Hause. Er schaute sich etwas beunruhigt in der Wohnung um. Dann entdeckte er ein Bücherregal mit jeder Menge Büchern, die meisten zur Geschichte. Vielleicht die Hälfte davon war auf Englisch. Er schaute erst auf die Bücher, dann auf mich und dann fragte er:

»Sind das hier deine Bücher?«

»Ja, klar doch, ich wohne ja hier.«

»Ein Teil davon ist auf Englisch.«

»Ich weiß, es sind meine Bücher.«

»Hast du sie gelesen?«

»Ja.«

Anschließend stand in dem Artikel »belesen – liest sogar englische Bücher zur Geschichte im Original«.

Eigentlich kann man den Reporter ja verstehen, denn im Zusammenhang mit Skinheads denkt man wohl nicht als Erstes an Belesenheit und intellektuelle Neugier. Und je länger man ein Skinhead-Leben lebte, desto mehr verdummte man auch. Klar unternahm man viel gemeinsam und die Kameradschaft war stark. Aber die Gespräche drehten sich fast nur um die Frage, wie viel Geld man hatte oder zusammenbekommen musste für das abendliche Besäufnis. Um dieses Thema ging es in allen nur erdenklichen Variationen, egal ob Wochentag oder Sonntag.

Ich hatte Kontakt zu den Skins in Södertälje bekommen. Dort hatten zwei Kumpels, Peter und Göran, angefangen, die Zeitungen ›Street Fighter‹ und ›Vit Rebell‹ (Weißer Rebell) herauszugeben, beide kamen ursprünglich aus England. Und noch andere hatten die Band ›Vit Aggression‹ (Weiße Aggression) gegründet. Peter Melander war in seinen Zeitungen der tonangebende Autor und auch bei der Zeitung ›Nordland‹ aktiv, solange es sie gab. Melander betonte ständig, wie wichtig es sei, auf die Straße zu gehen und zu kämpfen. Aber falls er überhaupt je draußen dabei war – wenn es dann knallte, war er der Erste, der abhaute.

Zu Skinheads in Göteborg und Borås hatte ich ebenfalls Kontakt. Die waren viel stärker politisch interessiert als die Stockholmer Glatzen, die eher unorganisiert waren und viel zu viel tranken. Klar wurde auch in Göteborg ganz ordentlich geschluckt. Aber bei allem, was durchdachtere Stellungnahmen betraf, spielte die Politik immer eine Rolle. Sie heuchelten auch nicht, sie seien Nationalsozialisten. Mir war der Kontakt zu den Skinheads draußen im Land lieber als zu denen in Stockholm.

Die meisten meiner Freunde in Södertälje wohnten in Ronna, wo sehr viele Ausländer lebten. Manchmal war ich bei ihnen zu Hause, und bei einigen Dosen Bier hörten wir White-Power-Musik.

Mein Idealbild des germanischen Kriegers waren die deutschen SS-Leute, wie ich sie so oft in dem Film ›Triumph des Willens‹ hatte marschieren sehen. Da konnte man wirklich von Reih und Glied sprechen, von Disziplin, Ordnung, Nüchternheit und Kampf – was so viele von uns Skinheads bewunderten. Aber dieses Ideal war wirklich nichts, was ich selbst bei uns erlebte.

Trotz der vielen Sauferei gelang es 1987, für den Nationalfeiertag am 6. Juni in Ronna ein White-Power-Konzert zu arrangieren, was in einer der am dichtesten mit Ausländern bewohnten Gegend von ganz Schweden die reine Provokation war. Natürlich gab es Zoff. Der Auftritt der Musiker gab mir auch etliches zum Nachdenken, selbst wenn ich es vorzog, wie schon so oft vorher, den Kopf in den Sand zu stecken und nichts sehen oder hören zu wollen.

Unterwegs zum Konzert wurde in der S-Bahn schon kräftig geschluckt. Das war für die übrigen Bahnfahrenden wenig angenehm, die meisten von ihnen gewöhnliche Schweden, die zwischen die Skins geraten waren und denen das nicht gut bekam. Schon da fuhr mir kurz der Gedanke durch den Kopf, worin der Sinn liegen sollte, sich unseren »Rassenfreunden« gegenüber dermaßen aufzuführen. Die mussten doch glauben, wir seien nicht ganz echt.

Vor Södertälje gab mir was anderes kurz zu denken. Dort parkten nämlich drei Autos von Rockern, eines davon ein total geiles weißes Cabriolet. Genau genommen waren diese Rocker doch weiße schwedische Arbeiterklasse, oder? Nicht unbedingt so ganz ohne Vorurteile. Schließlich fuhren sie immer mit der Südstaatenfahne, Stars and Bars. Die ist gewiss kein lupenreines nazistisches Symbol, da sie in allen möglichen Zusammenhängen benutzt wird, vom Klu Klux Klan bis zu den Rockabillybands, und außerdem weht sie vor Häusern in den amerikanischen Südstaaten. Aber ganz sicher hat diese Fahne etwas von Macht an sich.

Noch ein anderer und ich fingen ein Gespräch mit den Rockern an.

Dann kamen urplötzlich zwei andere Glatzen aus Stockholm dazu, machten die Hose auf, grölten »Scheißrocker« und pinkelten ins Auto. Sie waren nicht sonderlich voll, wussten ganz genau, was sie taten. Und sie hatten ausreichend Unterstützung in der Reisegesellschaft von mehreren hundert Skins hinter sich. Die Rocker, mit denen wir redeten, standen bloß da und glotzten uns an. Was sollten sie tun? Ihnen blieb nichts anderes übrig, als sich ruhig zu verhalten und auf spätere Rache zu hoffen.

Während des Konzerts gab es viel Zoff mit der Polizei. Allerdings blieb ich nicht lange, ich wollte nur nach Hause. Das Ganze kam mir so verdammt sinnlos vor, so unnötig. Also setzte ich mich in einen Bus, um zum Bahnhof zu fahren. Aber dort, auf meinem Platz im Bus, mit Stiefeln und Schweden-T-Shirt und rasiertem Schädel merkte ich, dass das vielleicht keine so gute Idee gewesen war. Als ich mich nämlich im Bus umschaute, sah ich keinen einzigen Sympathisanten. Nein, das hier war wie in irgendeinem Vorortbus, unterwegs nach Casablanca, Athen, Kairo oder Amman, you name it. Kein einziger weißer oder rasierter Schädel, soweit das Auge reichte.

Nach einigen Haltestellen, als es mir schließlich zu ungemütlich wurde, stieg ich aus. Sagt man nicht »vom Regen in die Traufe kommen«? Ich landete mitten in einer gigantischen Horde von Rockern, die mit ihren Autos durch die Stadt kurvten und nach Skinheads Ausschau hielten.

Mir blieb nur zu rennen, und zwar schnell. Mal im Laufschritt, mal zwischen Büschen und Blumen kriechend, um nicht entdeckt zu werden, jedenfalls kam ich beim Bahnhof an, ohne zusammengeschlagen worden zu sein.

Da, in der Minute der Wahrheit, fuhr mir noch ein Gedanke wie der Blitz durch den Kopf: Was zum Teufel tue ich eigentlich? Hier kommc ich, ein schwedischer Patriot, der für Schweden kämpfen und die Schweden »wecken« will, und dann krieche ich wie ein geprügelter Hund durch die Büsche.

Allerdings fragte ich mich nie, ob an unserer Ideologie etwas falsch sein konnte, sondern nur, warum es jedes Mal so endete. Zoff, Schlägerei und Streiterei. Warum gelang es uns immer, alle gegen uns aufzubringen? Auch diejenigen, die uns unterstützen sollten, wie die Rocker von Södertälje? Und wenn es nirgendwo Ausländer gab, denen man das Leben sauer machen konnte, warum schlugen wir dann immerzu aufeinander ein?

Die Fragen waren da, aber die Antwort ließ auf sich warten. Es sollte noch mehrere Jahre dauern, bis ich anfing, für mich selbst Antworten zu formulieren. Der Weg dorthin war wahrhaftig nicht schnurgerade, sondern gesäumt von Abstechern in alle möglichen Richtungen. Verknüpft mit einer Mischung aus Heroin, Kriminalität und Therapie.

Irgendwie gelang es mir, in die S-Bahn und mit heiler Haut zurück nach Stockholm zu kommen.

Wie gesagt, das war am 6. Juni – so kann man den Nationalfeiertag auch feiern!

9

Wie gesagt, gehören die Skinheads nicht eindeutig einer ideologischen Richtung an. Eher repräsentieren sie einen Lebensstil oder eine Subkultur, die heute auf der ganzen Welt verbreitet ist. Viele der Skinheads sind nirgendwo politisch verankert. Und unter den politisch engagierten gibt es alle möglichen Gruppierungen. Es gibt sogar solche, die das sozialistische Ideal übernommen haben und sich Redskins nennen, die gibt es vor allem in Polen. Aber die Majorität der Skins aus Spanien, Italien, Griechenland und Südamerika sind Faschisten, die Franco, Spaniens längst verblichenem Diktator, huldigen und mit Hakenkreuzfahnen winken.

Einer, den das beunruhigte und der die Skinheads überall auf der Welt einigen wollte, war Ian Stuart Donaldson, ein ziemlich kleiner, kräftiger Sänger mit großer Ausstrahlung von der heute bekanntesten White-Power-Band, den Skrewdrivers. Die waren schon 1979 mit Punkmusik dabei. Ian und die Skrewdrivers wurden für uns in Schweden Vorbilder, auch darin, dass sie immer näher zum Nationalsozialismus rückten und am Ende von der National Front geschluckt wurden. Ihre ersten Hits, wenn man das so sagen kann, waren »White Power« und »Smash the IRA«.

In dem Versuch, die Skinheads weltweit als weiße Rasse und weiße Macht zu einen, schuf Ian Stuart die Organisation Blood & Honour. Vorbild waren Ehrbegriff und Blut- und Boden-Ideologie der Hitlerjugend. Sie gaben unter gleichem Namen eine Zeitung heraus. Die war es unter anderem, die schon Ende der achtziger Jahre Peter Melander in Södertälje inspiriert hatte, die Zeitungen ›Street Fighter‹ und ›Vit Rebell‹ herauszugeben.

Die Zeitung ›B & H‹ wurde überall in Europa verkauft. Es gab darin einen internationalen Teil, der in allen Ausgaben gleich war. Dieses internationale Material wurde in den einzelnen Ländern durch nationales oder lokales Material wie Interviews mit lokalen Bands, Reportagen von Konzerten, Reklame für Schallplatten, Zeitungen und Bücher ergänzt. Die Leser konnten ihre Europatop-Listen für White-Power-Musik einschicken. Allmählich drang B & H auch nach Schweden vor, allerdings nicht als Organisation, sondern nur als Zeitung. Die meisten Skinheads liefen mit B & H-Abzeichen auf ihren Bomberjacken rum. Ich glaube nicht, dass sie anfangs das Swastika-Symbol benutzten, sie hatten stattdessen das südafrikanische Symbol Triskelo, drei Siebener.

Stuarts Ehrgeiz, eine White-Power-Bewegung zu schaffen, wurde ein bisschen zu einer Frage der Interpretation, denn in der Bewegung waren auch Kolumbianer und andere Südländer willkommen. Doch außer dem Versuch, die Skinheads zu einen, war das Ziel von B & H, ein internationales Distributionsnetz für White-Power-Musik zu sein, um Möglichkeiten zu schaffen, Platten mit Nazi-Ideologie, aber auch Zeitungen, überall kaufen zu können.

In Schweden gab es nicht so viele White-Power-Bands, aber im übrigen Europa dafür umso mehr. Natürlich wollten alle Platten einspielen. Aber Platten gepresst zu bekommen, war gar nicht so einfach, weil sich – außer Rock-o-Rama und Rebel European – die meisten Schallplattenfirmen weigerten, sich mit White-Power-Musik zu befassen. Aber auch bei Rock-o-Rama gab es Grenzen. Bei ihnen erschien Dirlewanger, bald waren ihnen aber die Texte zu extrem. Dirlewanger wechselte dann zu Rebel European, wo sie eindeutig willkommen waren. Das hervorstechendste Problem bei der Produktion von White-Power-Musik war der ständige Geldmangel. Es kostete Geld, Platten zu pressen und zu verteilen, weshalb viele Bands nicht nur auf Gagen, sondern auch auf den Erlös aus dem Plattenverkauf verzichten mussten. Das ist bis heute so. Bands bekommen nur selten Geld zu sehen.

Stuart hatte mit seinem Ehrgeiz tatsächlich Glück. B & H wurde eine internationale Bewegung. Aber das bedurfte ständiger Reisen, vieler Organisation und jeder Menge Konzerte mit

Skrewdrivers, in Europa wie in den USA. Stuart wurde für uns alle ein Idol. Hätte er ein gewöhnliches Unternehmen gegründet, wäre er damit garantiert schon an der Börse und Multimillionär.

Abgesehen von seinen Ansichten, war Ian Stuart ein netter Kerl, sehr intelligent und ein Organisationstalent. Vielleicht lag seine Stärke darin, dass er nicht nur am Geldverdienen interessiert war, wie so viele in der Bewegung heute. Er wohnte ja auch nicht gerade komfortabel, sondern in einer sehr kleinen Wohnung in London. Für Ian war der ideologische Kampf wichtiger als Geld. Außerdem steckte im Zeitalter der Schallplatten in der Branche nicht so viel Geld drin. LPs zu verkaufen und zu vertreiben war schwieriger als heute CDs.

Im Herbst 1987 kam Stuart mit Skrewdrivers nach Schweden, um in Stockholm aufzutreten. Aus dem Konzert wurde allerdings nicht viel, weil der Veranstalter, ein geldgieriger Engländer, der in Schweden lebte, keine Ahnung hatte, was bei einem Konzert alles vorbereitet werden muss. Er hatte nicht einmal für eine Anlage gesorgt, es gab also weder Mikrofone, noch Lautsprecher, weder Mischpult noch ausreichend Strom. Das mussten wir alles in letzter Minute organisieren. Nach drei Stücken gab die gemietete Anlage ihren Geist auf. Da sorgte die Polizei dafür, dass das Konzert abgebrochen wurde.

Während des Besuchs der Skrewdrivers bekamen wir zu Stuart und der Band guten Kontakt. Mit der Horde betrunkener Fünfzehnjähriger in den Räumen beim Fryshus wollte er allerdings nichts zu tun haben. Da sind wir wieder beim Problem der schwedischen Skinheads. Denn selbst wenn bei etlichen von ihnen ein politisches Potenzial vorhanden war, so soffen sie doch viel zu viel. Wie sie beim Konzert der Skrewdrivers dastanden und grölten, das war wirklich nicht der Stolz des Landes, der sich da präsentierte, sondern eher ein Haufen Sozialfälle. Das war unwürdig, da konnte man sich nur schämen. Ein paar Bier trinken, um lockerer zu werden, okay. Aber man muss doch die Kontrolle behalten und nicht wie ein Wrack rumhängen. Nüchtern zu bleiben war zudem wichtig, weil man unter Umständen auf Gegner stieß – unserer Meinung nach also Kommunisten und Juden –, die man wegjagen oder mit denen man sich prügeln musste. Oder sich so schnell wie möglich zurückziehen, wenn die Übermacht zu groß wurde. Aber die große Mehrheit der Skinheads war immer sinnlos betrunken. Das mochte Ian Stuart nicht, der selbst gemäß der nazistischen Ideologie ein gesundes und moralisches Leben führte.

Wir zogen mit ihm und den Mitgliedern seiner Band durch ein paar nette Lokale, trafen schwedische Mädchen, tranken ein paar Bier zusammen und redeten über den Kampf.

Auf der Liste der Engländer über »notwendige zukünftige Maßnahmen« stand unter anderem, Graham Atkinson, den Herausgeber von ›Searchlight‹, der englischen Entsprechung zur schwedischen Zeitschrift ›Expo‹, aus dem Weg zu räumen. Atkinson war geschworener Feind alles Nationalen und plante gerade eine Reise nach Schweden. Während dieser Reise sollte das passieren, und wir, einige schwedische Skinheads, versprachen, uns des »Problems Atkinson« anzunehmen, also ihn zu ermorden, wenn er ins Land kam. An und für sich war das ein Versprechen, das wir vermutlich hätten halten können, denn unter uns gab es genügend denkbare Mörderkandidaten, Psychozombies und Schwerkriminelle. Aber mit den Skinheads etwas auf lange Sicht zu planen, ging einfach nicht. Schon allein, weil sie jede Menge andere mit in diesen bizarren Mist einbezogen, viele davon Alkoholiker. Aber auch weil sie gleich schon in der nächsten Kneipe anfingen zu quatschen. Je näher Atkinsons Ankunft rückte, umso mehr zogen sich zurück. Am Ende blieb nur die Einsicht, dass das Projekt Atkinson in die gleiche Mülltonne gehörte, wie so viele andere der mächtig imponierenden Vollrausch-Pläne der Skinheads.

Natürlich hätten wir Atkinson töten können, wenn wir uns dazu entschlossen hätten. Aber nachdem das Gerede schon in der Stadt umlief, wären wir wahrscheinlich gleich am Tatort festgenommen worden. Ein Teil von uns war schlau genug, das einzusehen, so dass Atkinson mit heiler Haut in seine Heimat zurückkehren konnte.

So ging es oft beim »Kampf« zu, wenn wir uns an etwas versuchen sollten, das etwas mehr verlangte, als irgendeinen armen Teufel in der Stadt niederzuschlagen und seine Brieftasche zu stehlen. Es wurde geplant und geredet, jetzt aber, verdammt, jetzt sollte es losgehen! Nur sickerten im gleichen Tempo, wie der Alkohol rein, alle Pläne raus. Es gibt mehr als genug Feinde der Glatzen, die dem Alkohol dafür danken können, dass sie noch am Leben sind!

Den rechten Arm schräg hochrecken und gleichzeitig »Sieg Heil« brüllen: Das ist der Hitlergruß. Aber von Hitler oder Nazismus war bei den fünfzehnjährigen schwedischen Hollywoodnazis nicht viel zu spüren, die in der Baracke beim Fryshus hausten und sich gegenseitig mit dem Hitlergruß grüßten. Sie hatten nichts darüber gelesen, hinter der Geste war keine Substanz. Möglicherweise stärkte der Gruß die Verbindung der Gruppenmitglieder untereinander. Außenstehende provoziert er. Wenn zum Beispiel Kalle, 14 Jahre alt, in einer Pause auf dem Schulhof den Arm hochreißt und »Sieg Heil« schreit, dann ist er in neun von zehn Fällen kein Nazi, sondern will provozieren. Welcher Jugendliche will das nicht? Und ein ausgestreckter rechter Arm scheint heutzutage geradezu reflexartig eine Reihe mehr oder weniger gut durchdachter Maßnahmen auszulösen. Das ist ungefähr das Gleiche, als ob stockbesoffene Skinheads am 30. November bei den Demonstrationen oder in der U-Bahn »Sieg Heil« schreien. Die politisch überzeugten Nationalsozialisten würden das nie tun. Die bewahren sich den Hitlergruß auf für Treffen mit Gleichgesinnten.

Ich verkehrte ziemlich viel mit Ian Stuart. Wenn wir uns nicht treffen konnten, telefonierten wir. Allmählich war es an der Zeit, Ian Stuart einen Gegenbesuch abzustatten. Wir fuhren also für einige Tage nach London, zur Wiege der Skinheadkultur. Dort gingen wir zu Konzerten und trafen englische Skinheads.

In England gab es noch immer eine klare Unterscheidung

zwischen Naziskins und allen anderen Gruppen, ja fast einen Krieg – oder zumindest einen so genannten – zwischen Nazis, Redskins und Antirassisten. Das bekamen einige meiner Freunde zu spüren. Nach einem Konzert abends wurden wir nämlich getrennt. Ich selbst hatte Glück und fand den richtigen U-Bahnhof und ging ins Hotel. Die anderen landeten am falschen U-Bahnhof und wurden von Antirassisten zusammengeschlagen, die wenig Ähnlichkeit mit denen der schwedischen Antifaschistischen Aktion (AFA) hatten. Nein, sie waren von Männern zwischen dreißig und vierzig angegriffen worden, einige von ihnen Skinheads, riesengroß, die mit Baseballschlägern und Eisenrohren angestürmt kamen, berichteten sie, als sie aus dem Krankenhaus entlassen wurden, noch immer geschockt.

In Zukunft mussten wir also unsere Tage etwas besser planen. Doch gingen wir weiter zu Konzerten oder besuchten Engländer, die uns ideologisch nahe standen. Dort fiel uns auf, dass die Verehrung der Wikinger und der Glaube an die Asen ebenso zur Kultur der Skinheads gehörte, wie er schon in die NS-Bewegung eingegangen war. Wir Schweden waren auf diese Weise begünstigt, denn woher kamen die Wikinger? Wir wurden als irgendwie »bessere« Skinheads betrachtet. Wir waren ja direkte Nachkommen von Thor und Odin aus »the Land of Ice« und galten als besonders hart. Na klar waren wir hart – besonders, wenn es ums Trinken ging. So machte es uns unsere Herkunft leichter, mit den Verwandten im übrigen Europa Kontakt aufzunehmen.

Selbst wenn es Ian Stuart mit seiner politischen Überzeugung ernst war, so war doch er für den ersten richtigen Riss in meinem ideologischen Weltbild verantwortlich. Im November/Dezember 1988 besuchte ich ihn in England zusammen mit zwei Freunden und meiner damaligen Freundin aus Göteborg. Sie hatte ich bei gemeinsamen Bekannten, Skinheads und Nationalsozialisten, kennen gelernt.

Jedenfalls hatten wir ein Treffen abgemacht, zu dem außer Ian Stuart noch Kent McLellan von Brutal Attack kommen sollte, einer bekannten White-Power-Band. Wir sollten für das Konzert abends Freikarten bekommen. Es war ein Samstag, am nächsten Morgen mussten wir nach Schweden zurückfliegen.

Ian und Kent schlugen vor, dass wir nach dem Konzert einen Club besuchen sollten, in dem zwar kein Alkohol ausgeschenkt wurde, wo man aber seine Getränke mit hinbringen durfte. Am nächsten Morgen sollten wir direkt von dort aus zum Flugplatz fahren. Wir fanden das ziemlich heavy. Das war denen klar und deshalb fügten sie im gleichen Atemzug hinzu: »Vielleicht braucht ihr dann etwas Speed?« Amphetamin, Kokain, Heroin!

Ich fühlte mich vollkommen überrumpelt, meine Freunde genauso. Innerhalb der White-Power-Bewegung waren wir doch der Meinung, dass Heroin verboten werden müsste und Junkies hingerichtet werden sollten, weil Drogen die Menschen degenerieren. Außerdem verkauften doch nur Kanaken Heroin. Das war Teil der weltweiten Konspiration, das war für uns selbstverständlich, die Juden standen hinter dem Handel mit dem Heroin, um die Degeneration der weißen Rasse zu beschleunigen.

Für einen »gesunden Germanen« und Nationalsozialisten stand es deshalb außer Frage, sich mit Heroin zu beschäftigen. Punkt aus, fertig!

Ian Stuart hatte zudem etliche Songs darüber verfasst, was man mit Ausländern und Homosexuellen oder Junkies machen sollte! Plötzlich behauptete derselbe Mann, mein größtes Vorbild, dass er und Ken ein bisschen nehmen würden, und bot uns an, auch für uns etwas abzuzweigen. Der eine Schwede sagte sofort ja danke, aber der andere Schwede und ich nahmen nichts.

Ich ging nicht mit ins Konzert. Ich hatte völlig den Nerv verloren, hatte überhaupt keine Lust mehr. Das wurde nicht gerade besser, als die beiden anderen nach dem Konzert zurück ins Hotel kamen und der eine von ihnen high war. Er wollte das nicht zugeben, obwohl es offenkundig war. Das endete dann damit, dass er und ich auf dem Hotelkorridor aneinander gerieten und uns dort mitten in der Nacht prügelten.

Zum ersten Mal fing ich an, mir über die Doppelmoral in der Bewegung Gedanken zu machen. An sich hatte ich schon früher meine Probleme damit gehabt, wenn Skinheads aus Griechenland und Italien zu uns kamen und als Brüder betrachtet werden sollten, während diejenigen hier bei uns, die aus denselben Ländern kamen, als Ausländer beschimpft wurden und verschwinden sollten. Schon das wollte mir nicht in den Sinn. Aber es waren ja nette Kerle und mit ihren Ansichten sympathisierte ich, deshalb war es leicht, versöhnlich einen Strich unter ihre Herkunft zu ziehen. Diese Geschichte mit Ian und dem Heroin war allerdings ein bisschen zu viel, daran hatte ich ziemlich zu knacken. Er schrieb doch Songs darüber, wie man das Heroin und die Junkies zermalmen sollte – und dann stand er selbst da und bot uns H an, als sei es das Selbstverständlichste von der Welt. Keine scheuen Blicke zur Seite, keinerlei Scham, kein Scharren mit den Füßen oder entschuldigende Erklärungen. Vielleicht rafften wir uns deshalb nie auf, zu fragen, wie denn diese Gleichung aufgehen sollte, denn das hätten wir tun müssen. Aber, Gott ja, so war das. Obwohl mir also schon früher immer mal diverse Unterschiede zwischen Theorie und Praxis in der Bewegung aufgefallen waren, bedeutete doch das Angebot von Ian und Ken an diesem Abend in London den ersten wirklichen Riss in meinem Idealbild vom Nationalsozialismus.

Doch, das war eine denkwürdige Reise. Jedenfalls flogen wir am nächsten Tag zurück. Obwohl ich es schwer hatte mit diesem einen Skin, der was genommen hatte. Natürlich bestritt er es, aber etwas anderes war ja nicht zu erwarten.

Die Situation wurde komplizierter, seit ich wusste, dass Ian, der davon sang, die IRA und alle Dunkelhäutigen und -haarigen, Juden, Kommunisten, Vergewaltiger und Junkies zu zermalmen, selbst Drogen nahm. Damit war seine Glaubwürdigkeit insgesamt in Frage gestellt. Nicht dass ich glaubte, er oder Ken oder die übrigen von Skrewdriver seien Vergewaltiger. Aber es gab unter meinen Bekannten und diesen »sauberen Germanen« andere, die ihre Freundinnen schlugen, etwas, von dem sich die NS-Bewegung an sich total distanzierte.

Ich glaube, es waren lauter solche »Entdeckungen«, warum ich eine andere Brille aufsetzte, um mich selbst im Spiegel zu betrachten. Vorher war es einfach gewesen: Wir waren die Besten und alle anderen waren unsere Feinde. Wir hatten Recht. Wir waren die Elite. Die weiße Rasse war die überlegene. Durch mein Interesse für den Zweiten Weltkrieg und die Uniformen, für die Ordnung und Disziplin, wonach ich mich sehnte, die ich aber nicht besonders häufig antraf, hatte es in meinem Fall zudem noch eine Verbindung zum Gestern gegeben. Ja, es war ein Gefühl gewesen, wie nach Hause zu kommen. Ich hatte endlich eine Gelegenheit, mich an allen und allem zu rächen. Selbst wenn wir nur wenige waren, war es dennoch so, als hätten wir die Macht. Es gab Kameradschaft und Familie, gab diese schlichten schwarz-weißen Ansichten, schrecklich einfache Lösungen für alles. Dass die nicht durchsetzbar waren, spielte irgendwie keine Rolle, denn in solchen Bahnen dachte ich damals nicht. Sondern ich hatte nach Hause gefunden, und das war heftig und die politischen Vorstellungen lagen absolut richtig.

Man könnte meinen, dass diese Risse in der nationalsozialistischen Fassade mir die Augen ganz geöffnet hätten. Aber ich weigerte mich zu sehen und nachzudenken. Vermutlich wagte ich es nicht. Schließlich wusste man, was man hatte, aber nicht, was man bekommen würde. Und diese Welt war so stark und so anders, mit ihren Codes und Symbolen, ihrer Musik, ihren Uniformen, mit ihrer Gewalt, aber auch Kameradschaft, die durch den Stempel, den uns die Umgebung aufdrückte, die Stigmatisierung nicht schwächer wurde, sondern im Gegenteil.

Außerdem hatte ich ja vor Augen, was mit anderen passierte, die angefangen hatten nachzudenken und abspringen wollten. Sie waren nicht besonders populär und einigen erging es wirklich schlecht. Anstatt also aufzubrechen, glitt ich noch tiefer in das nationalsozialistische Dunkel hinein.

Was Ian Stuart anging, so wurde er nicht sehr alt. Er starb 1993 bei einem Verkehrsunfall. Seither wird er als ein Märtyrer der Skinhead- und NS-Bewegung angesehen und jährlich anlässlich seines Todestags geehrt.

Ganz entscheidend gehört zu einem Märtyrer die Mythenbildung und heute macht man in der NS-Bewegung geltend, dieser Autounfall sei von etwas, das ZOG, Zionistische Okkupationsregierung, genannt wird, inszeniert worden. Die Polizisten vor Ort hätten Ian wieder erkannt und sich extra viel Zeit gelassen, bis sie ihn ins Krankenhaus brachten. Konspirationstheorien scheinen sich in der NS-Bewegung immerzu abzulösen. Das ist auch eine Art, Mitglieder und Sympathisanten gegen die Gesellschaft ringsum, »die anderen«, zusammenzuschweißen.

Mit Sicherheit kann man jedenfalls sagen, dass die White-Power-Kultur ohne Ian niemals diese Verbreitung gefunden hätte.

Nach seinem Tod kamen die englischen Fußball-Hooligans ins Bild. Sie übernahmen Combat 18 und Blood & Honour. Die Zahlen eins und acht, der erste und der achte Buchstabe im Alphabet, stehen für AH, Adolf Hitler. Die Hooligans, die nicht besonders rassenideologisch orientiert sind, sondern verrückte Schlägertypen, die plötzlich Geld witterten, schlugen ihre eigene Richtung ein, was zu etlichen internationalen Konflikten führte.

Ich leide an Astigmatismus. Meine erste Brille bekam ich schon vor Beginn der Schulzeit – für die anderen ein ewiger Grund, mich zu mobben. Meine Eltern kauften Brillengestelle, die einen robusten und haltbaren Eindruck machten, aber nicht unbedingt die schönsten der Welt waren. Aber wenn ich etwas sehen wollte, musste ich die Brille tragen, selbst wenn ich mich ärgerte und fand, das Leben sei einfach schrecklich und ungerecht.

Als ich erwachsen war und mit meinen Freunden durch die Stadt zog, setzte ich nie die Brille auf. Deshalb lag für mich alles im Nebel. Hin und wieder konnte das zu merkwürdigen Erlebnissen führen, besonders wenn man in einer Kneipe eine Frau getroffen hatte und bei ihr übernachtete, was ja vorkam. Wenn die Hornhautverkrümmung nämlich sehr ausgeprägt ist, verändert sich die Welt, mit oder ohne Brille, durchaus beträchtlich. Dass das bei Frauen zu dem einen oder anderen Volltreffer führte, ging ja noch an. Schlimmer war das bei Schlägereien. Früher einmal hatten Männer mit Brille dabei regelmäßig Glück, weil zu den ungeschriebenen Regeln gehörte, dass man nie einen Jungen mit Brille schlug. Aber das galt schon lange nicht mehr. Zudem fasste ich halt manchmal Situationen falsch auf, was zu ganz und gar unnötigen Prügeleien führte. Ich sah die Leute, wenn wir uns gegenüber saßen, und ich sah auch, wenn sie einen Raum betraten. Aber ich sah nicht, was sie taten, höchstens dass sie die Arme bewegten. Niemals konnte ich Mienen oder Gesten deuten oder ob die Leute mir gegenüber wohlgesonnen oder feindlich eingestellt waren. Deshalb ging ich auf Nummer Sicher und haute zuerst zu und fragte dann. Oder ich ließ mich auf ein solches sprachliches Niveau ein, dass es Zoff geben musste, und dann knallte es auch. Manchmal ging ich nach einem Treffer von jemandem, den ich als freundlich und lachend empfunden hatte, selbst zu Boden. Gewöhnlich war ich aber derjenige, der am Ende auf den Beinen stand.

Die Kontaktlinsen, die es seit den achtziger Jahren gab, vereinfachten das Dasein etwas. Aber auch da gab es Komplikationen, weil es anfangs nur zwei Sorten gab, harte und weiche. Leider konnte man bei Astigmatismus nur harte benutzen. Die waren zu der Zeit so klein, dass sie lediglich die Mitte des Auges bedeckten. Deshalb musste man die Linse auf den Finger legen und mitten aufs Auge drücken. Wenn man sie herausnehmen wollte, musste man einen Saugpfropf ansetzen. Das Auge musste dafür feucht sein, sonst fühlte es sich an, als würde es mit herauskommen, und das war nicht besonders angenehm.

Nachts mussten die Linsen herausgenommen werden, das war ein weiteres Problem. War man unterwegs gewesen und hatte gesoffen, war das nicht immer einfach. Und bei Prügeleien, die bei mir ja zum Alltag gehörten, konnte es passieren, dass sie herausfielen, und dann hatte man auch ein Problem. Schließlich entzündete sich ein Augenlid und damit war für mich mit den Kontaktlinsen Schluss.

Da ich keine Brille benutzte, lag ich manchmal ziemlich schief. So auch in den letzten Jahren, als ich die Skinheads und den Nationalsozialismus hinter mir gelassen hatte, und unter anderem als Eintreiber arbeitete. Bei einer solchen Gelegenheit zeigte mir mein Auftraggeber ein Opfer, »der dahinten mit der schwarzen Jacke«. Da konnte ich schlecht sagen, dass ich nichts sah! Sondern dann musste ich blinzeln und nicken und zeigen, dass ich verstanden hatte, was er meinte. Als ich dann bis zu dem vorgedrungen war, der Schläge bekommen sollte, zeigte es sich, dass es drei Personen waren, ein Mädchen und zwei Jungen, beide mit dunklen Jacken. Ich hatte keine Ahnung, welchen von den beiden er gemeint hatte, also schlug ich den Erstbesten zusammen, worauf mein Auftraggeber brüllte: »Nein, nicht ihn, nein, falsch!« Daraufhin schickte ich den anderen auch noch zu Boden und zog ab.

Zur White-Power-Kultur gehört unabdingbar das geschriebene Wort, gehören Zeitungen und Bücher. Vielleicht spielt die Musik eine ebenso große Rolle. Ein Buch zu lesen, kann für einen Teil der Skinheads eine Lebensaufgabe sein. Aber sich einige Strophen eines Songtextes reinzuziehen, verlangt nicht die gleichen Begabungsressourcen, allein schon deshalb, weil die gleichen Songs wieder und wieder gespielt werden, wo auch immer Skins sich treffen.

Die erste Band trat schon Anfang der achtziger Jahre auf den Plan, im letzten Jahrzehnt wurden es immer mehr. Eine der Ersten waren Agent Bulldog, die gibt es noch. Die Jungs waren nicht besonders politisch, seit einiger Zeit haben sie sich in Richtung SHARP (Skinheads gegen Rassismus) bewegt. Aber damals, als diese Band auftauchte, standen alle für die gleichen Ansichten.

Die meisten Konzerte fanden außerhalb von Stockholm statt. Aber egal wo, Zoff gab es jedes Mal. Manchmal suchte man Streit, manchmal wollte man seine Ruhe haben und die Musiker spielen lassen, ehe die Polizei unterbrach. Die Konzerte waren enorm provokativ, weshalb man nie wusste, wie sie enden würden. Wie das Konzert direkt außerhalb von Uppsala am 6. Juni 1988. Noch etwa neun andere außer mir hatten versprochen, als Ordner zu fungieren, eine Aufgabe, die ich tatsächlich ernst nahm. Ich nahm damals anabole Steroide und wog ungefähr hundert Kilo. Zum Dank für die Hilfe sollte jeder einen Kasten Bier bekommen.

Ich kam gemeinsam mit Robban zum Park, der seine Aufgabe ebenfalls ernst nahm. Wo sich die anderen acht aufhielten, wussten wir nicht. Aber wir sollten es bald erfahren.

»Die sitzen hinten und trinken Bier«, antwortete der Arrangeur.

»Wieso Bier?«

»Die haben ihren Kasten schon bekommen.«

»Du hast ihnen die Kästen im Voraus gegeben?«

»Na klar! Wollt ihr euern nicht auch schon haben?«

»Verdammt noch mal, nein! Wir sollen doch zusehen, dass die nicht aus dem Ruder laufen!«

Aber das taten sie. Man kann sich leicht vorstellen, wie das wurde, nachdem fast alle von denen, die für Ordnung sorgen sollten, selbst voll waren.

Rings um das Gelände, wo das Konzert stattfand, gab es einen meterhohen Zaun. Auf der einen Seite standen wir und auf der anderen die Leute, die da wohnten und sich fragten, was für ein schrecklicher Affenzirkus bei uns los war. Und ich kann sie verstehen. Zweihundert sturzbetrunkene Skinheads, die nur dastanden und grölten: »Nigger, Nigger, stirb.« Außerdem hetzten sie gegen eine Gruppe schwedischer Bauern, die zuschauten, sie schrien Schimpfwörter, nannten sie Kommunistenschweine und Schwarze. Ganz normale schwedische Bauern!

Diese Zurschaustellung peinlich zu nennen, wäre untertrieben. Es wurde noch peinlicher, als ein Nationaler aus Karlstad zwei Mädchen schlagen wollte, die draußen am Zaun standen und auf das, was sie sahen, deuteten und es kommentierten. Er beschimpfte sie und wollte über den Zaun, als Robban und ich eingriffen. Wir holten ihn vom Zaun und gaben ihm ein paar mit auf den Weg, damit er begriff, worum es ging. Das tat er zwar nicht, hielt sich aber vom Zaun fern.

Ein kräftig alkoholisiertes Mitglied der SP lief herum und filmte. Das machte er bei jedem Konzert. Aber dieses Mal tatschte er einem Skinhead auf den Hintern, der mit einer Gruppe von Freunden zusammenstand. Hätte ich seine Neigungen gehabt, hätte ich mir ein anderes Opfer gesucht, nicht den größten und bissigsten Skin der ganzen Party. Jetzt konnte der »Filmer« von Glück reden, dass wir in der Nähe waren und ihn abschleppen konnten. Sonst wäre er hier nicht mit dem Leben davongekommen.

Dieser Zaun, diese Barriere zwischen uns und unseren Landsleuten, gab dem Gedanken, dass etwas nicht stimmte, weitere Nahrung. Auf der anderen Seite standen jede Menge Menschen und glotzten uns an. Als ob sie in einem Zoo seien und viele merkwürdige Tiere betrachteten – und nicht Mutter Schwedens Zukunftshoffnung. Ich kann noch heute dieses Gefühl von Unbehagen spüren, das diese Situation in mir hervorrief. Aber in dem Moment blieb keine Zeit zum Nachdenken. Da stand die nächste Schlacht an, weil alle zweihundert besoffenen Glatzen beschlossen hatten, nach Uppsala hineinzufahren und aufzuräumen.

Wie zum Teufel sollte das enden? In totalem Chaos, gewalttätigen Auseinandersetzungen mit der Polizei, ja vielleicht mit einem jähen Tod?

Das durfte nicht passieren! Also drängten Robban und ich uns bis zu den Polizisten durch, die bereitstanden und nur darauf warteten, ihren Teil zu tun. Aber Mob ist Mob, und der reagiert auf keinen Appell, wir mussten also zur Beruhigung schnell erst mal ein paar Typen kräftig eine langen.

Gleich darauf kam ein Polizist auf uns zu und meinte:

»Na Jungs, habt ihr die Verantwortung für die Sicherheit hier?«

»So ist es.«

»Nüchtern seid ihr auch, super! Ihr seid verantwortlich, dass nichts passiert. Sonst schnappen wir euch zuerst!«

Das war ja ziemlich clever, aber völlig inakzeptabel. Den einzigen beiden, die wirklich versuchten, das Chaos zu vermeiden, die gesamte Verantwortung überzustülpen, war nicht nur feige. Das hieß ganz einfach, uns eine scharf gemachte Bombe unterzuschieben. Wer wollte schon so was haben? Also musste schnell eine bessere Lösung her.

Ich antwortete: »Wenn ihr die Skinheads hier rauslasst, dann werden sie mitten durch Uppsala ziehen. Und die werden gewiss nicht in Reih und Glied marschieren, sondern unterwegs wird allerhand passieren. Dafür können wir keine Verantwortung übernehmen. Also könnt ihr uns sofort hopsnehmen. Oder ihr fordert Busse an und bringt sie allesamt zum Bahnhof. Dort könnt ihr euch greifen, wen ihr wollt, das ist dann nicht mehr unser Business.«

Er sah natürlich ein, dass es sinnlos war, Robban und mich festzunehmen, wenn sich der Rest wahrscheinlich austoben würde. Also kamen die Busse und alle wurden hineingestopft, wobei sie den neugierigen Landsleuten draußen vorm Zaun Beleidigungen zubrüllten.

In dem Augenblick fühlte ich mich nicht gerade als prächtiger Repräsentant des nordischen oder germanischen Volksstamms. Mann, was habe ich mich geschämt! Und die Zuschauer machten auch nicht den Eindruck, als seien sie sonderlich beeindruckt von diesen grölenden, brüllenden und aggressiven Jugendlichen. Polizisten verfrachteten sie schließlich in den Zug und begleiteten sie, wobei die Bahnfahrt mit diesen provokanten, ekelhaften Betrunkenen sicher nicht lustig war. Und wieder schoss mir der Gedanke durch den Kopf: Das hier soll Schwedens und Europas Elite sein? Dann sähe sowohl die schwedische wie die europäische Zukunft eher düster aus. Aber wir haben doch Recht und die anderen liegen falsch, oder...?

Nach diesem Auftritt sagte ich alle weiteren Angebote, bei White-Power-Konzerten als Ordner zu fungieren, ab. Denn egal, ob man selbst voll war oder nüchtern, Hunderte von betrunkenen Skinheads unter Kontrolle zu halten, war ein unmögliches Unterfangen. Dann konnte man genauso gut mit dem Strom schwimmen, sich volllaufen lassen und das Gehirn abschalten.

Trotz allem waren die Konzerte heftige Erlebnisse – Hunderte von Gleichgesinnten, eingerahmt von Fahnen, Zeitungs- und Schallplattenverkäufern. Aggressivität, Adrenalin und Hass in der Luft. Ein Hass, der sich von der Gruppe gegen alle anderen richtete, gegen das, was wir als Judengesellschaft betrachteten. Aber auch gegeneinander innerhalb der Gruppe. Denn es knallte oft, wenn man aufeinander traf, sich aufregte und losprügelte. Der Hass war gegen alles gerichtet. Und der Hass war es, der uns zusammenhielt und den Musik, Texte, Kleidung, ja der ganze Stil spiegelten und verstärkten. Die Songs konnte man beim besten Willen nicht gut nennen, weder musikalisch noch technisch, die Anlagen waren oft von schlechter Qualität, und man hörte nicht, was die auf der Bühne brüllten. Aber das machte nichts. Wir konnten die Texte auswendig und grölten mit, in kollektiver Ekstase, wie bei einer Massenpsychose. Klar war das heftig!

Der Auftritt in Uppsala war nach außerhalb verlegt worden, damit wir unsere Ruhe hätten und nicht mit den vielen Antirassisten aneinander gerieten. Obwohl es an und für sich cool war, sich zu prügeln. Aber dann hätte der Auftritt nicht stattfinden können, und das wollten wir. Teilweise, um uns zusammenzuschweißen, teilweise um neue Leute zu rekrutieren. Bei diesen Konzerten tauchten nämlich immer neugierige Jugendliche von überall her auf. Da war es gut, Platten, Zeitungen und anderes mehr im Angebot zu haben. Selbst wenn die Qualität der Einspielungen nicht besonders war, konnte man dennoch die Botschaft rüberbringen.

Heute ist das ein bisschen anders. Heute gibt es keine neuen Schallplatten mehr, sondern CDs. Die Qualität ist bedeutend besser als damals, sowohl der Bands als der Einspielungen. Dafür können die Produzenten der nazistischen »Kultur« den Konzerten von damals dankbar sein, besonders seit Ultima Thule auf der Bühne erschien und die Nachfrage nach White-Power-Musik anstieg.

Damals habe ich schwarz bei einer Umzugsfirma gearbeitet und hatte dadurch die Möglichkeit, zu Konzerten nach Deutschland und England zu fahren. Aber viele der anderen konnten und wollten das nicht, sondern blieben im Land und trafen sich meistens in kleineren Gruppen. Nur manchmal kamen bei Konzerten große Versammlungen zustande. Man wollte die Konzerte ein bisschen abgelegen und in Ruhe stattfinden lassen. Andererseits wurde es gern gesehen, wenn der eine oder andere Journalist auftauchte. Durch sie erhielten wir PR, sie zeigten, dass es uns gab. Wenn nämlich die Neugierigen zu dicht ran kamen, die Kommunistenschweine, die eins aufs Maul haben sollten, kippte die Veranstaltung jedes Mal!

10

Es gibt ein Paradoxon, auf das die Nationalsozialisten weder damals noch heute eine Antwort geben können – warum sie die Endlösung verleugnen. Denn schon im nächsten Moment reden sie wieder davon, jeden einzelnen Juden und Schwarzen ausrotten zu wollen. Wären sie konsequent, müssten sie doch die Massenmorde in Auschwitz als etwas Positives, als etwas Erstrebenswertes hervorheben. Ja, sich bei dieser Frage herauszuwinden, war schwer. Denn wir fanden ja, dass Nazismus eigentlich eine politische Ideologie sei, die für Gesundheit, Wärme, Liebe und Fürsorge stünde – allerdings nur bei der richtigen Art von Menschen. Daher kommt es, dass einige Millionen Menschen im Namen dieser Ideologie ausgerottet worden sind. Und die heutigen Nationalsozialisten finden, dass diese Vernichtung eigentlich in Ordnung war. Obwohl man das nicht laut sagen kann, wenn man die nationalsozialistische Botschaft dem Durchschnittsmenschen oder zumindest nicht nur an Bekloppte verkaufen will. Natürlich handelt die nazistische Ideologie vom »ewigen Kampf der weißen Rasse gegen die Juden«.

Wir waren der Ansicht, Hitler, das Vorbild der Vorbilder in diesem Kampf, sei missverstanden worden, und der ganze Mist, mit dem der Nationalsozialismus beworfen würde, resultiere aus dem Recht, das sich der Gewinner eben nähme. Wer gewinnt, bestimmt die Geschichtsschreibung, so viel haben die Menschen im Laufe der Jahre gelernt. Wir fanden viele so genannte »Beweise« für all die gigantischen Konspirationstheorien, in denen die Juden als die großen Feinde dargestellt werden, unterstützt von den Siegermächten des Zweiten Weltkriegs, den USA, England und der Sowjetunion, die von Juden gelenkt würden und nicht davor zurückschreckten, »das friedliebende germanische Volk« in den Dreck zu ziehen. Mit ein bisschen Übung wurde man am Ende richtig geschickt darin, diesen Zirkelschluss zu ziehen. Nicht zuletzt galt das für die

Frage, ob Konzentrationslager wirklich existiert hatten. Wir verleugneten sie natürlich nicht, fanden aber eine vollkommen andere Erklärung für sie. Selbstverständlich hatte es in Deutschland Arbeitslager gegeben, sowohl für Kriegsgefangene wie für Juden. Aber wir behaupteten gleichzeitig, dass die Lager bis 1944, als die Alliierten Deutschland in Schutt und Asche legten, genauso funktionierten, wie solche Lager in Zeiten des Krieges nun mal zu funktionieren pflegen. Dass dann die Bomben der Alliierten die Transporte von Nahrungsmitteln und Medizin unterbrachen, sei doch nicht den Deutschen anzulasten, sagten wir.

Also starben Menschen – auch Juden!

Und was die Bildbeweise betrifft, so konnten sie im Prinzip ja irgendetwas darstellen, zum Beispiel Deutsche, die von den Russen ermordet wurden, als sie in Ostpreußen einmarschierten. Denn da nahmen die Russen an den Deutschen Rache für die Okkupation der Sowjetunion. Erwiesenermaßen starben Deutsche in Ostpreußen. Deutsche, denen man, gemäß unserer Argumentation, eine Nummer eintätowiert hatte. Und dann: Wie konnte man Juden, diesen Lügnern, die das Arbeitslager überlebt hatten, glauben? Und wie viel Geld hatte diese »Wahrheit«, die nicht-jüdische Gefangene behaupteten, erlebt zu haben, gekostet? Die da waren doch alle gekauft, Verräter!

Tja, was für Beweise gab es noch? Auschwitz! Ein Ruinenhaufen, der ebenso gut nach dem Krieg aufgebaut worden sein konnte. Im Übrigen sei es technisch unmöglich, Öfen und Krematorien in der Größe zu bauen, wie sie nötig gewesen wären, wenn die offiziellen Zahlen über die Toten stimmen sollten. Den Kommandanten von Auschwitz, der seine Schuld anerkannte, hatte man gefoltert und unter Drogen gesetzt, sagten wir. Und wie war das denn eigentlich mit dem Massaker im Wald von Katyn, wo polnische Offiziere hingerichtet worden waren. Anfangs hatten doch alle geglaubt, es handele sich um ein Verbrechen der Deutschen. Mittlerweile ist man allgemein der Auffassung, auch in Russland, dass es das Werk der Sowjets war.

Mit einem eingefleischten Nationalsozialisten zu argumentieren, ist so, als wollte man mit einem gläubigen Christen über die Existenz Gottes diskutieren. Das geht nicht. In der Bibel kann man Argumente für völlig entgegengesetzte Standpunkte entdecken, weshalb sich alle auf diese Schrift berufen können, Arme wie Reiche, Unterdrücker wie Unterdrückte, Gauner wie Ehrliche, Gewalttäter wie Friedensapostel.

Die heutigen jungen Nationalsozialisten sind nicht mehr so schnell bei der Hand, die »Endlösung« zu verleugnen, wie die ältere Generation es war. Sie sagen natürlich, die Zahlen stimmen nicht. Aber die Vernichtung an sich ... Wen kümmert's? Wir sollen doch vollenden, womit Hitler nicht fertig wurde, sagen sie. Ja, beim nächsten Mal haben wir wirklich nicht vor, etwas Halbfertiges zurückzulassen!

Bei der nazistischen Argumentation steht Geschichtsrevisionismus noch immer an erster Stelle. Für die meisten ist und bleibt es die große jüdische Konspiration, ein gigantischer Trick also, mit dem Ziel, den Staat Israel zu schaffen.

Doch, es gibt viele merkwürdige Theorien über das, was im Dritten Reich passierte und warum. Einer österreichischen Gruppe, deren Mitglieder behaupten, weder Nationalsozialisten noch Rassenbiologen zu sein, gelang es sogar, Hitler als jüdischen Agenten hinzustellen. Ich traf einen von ihnen persönlich in Deutschland. Schaltet man jegliche Realität aus und folgt nur ihren Gedankengängen, ist ihre Argumentation nicht ganz unlogisch. Das Problem ist nur – mit der Wirklichkeit hat das überhaupt nichts zu tun. Kurz zusammengefasst argumentieren sie folgendermaßen: Hitler baut Deutschland auf und fängt dann in Polen den Zweiten Weltkrieg an. Als die USA Japan den Krieg erklären, stellt sich Hitler auf Seiten Japans und gegen die USA. Ja, er erklärt der ganzen Welt den Krieg. Das geht in die Binsen, weil er seine eigenen Generäle übergeht. Außerdem verweigert er seinen eigenen Soldaten die Möglichkeit des Rückzugs und schickt sie damit in den Tod. Als Hitler einsieht, dass der Krieg verloren ist und das deutsche Volk ihn »im Stich gelassen« hat, gibt er seinem Rüstungsminister Albert Speer den Befehl, Deutschland dem Erdboden gleichzumachen. Nach dem Krieg soll es kein

Deutschland mehr geben, das man wiederaufbauen könnte. Speer weigert sich.

Was hat das mit einer jüdischen Konspiration zu tun? Nun, ein normaler Mensch kann nicht ein ganzes Land verwüsten, wenn das nicht Teil eines größeren Plans ist. Als Hitler also den Rest der Welt herausforderte und sich weigerte, auf seine Generäle zu hören, schlug er zwei Fliegen mit einer Klappe: Er vernichtete das deutsche Volk und bereitete den Boden für den neuen jüdischen Staat Israel.

Sicher kostete das einigen Millionen Juden das Leben, geben diese Österreicher zu. Aber das waren hauptsächlich arme Juden aus dem Baltikum, aus Polen, der Ukraine, Russland, Tschechien und Ungarn. Die jüdischen Führer wollten die sowieso nicht in Israel haben. Die meisten reichen Juden und die Intellektuellen unter ihnen hatten sich doch freikaufen und fliehen können, wenn auch der eine oder andere dabei leider ums Leben kam.

Über diese bizarre Theorie und ihre übergeschnappten Urheber mag man vielleicht peinlich berührt lächeln. Aber Narren werden ja oft von einem übertriebenen Rechtspathos und einer ebenso übertriebenen Leidenschaft für Wahrheit beherrscht, die sie beide am Ende völlig blind und unempfänglich werden lassen für alle Argumente, die ihre Theorien entkräften könnten. Von diesem Pathos getrieben, gelingt es ihnen häufig, sich bei anderen, die eine ähnlich wankende Realitätsauffassung haben, Gehör und Aufmerksamkeit zu verschaffen. Und die Geschichte lehrt uns – oder sollte es zumindest tun –, wohin das führen kann. Hitler ist dafür selbst vielleicht das beste Beispiel.

Die österreichische Gruppe ist ziemlich klein und unter den Nationalen nicht besonders beliebt. Ihre Art zu argumentieren ist nämlich selbst den Nationalsozialisten zu bizarr. Vielleicht haben diese sonderbaren Konspirationsbildner keine politische Bedeutung, selbst wenn sie behaupten, Verbindungen zum Beispiel zu den Anthroposophen zu haben, einer anderen sonderbaren Bewegung, in deren Büchern sich viel von einem Rassendenken finden lässt.

Nach meinen Erfahrungen findet man innerhalb extremer Bewegungen, seien sie nun politisch oder religiös, selten Menschen, die psychisch ganz intakt sind. Das sind meistens Menschen, die wirklich suchen und existenzielle Fragen haben und die hoffen, in diesen Gruppen Antworten zu finden, stets unter Anleitung einer charismatischen Figur, die ein Weltbild predigt, gegen das man sich nicht wehren kann. Oft ist ihnen jedes Mittel zum Kampf recht. Aus diesen Gruppen gibt es selten ein Zurück.

Bei mir hinterließ die Begegnung mit den österreichischen Extremisten keine tieferen Spuren, obwohl ich natürlich ein bisschen nachdenklich wurde. Aber warum hätte ich von meinen eigenen extremen Ansichten Abstand nehmen sollen? Denn woran sollte ich stattdessen glauben? Und was sollte ich tun? Ich reiste immer mehr und war international engagiert. Natürlich hatten ich und andere zu argumentieren gelernt, wie krank die Argumente auch waren. Das zeigte sich etwa bei einer Schiffsreise nach England, 1989 oder 1990, zusammen mit einer Freundin aus Göteborg und ein paar politisch kundigen nationalsozialistischen Freunden von dort.

Wie üblich tranken wir auf der Fahrt ziemlich viel. Aber wir hielten uns zurück und machten keinen Stunk. Am nächsten Morgen frühstückten wir, verkatert und müde, und setzten uns anschließend in einen Salon, um die Zeit bis zum Anlegen zu überbrücken. Die meisten von uns trugen Jeans, Halbschuhe und Bomberjacken, auf die White-Power-Fäuste und andere nazistische Symbole aufgenäht waren. Einige hatten die Köpfe rasiert, andere trugen kurzes Haar.

An einem Ecktisch neben uns saßen zwei Familien mit Kindern. Eines der Mädchen malte eifrig und zeigte das Bild ihrem Vater. Der schielte verlegen zu uns hinüber und versuchte die Tochter zu einem anderen Motiv zu überreden. Offensichtlich verstand die Tochter die Hinweise des Vaters nicht. Sie wandte sich plötzlich an mich und zeigte mir ihre Zeichnung mit den Worten: »Schau, ich habe dich gemalt!« Ich sah, wie der Vater mit seinem Blick versuchte, das Mädchen zu entschuldigen. Er glaubte wahrscheinlich, wir könnten ärgerlich werden. Erst da spürte das Mädchen die Unruhe der Erwachsenen und wie peinlich ihnen die Situation war. Aber sie ließ sich nicht beirren, sondern fragte: »Warum habt ihr keine Haare?«

Damit war das Eis gebrochen und wir begannen freundlich miteinander zu reden. Wenngleich es in der Bewegung Verrückte gab und selbst wenn ich oft in Schlägereien verwickelt und aggressiv war, so galt das ja nicht immerzu und besonders nicht in solchen Situationen. Wir redeten also ein bisschen hin und her. Da tauten die Eltern auf. Der Vater des Mädchens hatte gehört, dass einer von uns gesagt hatte, wir trügen unser Haar so kurz, weil wir zu einer bestimmten politischen Bewegung gehörten, die sich Nationale nannten, und dass unsere kurzen Haare ein Symbol dafür seien. Da fasste sich der Vater des Mädchens ein Herz und fragte, wie wir an den Nationalsozialismus und Hitler glauben könnten. Ich selbst war an dem Morgen nicht sehr gesprächig, aber ein anderer, Tompen. In der Stunde, die noch bis zum Anleger verblieb, führte er aus, die Geschichtsschreibung sei in vielen Punkten den Krieg und Hitler betreffend nicht korrekt. Es gelang ihm, den Nationalsozialismus so darzustellen, dass die beiden Familien, normale, nette, gewöhnliche Schweden, am Ende zustimmten, dass man vielleicht nicht alles, was gesagt und geschrieben wird, glauben dürfe, dass dies aber trotzdem nicht ihr Ding sei. Ja, zwischendurch kam es wirklich zu einer Diskussion. Natürlich wurden sie beeinflusst, wenn sie auch nicht gleich zu Nationalsozialisten wurden. Aber Tompen legte unsere Ansichten so dar, dass sie nicht länger meinten, unsere Auffassungen seien wahnsinnig merkwürdig, sondern sie uns abkauften. Es war also möglich, unsere Anschauungen auf eine vernünftige Weise darzulegen. Es war nicht nötig, den Leuten eine aufs Maul zu hauen, sobald sie nicht dem folgten, was wir sagten. Würde man es nur etwas ruhiger angehen lassen, könnte man beim Versuch, neue Mitglieder zu werben, vielleicht sogar die Zweifelnden überzeugen.

Aber das war am Morgen. Schon am gleichen Abend folgten wir wieder den alten Gleisen. Wir waren in einem Club in

Croydon, soffen und fingen mit allen und jedem Zoff an. Da war es also wieder, dieses Gespaltensein, morgens friedlich dasitzen und mit zwei Familien diskutieren, abends sich wie geifernde und besoffene Idioten aufführen.

Obwohl die Skinheadkultur an sich auf einem Machoideal aufbaut, gab es bei uns natürlich auch Mädchen. Die landeten allerdings meist im Hintergrund. Sie kamen aus allen möglichen sozialen Milieus. Es gab nette kleine Mädchen im Pelz aus der Mittel- und Oberschicht, die in pubertärer Revolte gegen ihre Eltern bei uns »Arbeiterpack« herumhingen. Das heißt aber nicht, dass alle Skinheads zur Arbeiterklasse gehören. Viel eher repräsentieren sie einen Querschnitt der Bevölkerung.

Dann gab es Mädchen, die bei den Gangs herumhingen und selbst wie Skins aussahen, mit Stiefeln, Bomberjacken und ihrer speziellen Frisur – bis zum Scheitel kurz geschoren, Pony und lange Fransen. Dann waren da noch die Freundinnen und eine weitere Kategorie, die man vermutlich Matratzen nennen muss.

Schließlich gab es eine kleine Clique von Mädchen, die den gleichen Status wie die Jungen genossen. Sie waren oft sehr groß und kräftig, Amazonen, mit einem Wahnsinnstemperament. Sie schlugen sofort zu, wenn einer es wagte, sie Hure oder Ähnliches zu nennen, und zwar richtig, keine Ohrfeigen. Einige von ihnen waren schon mal verknackt worden und genossen großen Respekt. Sie hatten zu uns Älteren Kontakt. Die Jüngeren hätten es nie gewagt, sie auf irgendeine Weise anzumachen, denn dann hätten sie von den Mädchen oder von uns älteren Skins eins aufs Maul bekommen.

Ganz allgemein kann man wohl sagen, dass es vielen Mädchen ziemlich übel erging. Sie wanderten durch die Gang und hatten am Schluss mit fast allen geschlafen. In Kneipen konnte man auch Mädchen aus feineren Kreisen aufgabeln. Ich lernte mal so ein Mädchen auf einem Synthifest kennen und ging in der Nacht mit ihr nach Hause, in die elterliche Villa in Djursholm. Als wir am nächsten Morgen wach wurden, war es schon später Vormittag. Das schöne Wetter hatte die Leute ringsum in ihre Gärten gelockt, so dass mein Rückzug nicht diskret vonstatten gehen konnte. Echte Skins in Bomberjacken waren wahrscheinlich in Djursholm ebenso selten wie im Süden Kneipenbesucher im Smoking. Ich wurde vielleicht angegafft!

Einige Kilometer später hielt ein Streifenwagen neben mir. Die Polizisten stiegen aus, fragten, wer ich sei und wollten meinen Ausweis sehen. Sie fragten, in welche Villa ich eingebrochen wäre und waren überhaupt so freundlich, wie Bullen es manchmal sein können. Ich erklärte, wie es gewesen war, dass ich in der Gegend bei einem Mädchen übernachtet hätte und auf dem Weg nach Hause sei. Aber diese Geschichte glaubten sie nicht. Ich musste einsteigen und wurde zu dem Mädchen zurückgebracht, das meine Story bekräftigte. Sie schien mit der Entwicklung der Dinge sehr zufrieden zu sein, während die Polizisten kaum ihr Misstrauen und ihre Verwunderung verbergen konnten. Nicht zu reden von den Eltern, die beinahe hysterisch wurden. Ich selbst wollte einfach nur nach Hause.

Die Freundinnen sind fast immer jünger als die Jungen. Ist er zwanzig, dann ist das Mädchen oft nicht älter als fünfzehn. Wenn Schluss ist, suchen sie sich entweder einen neuen Freund aus der Gruppe, oder sie ziehen sich ganz zurück. Für Mädchen ist es also einfacher, die Gruppe zu verlassen, als für Jungen. Auf der anderen Seite kann es den Mädchen wirklich übel ergehen, teils weil sie von der Gruppe ausgenutzt werden, teils, weil weder die Antirassisten noch die Nationalen bei Auseinandersetzungen in Zusammenhang mit Konzerten, Demonstrationen oder Ähnlichem zwischen Jungen und Mädchen unterscheiden. Da geht es nur um geben und nehmen.

Rein ideologisch haben die Nationalen einen starken Grund, Frauen zu schützen. Viel beschworen sind die Worte: »Wir müssen die Existenz unseres Volkes sichern und die Zukunft unserer Kinder« –, und es sind ja nun mal die Frauen, die diese Kinder auf die Welt bringen. Das Idealbild in der nazistischen Propaganda ist die Frau, die zu Hause bleibt und sich um die Kinder kümmert – eine rückwärtsgewandte Sehnsucht nach einem romantisierten Bild der alten bäuerlichen Gesellschaft.

Die Propaganda zeigt fast immer einen durchtrainierten blonden Mann und neben ihm eine ebenso blonde schöne Frau. Beide scheinen vorwärts zu schauen, auf einen fernen Horizont hin. Sie scheinen sich gleichzeitig nach einer vergangenen Zeit zu sehnen. Natürlich sind sie immer von ein paar semmelblonden Kindern umgeben und von wogenden Kornfeldern, dazu im Hintergrund ein blutroter Sonnenuntergang.

Die Frau soll also zu Hause bleiben und schöne weiße Kinder gebären. Der Mann hingegen ist draußen und arbeitet. Ja, in der zukünftigen nationalsozialistischen Gesellschaft des Glücks wird eine Familie nur von einem Einkommen leben, und selbstverständlich ist es der Mann, der dafür einsteht. Frauen machen keine Karriere!

Also wenn ich ein Mädchen wäre, mich würde es nicht locken, dass die Uhr mal so eben um hundert Jahre zurückgedreht werden soll. Im nazistischen Idealbild ist der Mann die Stütze der Gesellschaft, auch wenn der Frau mit Respekt begegnet werden soll, und zwar mit umso mehr Respekt, je größer die Kinderschar ist, die sie in die Welt setzt.

Die untergeordnete Rolle der Frau spiegelt sich bei den Demonstrationen und den Treffen innerhalb der nationalen Bewegung wider, wo die Mädchen ganz klar in der Minderheit sind. Und es sind nur Typen, Typen und noch mal Typen, die bei den White-Power-Konzerten vorn an der Bühne stehen und rumspringen und »Sieg Heil« grölen. Würde es einem Mädchen gelingen, bis zu dieser Büffelherde vorzudringen, würde es schnell niedergetrampelt werden. Größeren Respekt genießen Mädchen nach wie vor nicht. Aber natürlich gibt es sie, doch nie im Zentrum, sondern immer nur am Rand.

Das ist in anderen Machobewegungen genauso. Man muss sich beispielsweise nur die MC-Clubs* anschauen. Natürlich gibt es bei jeder Gang einige Frauen. Aber sie sind nie aktiv. Genauer gesagt, bisher sind sie nicht aktiv gewesen. Die Sze-

* Motorcykel = Motorrad-Clubs

ne ist jedoch dabei, sich zu verändern. Denn jetzt tauchen in der einen oder anderen Gang vereinzelt Mädchen auf. Meistens haben es die Mädchen leichter, sich wieder aus dem Staub zu machen, wenn sie keine Lust mehr haben. Sie werden dann auch nicht in dem Maße stigmatisiert wie Jungen. Hingegen sind viele Eltern beunruhigt, wenn sich ihre Töchter mit Jungen treffen, mit deren Ansichten sie sich absolut nicht abfinden können, Jungen, die vielleicht sogar kriminell sind.

Aber was macht man mit einer Tochter, die sich verliebt hat? Die sich weigert, auf vernünftige Argumente zu hören?

Am 30. November 1989 wurde in Stockholm wie gewöhnlich Karl XII. als Heldenkönig geehrt. Der Fackelzug begann am Östermalmstorg und sollte sich bis hin zur Statue des Königs im Kungsträdgården bewegen. Es war schrecklich viel los, jede Menge Gegendemonstranten waren unterwegs, militante Antirassisten, weshalb wir nicht zum Denkmal gehen durften, als wir beim Park ankamen. Überall Massen von Polizisten und Antirassisten. Aber auch wir waren vollzählig erschienen, mehr als hundert Skinheads und Nationale. Statt uns bis zur Statue gehen zu lassen, forderte uns die Polizei auf, den Park in Gruppen zu verlassen. Gut, dachten alle, also nicht zerstreuen, wie es sonst immer die Taktik der Polizei gewesen war. Okay, jetzt sollte es Zoff geben. Wir zogen los, wurden aber über einen anderen Weg Richtung Stadtzentrum dirigiert. Auch gut. Wir kamen jedoch nicht weiter als bis zur Jakobs-Kirche, da hörte ich – ich bildete mit vier, fünf Kumpels mit ziemlich viel Abstand zu den anderen das Schlusslicht – hinter uns drohendes Gemurmel. Da kam ein ganzer Schwung Gegendemonstranten an, Antirassisten. Die Absperrungen der Polizei nützten gegen die nichts. Vorher beim Park hatten sie schon angefangen, Flaschen und Steine nach uns zu werfen. Und jetzt hatten sie sich wieder formiert und schlossen hinter uns auf.

Hier musste rasch gehandelt werden. Wegrennen konnten wir nicht, schließlich waren wir doch die Elite. Wir konnten aber auch nicht einfach weitergehen, denn dann hätten wir

Steine an den Kopf bekommen. Also drehten wir uns um und stürmten direkt auf sie zu. Eine total kranke Aktion. Wir waren fünf und die waren hundert. Aber von fliehen konnte keine Rede sein. Und unsere Taktik ging auf. Wir sprangen mitten dazwischen und verprügelten einige von ihnen und dann gingen wir wieder zurück. Einen von uns schnappten sich die Bullen.

Als wir die anderen einholten, waren sie schon auf dem Bahnsteig der U-Bahn am Sergels Torg angekommen. Dort unten stießen wir auf einen Ausländer, circa fünfundzwanzig Jahre, der nervös dastand und auf die U-Bahn wartete. Als die übrigen Reisenden uns sahen, zogen sie sich zurück und der Ausländer rannte los, an uns vorbei. Aus einem Reflex heraus verfolgte ich ihn die Rolltreppe hoch. Ich wusste nicht, warum er rannte, obwohl das offensichtlich war, denn auf dem Bahnsteig wimmelte es von Glatzen. Und ich war verblendet, in meiner eigenen Welt, und abgestumpft, wie ein Herdentier.

Auf der Rolltreppe stießen wir auf drei andere Bekannte von mir, die auf dem Weg nach unten waren. Als sie sahen, dass ich auf diesen Typen Jagd machte, sprangen sie von der abwärts gleitenden Rolltreppe hinüber zu der, die hinauffuhr, krallten sich den Typen und schleppten ihn hinunter auf den Bahnsteig. Dort wurde er ganz fürchterlich verdroschen.

Zwei von uns hielten ihn an den Armen fest und drückten ihn auf die Knie, während der Vierte und ich uns um die Schultern fassten, um besser das Gleichgewicht halten zu können. Dann traten wir ihm abwechselnd gegen den Kopf. Er brüllte vor Schmerzen, wurde aber immer stiller. Am Ende hing er nur noch in ihren Armen, während mein Kumpel und ich weiter zutraten, bis er ganz still war. Da nahm einer von den Typen eine leere Whiskyflasche und schlug sie dem Mann auf den Kopf. Verwundert schaute der Kerl auf die Flasche, die nicht in tausend Stücke zersplittert war, packte sie mit beiden Händen und schlug nochmals mit aller Kraft zu. Dieses Mal ging die Flasche kaputt. Zufrieden ließen wir den Mann zurück und sprangen in die nächste U-Bahn. Wir fanden, einer weniger von denen sei kein Verlust.

Als der U-Bahnzug in der Altstadt ankam, warteten die Bullen. Gestützt auf einen bestimmten Paragrafen griffen sie sich jeden Einzelnen von uns Skins, schleppten uns zu Bussen und transportierten uns zu verschiedenen Polizeiwachen. Ich landete in der gleichen Zelle wie einige andere Nationale, aber Skinheads waren keine darunter. Einer von ihnen trug eine weiße Winterjacke, ein Armeemodell, mit Hakenkreuz. Wir saßen da und lachten und machten uns lustig über das, was wir den Abend über so getrieben hatten. Diese Körperverletzung auf dem Bahnsteig war für uns nur ein Glied in der Kette. Das Opfer war doch ein Untermensch. Nein, nicht mal ein Mensch, ein muslimisches Tier.

Ich bin über dieses Geschehen noch heute nicht hinweggekommen, obwohl ich es viele Male in der Therapie aufgegriffen habe. Und ich glaube, damit werde ich auch niemals fertig werden. Wir waren nicht vier Menschen, die diesen armen Mann niederprügelten, sondern wir benahmen uns wie Verrückte bei einer Massenpsychose. Und wie konnten wir überhaupt glauben, das sei cool gewesen? Das werde ich auch nie verstehen können. Es war total geisteskrank. Das Opfer überlebte, was an und für sich schon ein Wunder war, aber er trug bleibende Schäden davon.

Moralisch gesehen war das ein Mordversuch und wir hätten festgenommen und alle vier dafür zu langen Gefängnisstrafen verurteilt werden müssen. Wir wussten ganz genau, was wir taten, es gab einen Vorsatz zu töten. Aber der Einzige von uns, den sie schnappten, war einer, der sich markant von uns unterschied, sowohl vom Aussehen wie von seiner Kleidung her. Es war für die Zeugen leicht, ihn herauszupicken, und er wurde zu einer mehrjährigen Gefängnisstrafe verurteilt, allerdings aufgrund einiger juristischer Spitzfindigkeiten nur wegen gefährlicher Körperverletzung. Aber für mich ist das sonnenklar. Wenn man sich beträgt, wie wir vier das getan haben, so lässt sich das nicht wegerklären mit Trunkenheit und »nicht so schlimm gemeint gewesen«.

Wäre ich meinem ersten Plan nach dem Absprung aus dieser White-Power-Welt gefolgt und hätte gebüffelt und mich irgendwo versteckt und niemals jemandem verraten, wobei ich mitgemacht hatte, dann hätte ich im Leben keine richtige Chance mehr gehabt. Früher oder später hätte mich die unglaubliche Selbstverachtung, die ich wegen dieser Geschichte spürte, eingeholt. Dann wäre ich psychisch völlig zusammengebrochen und vielleicht zum Massenmörder geworden. Stattdessen entschied ich mich dafür, mich mithilfe einer erfahrenen Therapeutin diesen Erinnerungen zu stellen. Sie bemühte sich, mich verstehen zu lassen, dass sich Geschehenes nicht ungeschehen machen lässt, und dass ich stattdessen versuchen müsse, auf die Zukunft zu setzen. Heute helfe ich durch das Projekt Exit anderen, aus der White-Power-Welt auszusteigen. Das ist meine Art, das wieder gutzumachen, was man eigentlich nicht wieder gutmachen kann. Ein Versuch, allmählich inneren Frieden zu finden.

Klar waren wir vier gestört, jedoch weit davon entfernt, einzigartig zu sein. Und ich will sogar behaupten, dass die meisten Menschen unter bestimmten Umständen und bei bestimmten Gelegenheiten dazu in der Lage sind, sich wie wir oder noch schlimmer zu betragen. Man muss sich doch nur in der Welt umschauen. Was hat gute Nachbarn und Freunde in Jugoslawien dazu gebracht, von einem Tag zum anderen plötzlich anzufangen, sich gegenseitig umzubringen? Und kann man etwa irgendwo Entschuldigungen dafür finden, dass man Kinder verstümmelt, was heutzutage in Sierra Leone geschehen soll? Ich weiß es nicht. Ich weiß nur, dass Menschen unter extremen Verhältnissen das Menschliche zurücklassen und sich auf eine Weise betragen können, wo sie früher nicht im Traum daran gedacht hätten. Das entschuldigt sie nicht, genauso wenig, wie ich entschuldigt werden kann.

Meine Besuche in der Baracke beim Fryshus wurden immer seltener. Klar trainierte ich im Fryshus und später, als ich aus dem Knast kam, bekam ich dort einen Bereitschaftsjob. Anders Carlberg versuchte die aufzufangen, von denen er meinte, dass sie das Zeug für etwas anderes hätten, die einfach nur in die falsche Richtung unterwegs scien. Und manche wurden ja aufgefangen. Aber einige von uns gingen immer tiefer in die große nationalsozialistische Finsternis hinein, und am Ende fanden wir dieses Lokal nur noch beschissen.

Da dort Alkohol erlaubt war, konnten die Leute dasitzen und saufen, langsam degenerieren. Und das in einem Club, der vom Staat und der Stadt finanziert wurde! Unserer Meinung nach war das ein weiteres Glied in der Kette, um – je nachdem – unseren Kampf zu rechtfertigen oder zu zerstören. So kann man aus weißen Schweden passive Zombies machen. Ich bin vollständig davon überzeugt, dass viele junge Leute dort die Grundlage für einen heftigen Alkoholmissbrauch legten. Es gab keinerlei Altersgrenzen. Es spielte keine Rolle, ob man erst vierzehn war, man konnte sich trotzdem sinnlos betrinken. Dafür lastet sowohl auf dem Fryshus wie der Stadt Stockholm und dem Sozialdienst eine schwere Verantwortung. Deshalb gäbe es unabhängig von unseren subjektiven Einwänden gegen die Räume auch eine ganze Reihe objektiver Einwände.

Aber andererseits – hätte man keinen Alkohol ausgeschenkt, wäre keiner dorthin gekommen.

Manches Mal war ich das besoffene Gemeckere dort schrecklich leid. Ich hatte einige der jüngeren Mitglieder der SP (Schwedenpartei) kennen gelernt und Kontakt zu ihnen aufgebaut. Das waren keine Skinheads, sondern reine Nationalsozialisten. Einer der Typen hieß Heinz und er zeigte ganz offen, wo er stand, denn er trug immer eine Jacke mit dem deutschen Reichsadler. Wir zwei fanden, dass wir viel gemeinsam hätten. Er fragte sich, was ich bei den Skins zu suchen hätte. Es gab innerhalb der SP noch mehr, die das verwunderte. Die mochten die Glatzen wirklich nicht. »Schau sie dir an! Die können ja nicht mal die Nationalhymne singen!«, betonten viele, besonders nach unserer Vorstellung am 30. November. Dagegen war nichts zu sagen, die Skins waren einfach eine schreckliche Meute. Ich dachte dann auch daran, wie die Polizisten und die Wachleute reagiert hatten, wenn meine Skinheadfreunde bei Ahléns aufgetaucht waren.

Durch den Mangel an Disziplin und das ewige Saufen der

Glatzen gelang es manchmal nicht einmal, mit ihnen Demonstrationen oder andere Veranstaltungen auf die Beine zu stellen. Und wenn man endlich los kam, ging es oftmals für Schweden wie für Ausländer gleichermaßen übel aus. Denn im Rausch sah man keinen Unterschied.

Leider erwies sich die Schwedenpartei mit ihrem Gequatsche von Demokratie auch nicht als besonders beeindruckend. Die SP war irgendwie nicht ernst zu nehmen, und ideologisch war sie verworren. An ihren Demonstrationen zum 30. November nahmen jede Menge Narren teil. Wenn man die Zeitungsartikel dieser Herren liest oder sie im Radio hört, kann man sich nur wundern. Nein, dort fühlte ich mich nicht zu Hause: hohes Durchschnittsalter und viele wirre Gestalten. Natürlich waren sie von uns Skins beeindruckt, denn wir prügelten uns jederzeit mit Freuden. Auf der anderen Seite stellten wir eine Belastung dar, unbändig wie wir waren und immer besoffen.

Gegen Ende der achtziger Jahre zog es mich immer mehr zu den jungen Typen in der RAG (Riksaktionsgruppen, Reichsaktionsgruppe), der Jugendorganisation der NRP (Nordiska Rikspartiet, Nordische Reichspartei). In Stockholm wurde die RAG von Leif Larsson geführt. Er war sehr geschickt darin, verschiedene Projekte anzustoßen, aber nicht ebenso geschickt, sie weiterzubringen. Die Konservative Partei, die er beispielsweise später auf die Füße stellen sollte, brach ganz schnell wieder zusammen.

Die Burschen in der RAG waren in meinem Alter. Es waren nicht besonders viele, ich hatte sie in der Stadt und in Kneipen kennen gelernt. Sie trugen stets schicke Uniformen mit schwarzen Achselklappen, schwarzem Schlips und Koppel und auf den Hemdenärmel aufgenäht eigene kleine diamantförmige RAG-Abzeichen. Sie hassten Ausländer, Kommunisten und Juden ungefähr gleichermaßen und richteten sich also auf bestimmte Gegner aus, während die Skinheads den Erstbesten, der ihnen über den Weg lief, verdroschen. Der Langhaarige wurde sofort als Junkie klassifiziert und bekam deshalb eine gelangt.

Selbst wenn ich mich noch immer viel prügelte, fing ich doch an, mit Alkohol wesentlich zurückhaltender zu sein. Das ging nicht anders, wenn man an den Diskussionen der RAG-Mitglieder teilnehmen wollte und das wollte ich. Langsam aber sicher rutschte ich mehr und mehr in eine Tätigkeit hinein, die politisch orientiert war.

Im Zusammenhang mit meinen Kontakten zur RAG ließ ich mir die Haare wachsen. Einige meiner Skinheadfreunde sahen durchaus, wohin ich unterwegs war. Sie fanden es lahm. Klar war ich dabei, von dem ewigen Saufen, Grölen und den sinnlosen Schlägereien Abstand zu nehmen. Allerdings war bis dahin noch ein gutes Stück Wegs zurückzulegen. Unterwegs fing ich an, auf meine früheren Freunde herabzusehen, konnte sie nicht anders denn als Loser betrachten.

Bei den Skinheads gab es kein politisches Bewusstsein, zumindest nicht für die Art von Politik, die mich interessierte. Etliche schlossen sich SHARP (SkinHeads Against Racial Prejudice, Skinheads gegen Rassismus) an, dem neuen Trend aus England. Das war ja nun vollkommen entgegengesetzt zu meinen eigenen Ansichten. Deshalb schien mein Wechsel zur RAG und einem disziplinierteren Dasein mit klar definierten politischen Zielen ganz natürlich.

Ziemlich bald fiel die RAG jedoch bei der Mutterpartei NRP und den Oredssons in Ungnade. Vera Oredsson war zwar eine fanatische Nationalsozialistin, aber nicht sonderlich gewaltbereit. Ihr war klar, dass man nicht einfach Leute niederknüppeln konnte, wenn die NRP mehr als nur eine unbedeutende Sekte sein, nämlich eine politische Bewegung werden wollte. Nach den Prozessen Mitte der achtziger Jahre, als mehrere Mitglieder der NRP wegen Briefbomben und Morddrohungen zu Gefängnis verurteilt worden waren, gingen die Eheleute Oredsson auf Abstand zur Jugendsektion RAG, sie sei zu militant. Daraufhin sprangen die meisten Aktiven in Stockholm ab und die RAG fiel wie ein Kartenhaus in sich zusammen.

Ich hatte also von dem militantesten Teil der nationalen Bewegung gerade nur noch einen kurzen Eindruck gewinnen können. Die NRP gibt es zwar auch heute noch, sie dürfte aber kaum mehr als eine Sekte sein.

Es dauerte eine Weile, ehe die nazistische Jugend sich wieder organisierte. Mittlerweile kooperierten kleinere Gruppen überall im Land in einem Netzwerk. Anfang der Neunziger begannen allerdings Klas Lund und Christopher Ragne wieder etwas aufzuziehen, das sie VAM nannten (Vit ariskt motstånd, Weißer arischer Widerstand).

Bei meinen Reisen durch Europa fielen mir große Unterschiede zwischen den Skinheads der einzelner Länder auf. Jedenfalls wenn man die in Stockholm mit den englischen, deutschen, griechischen und italienischen verglich, die viel stärker politisch orientiert waren und sehr viel vorsichtiger mit Alkohol umgingen, insbesondere die griechischen und italienischen Skins. Als die italienischen zu Besuch nach Schweden kamen, wohnten sie bei mir. Natürlich kam was zu Trinken auf den Tisch. Aber sie waren den Alkohol überhaupt nicht gewöhnt und schon von zwei Bier betrunken. Vielleicht waren sie deshalb so beeindruckt, wie viel sich die schwedischen Glatzen reinziehen konnten. Die Bewunderung konnte ich nur schwer verstehen, schließlich trugen die dort unten in Rom immer in ihren Rucksäcken ihr Schlagholz mit sich, um es gegen die Gegner, Kommunisten und Antirassisten, einzusetzen. Die Deutschen waren nicht ganz so trockengelegt wie die Italiener und Griechen, tranken aber im Gegensatz zu uns jederzeit. Außerdem waren sie von allem, was mit dem Norden zu tun hatte, begeistert – von den Wikingern, den richtigen Ariern! Trotzdem die Skinheads im Vergleich mit ihnen Nullen waren.

Die Engländer hingegen soffen sehr, schienen aber trotzdem ein anderes Verhältnis zum Alkohol zu haben als die Schweden, denn sie konnten aufhören, sie tranken nicht bis zur Bewusstlosigkeit. Niemals habe ich Ian Stuart und seine Kumpels betrunken gesehen, weder wenn sie hier in Schweden zu Besuch waren, noch wenn ich sie in London traf.

Die Einzigen, die sich von dem eher restriktiven Verhalten unterschieden, waren die Finnen. Die waren sogar noch schlimmer als die Schweden. Aber ansonsten bildeten die schwedischen Skinheads die Juniortruppe der Alkoholiker auf dem Weg zu den Parkbänken.

11

1990 brannte eines schönen Tages – oder richtiger eines Nachts – die Baracke beim Fryshus ab. Damals war ich schon nicht mehr regelmäßig dort, sondern mehr mit anderen zusammen. Hin und wieder kam ich noch zu Besuch, unter anderem, um Waffen für Klabbe abzuliefern, der nach einem ziemlich langen Gefängnisaufenthalt wegen des Mordes an Ronny Landin entlassen worden war. Er war in seinen Anschauungen inzwischen noch sehr viel extremer geworden. Er hatte sich ganz auf dieses Ding mit dem Rassenkampf eingelassen.

Vandalismus durch Außenstehende hatte es früher schon gegeben. Aber dieser Brand war wahrscheinlich hausgemacht und das Werk von einem oder mehreren, der oder die in der Nacht zuvor kein Bier mehr bekommen hatten und nicht dort hatten übernachten können. Es kursierte das Gerücht, Klabbe sei es gewesen. Er selbst wies das weit von sich. Wegen des Brandes ist nie jemand belangt worden, doch war es ganz sicher eine interne Geschichte.

Die Baracke hatte eigentlich nie eine Zukunft gehabt – außer in den Augen der Älteren und Alkoholabhängigen. Derjenigen, die noch heute Skinheads sind, obwohl sie die fünfunddreißig überschritten haben und mehr oder weniger am Ende sind. Trotzdem wollte keiner das Projekt aufgeben, nein, nicht einmal nach dem Brand. Stattdessen eröffnete man einen neuen Treffpunkt für die Skins, dieses Mal in einer Ecke im Fryshus selbst. Dort war etwas mehr Platz als in der Baracke, so dass größere Versammlungen und mehr politische Propaganda möglich waren.

Mir selbst standen mittlerweile politisch ausgerichtete und gut ausgebildete Männer, die innerhalb der nationalen Bewegung aktiv waren, bedeutend näher. Die fanden es meistens peinlich, in die Nähe der Skins zu kommen. Gleichzeitig aber waren die Skinheads eine potenzielle Zielgruppe – falls es möglich sein würde, sie zu steuern und eine gewisse Ordnung aufrechtzuerhalten. Der Versuch, sie zu werben, war deshalb wichtig, und ich hatte noch immer meine Kontakte dorthin.

Wir waren also eine Gruppe, die sich immer stärker zum Politischen hingezogen fühlte, wohingegen es andere lieber so weiterlaufen lassen wollten wie bisher. Sie wollten nichts mit Politik zu tun haben und sie fanden, trotzdem sie die Fremden hassten, die Sache mit dem Nazismus sei bescheuert. Doch, die Skinheadbewegung war ziemlich am Ende.

Aber dann passierte etwas, das weder das Fryshus noch irgendwer sonst erwartet hatte. Als Anfang der neunziger Jahre Schweden von einer ökonomischen Krise erfasst wurde, überrollte eine neue Welle von Skinheads das Land. Das Durchschnittsalter der neuen Skins war gering und sie waren viel stärker politisch orientiert als die älteren. Sie waren ganz sicher von all den Auseinandersetzungen zwischen den Ausländern und den Einheimischen beeinflusst, aber auch von der aktiveren Propaganda der nationalen Bewegungen.

Den Neuen fehlte diese Art von Verbindung zum Fryshus, wie sie die alten Alkoholskinheads hatten, die schon mitgeholfen hatten, den Laden überhaupt in Gang zu bringen. Die Alten hielten sich oben im Haus auf und kannten diejenigen, die dort übten. Sie schlugen nie jemanden, der zum Haus gehörte. Die Neuen hatten keine solchen Beziehungen und das führte immer öfter zu Krach. Am Ende war es so, dass ein Teil der ausländischen Jugendlichen Angst hatte, zum Fryshus zu gehen. Der Treffpunkt konnte trotzdem noch ein paar Jahre lang weiter bestehen. Die Auseinandersetzungen häuften sich allerdings nach und nach und eskalierten, es geschahen sogar einige Gewalttaten. Am Schluss musste man einpacken.

Eine neue Welle von Skinheads wäre in jedem Fall gekommen, unabhängig davon, ob es einen Ort für sie gegeben hätte, wo sie sich treffen konnten, oder nicht. Aber ohne die Mitwirkung des Fryshus wäre der Zulauf wohl nicht so groß gewesen. Natürlich wusste man 1987 noch nicht so viel über die Gangs und die Dynamik ihrer Entwicklung wie heute. Nach etlichen Jahren Forschung zum Thema in den USA weiß man, dass

Räume zur Verfügung zu stellen das denkbar Ungeeignetste ist, was eine Gesellschaft tun kann, um mit Asozialen und Kriminellen fertig zu werden.

Dennoch boten die Räume nicht nur Nachteile, sondern auch Vorteile. Zu den Vorteilen gehörte, dass sich alle Skins an einem Ort sammelten. Außerdem verließ ein Teil die Skinheadszene durch die Kontakte, die sich im Fryshus ergaben. Ich selbst war Anders Carlberg Ende der achtziger Jahre bei etlichen Gelegenheiten begegnet. Ich hatte durch den Kontakt zu ihm für einige Monate dort im Haus einen Job. Bis ich den über hatte und beschloss, dass mir der Kampf wichtiger sei. Aber einige Jahre später landete ich wieder bei Anders Carlberg. Für mich persönlich bekam der Ort und die Anbindung ans Fryshus also eine gewisse Bedeutung.

Weshalb ging es also mit den Räumen so verdammt schief? Nach meiner Ansicht beruhte das teils auf dem Alkoholausschank, teils auf dem vollständigen Mangel an Struktur bei den Skins und teils am Fehlen einer klaren Zielsetzung – abgesehen von dem Ziel, die Skinheads nicht in der Stadt haben zu wollen. Selbstverständlich bemühte man sich darum, allerlei Aktivitäten durchzuführen. Aber das war schwer und ging nur mühsam. Denn morgens hatten die meisten einen Kater, vor zwölf Uhr lief nichts. Außerdem funktionierte die Zusammenarbeit zwischen Sozialdienst, Fryshus und der Stadtverwaltung gar nicht. Das alles waren weitere Gründe, warum ich am Ende die Skinheads verließ und mich stattdessen den Politischen zuwandte.

Als das Schiff schließlich kenterte, versuchten alle, es so rasch wie möglich zu verlassen. Keiner wollte Mitverantwortung übernehmen. Anders Carlberg blieb allein damit zurück. Stur wie immer weigerte er sich anzuerkennen, dass dieses Projekt ziemlich daneben gegangen war. Das war ein taktischer Fehler. Carlberg hätte stattdessen einen Punkt machen und sagen müssen, okay, das hier ist schief gegangen, aber wir mussten doch etwas versuchen. Dann wäre die Kritik nicht so harsch ausgefallen. Nur war es nicht leicht, für etwas einzustehen, das man gar nicht richtig kannte. Denn ich glaube nicht, dass man sich vonseiten des Fryshus darüber im Klaren war, wie kräftig der politische Unterton war. Abgesehen von einem Teil der Zeitungen wurde die meiste der sichtbaren Propaganda außerhalb des Fryshus und des Skin-Lokals verteilt. Auch innerhalb des Fryshus war es schwer, mitzubekommen, was da tatsächlich vor sich ging und was verteilt wurde, da dort kein Propagandamaterial gedruckt wurde.

Überdies gab es diesen naiven Glauben an die Skinheads, an diese Sache mit dem Goldkorn in jedem Menschen, das man nur finden müsse. Ein Beispiel dafür ist die Ausbildung zum Desktop-Publishing, die die Stadt einigen bezahlte. Sie hatten erklärt, sie würden sich jetzt vom Rassismus distanzieren und stattdessen eine antirassistische Zeitung gründen. Aber einer von ihnen bedankte sich für die Ausbildung, indem er sich vom Fryshus verabschiedete und die Zeitung ›Nordland‹ startete, die zu Europas führender NS-Zeitung werden sollte. ›Nordland‹ ist heute eingestellt. Ein Trost ist vielleicht, dass dieser Begründer von ›Nordland‹ bald wieder von dem Zeitungsprojekt absprang und zum Fryshus zurückkehrte. Dort hilft er heute hin und wieder bei Exit mit.

In die neuen Räume zog ich nicht mehr mit um. Ich hatte keinen Kontakt mehr mit den Skins und war nur noch ein- oder zweimal dort zu Besuch. In erster Linie wurde mir zu viel gesoffen. Außerdem hatte ich wieder Haare auf dem Kopf. Was sollte ich also dort? Die meisten Nationalsozialisten, mit denen ich zu tun hatte, hielten von diesem Lokal nicht gerade viel, verurteilten es eher. Als es dann endgültig dicht machte, jubelten entsprechend nicht nur eine Menge Antirassisten, sondern auch viele Nationalsozialisten. Es war nämlich schwierig, unter den jungen Skins Nachwuchs für die politische Bewegung zu rekrutieren, solange sie einen Ort hatten, wo sie hingehen konnten. Denn dort waren die älteren Skinheads, die ein Auge auf die jüngeren hatten und sich außerdem bemühten, dass die sich von der Politik distanzierten. Nein, da war es leichter Skins zu rekrutieren, die sich ohne Ziel in der Stadt herumtrieben.

Ich hatte jetzt viel Kontakt zu einer Gruppe von Nationalen, dem Klan. Wir gingen zwar zu den Treffen der Schwedendemokraten (Sverigedemokraterna), aber ihre politische Einstellung war nicht unser Ding. Unserer Meinung nach waren sie feige Populisten. Ihr Parteiprogramm war nicht sonderlich extrem. Über ihre Anschauungen zur Einwanderungspolitik kann man denken, was man will. Sie begründeten sie nicht mit Rassenbiologie, Antisemitismus, Elitedenken und dem Traum vom starken Führer, sondern damit, dass sich Menschen unterschiedlichen kulturellen Ursprungs nicht untereinander mischen sollten. Die »schwedische Kultur« – was immer das nun umfassen mag – müsse rein, ohne ausländische Einflüsse bleiben. Aus diesem Grund sollten sich Afrikaner in Schweden nicht niederlassen dürfen. Mit dieser Ansicht stehen sie heute nicht allein. Man muss sich nur die derzeitige schwedische Einwanderungspolitik anschauen, wie sie die Sozialdemokraten absegnen. Afrikaner werden nicht über die Öresundbrücke gelassen, nicht einmal nahe Angehörige, die ihre Verwandten in Schweden besuchen wollen.

Die Schwedendemokraten waren und sind also keine Nationalsozialisten, aber wir waren das. Für uns hatten Bezeichnungen wie Demokrat, Jude und Liberaler ungefähr den gleichen negativen Klang. Auf unserer Skala rangierten sie noch unterhalb von Schwulen und Ausländern. Zuunterst stand die Volkspartei, die Liberalen. Die waren für alles und gegen nichts. Nein, dann noch lieber Sozialdemokraten oder die Linken. Die Christdemokraten hatten etwas Positives – sie waren Gegner der Homosexualität. Leider waren sie aber auch religiös. Und für Nationalsozialisten ist Religion etwas, von dem sie meinen, es sei die Krücke der Schwachen.

Die Liberalen waren bei den Skins und den Nationalen wirklich verhasst, und das ist bis heute so. Klar setzten die Räume im Fryshus eine liberale Einstellung vonseiten der Gesellschaft den Skins gegenüber voraus. Aber die Liberalen befürworteten, anders als die übrigen Parteien, eine freie Zuwanderung nach Schweden. Da verlief die Grenze.

Die richtig seriösen Nationalsozialisten, die ich kennen lernte, sind niemals Skinheads gewesen und hätten auch niemals ein Skinheadlokal betreten. Ihr politisches Bewusstsein war schon seit langem ausgeprägt. Wie bei Erik, dessen Großmutter väterlicherseits noch immer Nationalsozialistin war. Eriks Vater hatte das allerdings nicht geerbt, eher im Gegenteil. Auf einem Foto von einem seiner Besuche bei der Großmutter in Deutschland, das Erik mir gezeigt hat, stehen sie beieinander und halten eine riesige Hakenkreuzfahne hoch.

Erik, der im Kampfsport enorm was leistete, hatte einen Job als Türsteher. Insgesamt gesehen war er ein Kleinkrimineller. Er konnte in aller Seelenruhe Skinheads verdreschen, er fand sie ziemlich widerwärtig, wie white trash. Erik war Mitglied im Klan. Wir waren drauf und dran, gemeinsam ein Haus auf Värmdö zu kaufen. Dort wollten wir wohnen, umgeben von jeder Menge Hunden, Rottweilern und Dobermännern. Fahnenmast war selbstverständlich. Aber für welche Flagge sollten wir uns entscheiden, für die schwedische oder die mit dem Hakenkreuz? Damals, Anfang der neunziger Jahre, wurde bei solchen Symbolen noch nicht das Gesetz wegen Hetze gegen Volksgruppen angewandt. Die Frage bewegte uns also in höchstem Maße, wenngleich ich mich heute nicht mehr erinnere, wozu wir uns entschlossen. Wir nahmen die Idee mit dem Klan sehr ernst, auch wenn es uns nicht gelang, unsere Pläne zu verwirklichen. Das fing schon bei der Finanzierung an. Woher sollten wir das Geld bekommen? An Darlehen war kaum zu denken, da wir nicht alle offizielle Einkommen hatten. Außerdem hatten wir alle ein ziemliches Strafregister. Als Alternative bot sich an, als ein NS-Kollektiv etwas zu mieten. Als unsere Pläne langsam konkretere Formen annahmen, sprang einer ab. Er ist heute Polizist und bestimmt hat er seine Anschauungen geändert. Nicht einmal damals gehörte er wirklich zu uns. Die anderen hatten Jobs als Türsteher, alle trieben Krafttraining, waren gut in Kampfsportarten und fast alle waren bewaffnet. Alkohol gab es, aber nur in Maßen. Wir waren Nationalsozialisten – aber in gleichem Maße waren wir Kriminelle, wenn wir uns auch nicht als solche fühlten. Unsere

Ansichten waren doch die richtigen und wir würden Schweden retten!

Gemeinsam mit anderen Mitgliedern vom Klan zog ich durch die Stadt, um neue Mitglieder zu rekrutieren und Zeitungen zu verkaufen. Wir besuchten Konzerte und nahmen an Demonstrationen teil. Meist trafen wir uns in der Stadt, hin und wieder in einem Kellerlokal in der Altstadt. Das war eine etwas feinere Gesellschaft, lauter ältere Herren, dank Erik wurden wir dorthin eingeladen. Er hatte viele Kontakte. Ich traf noch einen weiteren Erik, der zu den Veteranentreffen der SS-Angehörigen nach Deutschland fuhr. Durch sein Interesse für deutsche Uniformen hatte er mittlerweile Kontakte zu vielen älteren Nazis. Dieses Interesse teilte er mit einem damaligen hohen Tier bei der Securitas, der eine der größten Sammlungen von Nazikram in Schweden besaß.

Erik war als Einziger im Klan wirklich belesen. Das politische Niveau der anderen war nicht sonderlich hoch. Kanaken aufmischen, okay, denn das war ja Teil des Kampfs. Als einige anfingen, Drogen zu nehmen und zu dealen, wurde es etwas schwieriger. Was hatte das mit dem Nationalsozialismus zu tun? Und was hatten das Eintreiben von Schulden und Autodiebstahl mit dem Nationalsozialismus zu tun? Es handelte sich dabei nicht darum, betrunken ein Auto zu knacken, sondern einen luxuriösen BMW auf Bestellung zu stehlen. Gleichzeitig verlangten wir härtere Strafen und mehr Polizei, schließlich sollte in unserer zukünftigen Glücklichen Gesellschaft die Kriminalität im Prinzip gleich null sein.

Ja, wiederum wurde es schwer, die Gleichung aufgehen zu lassen. Und das, obwohl ich es in Mathe nie so genau genommen hatte!

12

Anfang der neunziger Jahre entschloss ich mich, von dieser nationalen Bewegung Abstand zu nehmen – eine Folge von wahnsinnig viel Sauferei, von Gewalt und Gerede über einen ideellen Kampf, der nirgendwohin führte. Ich hatte auch das zweifelhafte Vergnügen gehabt, das schwedische Gefängniswesen von innen kennen zu lernen. Und das war nicht besonders lustig gewesen, selbst wenn sich Schweden rühmen kann, den humansten Strafvollzug in der ganzen Welt zu haben.

Das erste Mal kam ich nach Svartsjö, einem »Wohnheim« für Männer draußen auf einer der Inseln im Mälar. Ich kam Ende 1989 dorthin und wurde Anfang des folgenden Jahres entlassen, die billige Folge einer Anzahl von Schlägereien. Aber so war es – entweder man wurde festgenommen, und das kostete einen einiges an Entschädigung, allerdings nicht so sehr viel Zeit, oder man entkam. Meistens gelang es einem, vor dem Eintreffen der Polizei vom Ort des Geschehens abzuhauen. Aufgrund verschwundener Täter und von Zeugen, die am liebsten wegschauten und weitergingen, wurden wir nur selten festgenommen. Wäre ich für alles, woran ich als Skinhead und Nationalist beteiligt gewesen war, verurteilt worden, würde ich vermutlich immer noch hinter Schloss und Riegel sitzen. Stattdessen kam ich beim ersten Mal mit drei Monaten Gefängnis davon und mit achtzehn Monaten beim zweiten Mal, was viel zu milde war. Wenn man aber nur das gesteht, was sich beweisen lässt, bleibt eine ganze Menge auf dem Weg zwischen Tat und Gericht auf der Strecke.

So läuft das Spiel halt, wenn man nicht ganz hirntot ist und von seinem Selbsterhaltungstrieb angefeuert wird.

Beim ersten Mal wurde ich wegen einer idiotischen Schlägerei am Odenplan festgenommen. Dazu gab es nicht viel zu sagen. Ich konnte mich nicht einmal erinnern, was passiert war. Das war nicht die erste Anklage wegen Körperverletzung, die ich weder verleugnen noch eingestehen konnte, weil ich mich an nichts erinnerte. Lediglich in einem Punkt ging es um gefährliche Körperverletzung. Nur entfiel dieser, weil sich der Kläger, ein Drogenabhängiger, der gerade einen Entzug durchmachte, nicht zur Verhandlung einfand. Ich war ihm offensichtlich auf den Kopf gesprungen. Aber dann fingen die Zeugen an, ihre Angaben zu ändern, gegeneinander auszusagen. Nun, die ganze Wahrheit herauszufinden, war wohl nicht möglich. Ich leugnete natürlich.

Ich hatte wirklich keinerlei Erinnerung an diese Tat. Ebenso wenig an eine ähnliche, wo ein Kumpel und ich eine Straße, die Folkungagatan, hinuntergingen. So weit reicht meine Erinnerung. Aber dann ist alles schwarz bis zum nächsten Bild, wo ich ganz blutig in einem Polizeibus sitze. Nach dem, was die Zeugen aussagten, hatten wir zwei uns offenkundig an ein paar Burschen auf der anderen Seite der Fahrbahn gestört. Wir waren hinübergestürmt und hatten eine fürchterliche Prügelei angezettelt. Zwei der Angegriffenen waren Brüder und riesengroß, was den Staatsanwalt veranlasste, sich darüber zu wundern, ob sie »nicht eigentlich mit Lindahl hätten fertig werden müssen«. Einer der Brüder meinte daraufhin, »er kam sabbernd angerast, die Augen quollen ihm aus dem Kopf und er schrie und schlug zu. Der war ja total von Sinnen.«

Was konnte ich darauf antworten? Und als die Polizisten später bezeugten, dass mein Kumpel und ich Rücken an Rücken gekämpft und die Leute wie toll umgefegt hatten, nun, da war man ja wohl gezwungen, zu glauben, dass es so gewesen war. Es hatte im Übrigen vier Mann gebraucht, um mich umzulegen, und all das Blut an mir war nicht meins, sondern das meiner Widersacher. Das war gar kein gutes Gefühl. Da gab es auch nicht viel drumherum zu reden. Was mir zur Last gelegt wurde, konnte ich weder gestehen noch leugnen. Ich konnte mich einfach an nichts erinnern.

Es gab also drei Monate in Svartsjö, und die ernst zu nehmen, war nicht so leicht. Man brauchte ja nur mit dem Bus bis Ekerö zu fahren und dort in Svartsjö hineinzuspazieren. Mir war wirklich nicht so, als ob ich im Kittchen gelandet sei. Trotzdem war es irgendwie heftig. Es war ungefähr so, als wäre ich ein richtiger Mann geworden!

Das schwedische Rechtswesen ist irgendwie merkwürdig. Denn wie kann jemand glauben, man würde von Verbrechen abgeschreckt werden, wenn man beim ersten Mal in so einem »Wohnheim« landet. Wenn man nach dem Untersuchungsgefängnis dort ankam, war das fast, als käme man geradewegs wieder in die Freiheit.

Ich weiß nicht, wie es heute ist, aber damals empfand ich Svartsjö als lächerlich. Und das Gerede über die individuellen Vollstreckungspläne war ja nichts als leere Worte. Ich hatte gedacht, dass man Aufseher und Psychologen treffen würde, ja das ganze Kollegium, und mit ihnen die Zukunft diskutieren könnte. Aber das Einzige, was passierte, war, dass einem befohlen wurde, Namen und Personennummer herunterzuleiern, und dann wurde man darüber unterrichtet, dass man zu so und so langer Strafe verurteilt war – als ob man das nicht schon vorher gewusst hatte. Außerdem wurde man gefragt, ob man arbeiten wolle. Man konnte unter vier Gebieten auswählen: Kuhstall, Wald, Küche oder Reinigung. Und dann danke und tschüs. Und der Vollstreckungsplan, wo war der hin verschwunden?

In Svartsjö gab es etliche Fälle von Wirtschaftsdelikten und viel Trunkenheit am Steuer, die alle am liebsten weit weg von uns blieben. Entweder begriffen sie sich selbst nicht als kriminell oder sie wollten keinen Kontakt zu solchen Gewaltverbrechern, von denen sie immer nur in der Zeitung gelesen hatten. Die in Haus 5, dem Freigängerhaus, saßen, waren hingegen richtig tough, sie hatten längere Strafen verbüßt, waren aber jetzt wieder auf dem Weg nach draußen in die Gesellschaft.

Knast oder nicht, auch in Svartsjö ging es ums Überleben. Ich für meinen Teil ließ es deshalb ruhig angehen. Denn gleich am ersten Abend machte mir ein Kerl seine Aufwartung, ungefähr zweihundertfünf Zentimeter über dem Meeresspiegel und mit dem entsprechenden Gewicht. Er wollte mir nur klarmachen, dass man ein Auge auf mich hätte. »Wir wissen, wo du stehst. Wenn du mit deinem Scheiß hier anfängst, wird es ziemlich ungemütlich für dich. Okay?« In so einer Situation nahm man nicht unbedingt Haltung an und brüllte »Sieg Heil«. Wenngleich ich meine Ansichten nicht gerade versteckte, gab es nichts, was ich unbedingt hätte raushängen lassen oder anderen aufschwatzen müssen. Die Freigänger waren ja nicht gerade Kinder. Und man konnte es durchaus angenehmer haben, als jeden Abend Schläge zu bekommen.

Der Bewegungsspielraum war eher begrenzt, das war das Einzige, was diesen Wohnheimaufenthalt etwas mühselig machte. Aber auf dem Anstaltsgelände konnte man sich frei bewegen, Hauptsache, man war zurück in seinem eigenen Haus, wenn abends die Außentüren abgeschlossen wurden. Keine Rede davon, jemanden in die Zellen einzuschließen. Man konnte es also ruhig angehen lassen und meistens rumlaufen und sich amüsieren. Die Aufsichtsbeamten waren auch nicht sonderlich stressig. Wenn man sie nicht anstänkerte, ließen sie einen in Ruhe. Nein, ich glaube nicht, dass ich dieses erste Mal wie eine Strafe auffasste, eher wie eine interessante Erfahrung – obwohl man sich schon so ein bisschen wie ein Loser fühlte.

Im Haus der Freigänger saßen die eher fortgeschrittenen Burschen. Teilweise hatten sie lange Strafen abgesessen und sollten jetzt wieder an die »Realität« herangeführt werden. Einige hatten bei ihren kriminellen Aktivitäten ordentlich Geld gemacht, ihre flotten Autos standen draußen auf dem Parkplatz. Viele von ihnen vertrieben sich die Zeit mit Pokern. Und dabei ging es nicht unbedingt um Knöpfe oder Streichhölzer, sondern da lagen Tausende von Kronen im Jackpott.

Wer nicht in der Abteilung der Freigänger saß, war dort nicht besonders gern gesehen, weil sie nicht jede Menge Verweigerer und Alkohol-am-Steuer-Typen bei sich haben wollten. Die Typen dort waren ja von etwas anderem Kaliber. Am Ende allerdings war ich dort willkommen. Immerhin saß ich wegen Gewalt, auch wenn es dabei um verrückten Kram ging und meine Strafe kurz war. Aber ich glaube, für die sah das so aus, als ob ich auch so etwas wie kriminelles Potenzial hätte.

Man musste halt ein bisschen pragmatisch sein und die

Klappe halten. Sonst musste man nämlich teuer dafür bezahlen. Als ich nach Svartsjö kam, gab es dort noch einen Skinhead, der sich stark von Drogen distanzierte. Und er hatte die ganze Chose mit dem ausgestreckten rechten Arm durchgezogen und gesagt, er würde Junkies hassen. Wenn man bedachte, dass die meisten ausgerechnet wegen Drogendelikten in Svartsjö einsaßen und die Drogen hier frei kursierten, war das nicht sehr clever gewesen. Er wurde ununterbrochen von den Mitgefangenen terrorisiert. Nicht, dass sie ihn schlugen – das hätte Umsetzen in den geschlossenen Vollzug bedeutet –, aber sie machten ihn ständig an, ob er nicht wenigstens mal probieren wolle. Seine Tage waren total einsam. Beim Essen musste er immer allein sitzen, keiner wollte mit ihm etwas zu tun haben. Und jeden Abend, wenn er vom Kuhstall zurückkam, schloss er sich in seine Zelle ein.

Obwohl es im Knast ganz schön tough werden konnte, erschreckte mich das nie. Ich glaube nicht, dass man jemanden, der in Schweden eingesessen hat, mit Gefängnis schrecken kann. Auch das Untersuchungsgefängnis war nicht sonderlich stressig, außer beim ersten Mal, als ich wirklich nervös war und sicher mehr Fälle von Körperverletzung zugab, als bewiesen werden konnten. Aber man hatte das Spiel schnell drauf und die Routinen, und dann war es langweilig. Man gewöhnte sich daran, obwohl die Restriktionen des Untersuchungsgefängnisses, also keine Zeitungen, kein Fernsehen, kein Radio, im Prinzip keine Kommunikation, manche schafften.

Wenn man von der Isolierung nicht depressiv wird oder durchdreht, macht sie einen stärker. Aber keine Regel ohne Ausnahme: Denn merkwürdigerweise kann es passieren, dass man die ersten Male problemlos wegsteckt, um dann später urplötzlich zusammenzuklappen. Das zeigt die Erfahrung bei einigen der Jungen, denen ich heute dabei helfe, aus ihrer nazistischen Vorstellungswelt und ihrem kriminellen Lebensstil herauszukommen. Sie können fünfmal in Untersuchungshaft und zweimal im Knast gesessen haben, ohne dass es ihnen irgendetwas auszumachen schien. Beim siebten Mal brechen sie aus heiterem Himmel vollkommen zusammen. Ich weiß nicht genau, woran das liegen kann. Aber vermutlich schaffen sie es nicht, ihr Leben im Rückspiegel zu betrachten und einzusehen, was sie damit angestellt haben. Da stürzt dann alles ein und dann legt man die Karten offen auf den Tisch.

Einige reden mehr als nötig, um so schnell wie möglich vor Gericht gestellt zu werden, um ihre Strafe möglichst bald absitzen zu können. Andere sind bereit, alles zu unternehmen, um ja nicht festgesetzt zu werden. Denn wie man es auch dreht und wendet – es ist bedeutend angenehmer im Gefängnis als in Untersuchungshaft. Aber die meisten meiner Kumpel rechneten von vornherein mit ein, womöglich dort zu landen. Und da blieb einem dann nichts anderes, als das Spiel ganz einfach mitzuspielen.

Ich war kaum wieder draußen, als ich die zweite Strafe antreten musste, achtzehn Monate, auch dieses Mal wegen Körperverletzung. Durch die großzügigen schwedischen Bestimmungen musste ich alles in allem nur neun Monate absitzen, davon beinahe zwei in Untersuchungshaft. Von den verbleibenden sieben Monaten musste ich die Hälfte in dem Gefängnis Håga außerhalb von Södertälje zubringen, ein etwas heftigeres Erlebnis als die Zeit in Svartsjö. In Håga wurde man kurz vor acht Uhr abends in die Zelle eingeschlossen, die dann nicht vor sieben Uhr am nächsten Morgen geöffnet wurde.

Nachdem ich in der Untersuchungshaft von Hågas schlechtem Ruf gehört hatte, hatte ich einen Antrag gestellt, um nach Mariefred zu kommen. Die Strafanstalt dort war auf junge Ersttäter zugeschnitten, die mehr als ein Jahr abzusitzen hatten. Das Glück war jedoch nicht auf meiner Seite, ich saß ja nicht zum ersten Mal ein und hatte außerdem nur sieben Monate übrig. Also kam ich nach Håga.

Ich fand mich dort mit frisch rasiertem Schädel ein, ließ aber die Stiefel zu Hause. Leider konnte ich meine Tätowierungen nicht auch dort lassen, die saßen fest. Und da es in Håga nur zwei Arten von Gefangenen gab, nämlich Leute, die andere geschlagen hatten und Ausländer, wobei oft beides auf ein und dieselbe Person zutraf, handelte ich mir mit den Tätowierungen einiges ein. Mir gelang es mit der freundlichen Hilfe von zwei Chilenen, in der Dusche mehr als einmal »auf der Seife auszurutschen«. Immer, wenn ich solches »Pech« gehabt hatte, war ich ziemlich übel zugerichtet. Aber das musste man halt hinnehmen. Alles für den Kampf, dachte ich. Die Erfahrungen in Håga waren also reichlich anders als meine früheren unter den Promillegangstern in Svartsjö, die vor allem, was Gewalttäter hieß, Todesangst hatten.

Selbstverständlich konnte ich die beiden Chilenen nicht anschwärzen, ebenso wenig, wie ich früher während der Verhöre bei der Polizei gesungen hatte. Das wäre eine sagenhafte Niederlage gewesen. Das hätte zudem bedeutet, den Rest der Strafe in einer Isolationszelle abzusitzen. Und um Verlegung nachzusuchen, würde ebenfalls nichts genutzt haben. Verlegung wohin? Mein Ruf als einer, der singt, hätte die nächste Strafanstalt noch vor mir erreicht gehabt. Es blieb also nichts übrig als durchzuhalten.

Ein weiterer ungemütlicher Zwischenfall trug sich während der ersten Wochen im Tischtennisraum zu. Ich spielte dort mit einem Finnen, als drei Typen reinkamen, Terje mit einem Billardstock in der Hand, Ted, ein englischer Junkie, der heute irgendwo in Stockholm umherirrt, und ein Schwede, der wahrhaftig Thor hieß.

Terje forderte den Finnen auf, aufs Klo zu verschwinden. Das beunruhigte mich nicht weiter. Sie hatten wohl etwas zu bereden, das nicht für die Ohren des Finnen bestimmt war. Und alle drei waren sie ja weiß, was also wollten sie? Terje besorgte das Reden, er war groß und kräftig und sah wirklich nicht sehr gesund aus, wie er dastand und mich anstierte.

»Ihr Mininazis mögt weder Drogen noch Junkies?«

»Nein.«

»Weißt du, wofür ich verurteilt worden bin? Rauschgift.«

»Ah ja.«

»Und ich nehme was!«

Dann drehte er sich zur Seite und deutete auf den Engländer.

»Und Ted, der ist auf Speed. Und Thor« – Terje nickte dem schwächlichen Kerl zu, der nicht die geringste Ähnlichkeit mit dem Gott der Asen hatte – »ist auf Heroin. Sind das nicht solche wie wir, die ihr, du und deine Genossen, ausrotten wollt?«

Ich antwortete nicht, sondern wartete nur darauf, dass er fortfahren würde. Und das tat er.

»Weißt du, wo wir uns früher schon mal begegnet sind? Im Restaurant Globen oben in der Stadt auf dem Gullmarsplan. Ja, dort sind wir uns begegnet. Du warst mit deinen Kumpels von der Black Army da.«

»Ach ja?«

»Dann gab es drinnen Zoff und ihr habt euch hingestellt und gesagt, ich sei ein widerwärtiger Junkie.«

Im Hinblick auf das, was ich früher so angestellt hatte, klang das nicht so ganz verkehrt. Aber die Geschichte kam mir nicht bekannt vor. Hatte ich das wirklich getan?

Da stand Terje mit seinem schrecklichen Billardstock und sah aus, als warte er nur auf einen Anlass, ihn zu benutzen, flankiert von den beiden anderen, die man beim besten Willen nicht als Traum jeder Schwiegermutter bezeichnen konnte.

»Ja, Lindahl, jetzt sitzen wir alle vier hier, und was findest du, sollen wir machen?«

Tja, was zum Teufel sollte ich sagen? Und was sollte ich tun? Mich hinknien und um mein Leben bitten? Kaum! Nein, dieser Gedanke kam mir nicht einmal. Oder sollte ich anfangen zu argumentieren und zu verleugnen, wofür ich stand? Ging genauso wenig. Denn wenn ich etwas verabscheue und stets mehr als irgendetwas sonst verabscheut habe, dann das, wenn Leute leugnen, wofür sie stehen oder was sie getan haben, außer bei der Polizei natürlich. Im Übrigen hätten die mir das auch nie abgenommen. Da blieb nur, den Tatsachen ins Auge zu sehen. Wenn sie sich prügeln wollten, dann sollten sie jetzt mal loslegen!

Da fingen sie plötzlich alle drei tierisch an zu lachen, statt zuzuschlagen. Das wurde etwas stressig. Was soll das, dachte ich, schlagt zu, statt dazustehen und zu lachen. Schließlich ergriff Terje das Wort.

»Wir haben uns noch nie vorher getroffen. Aber wir haben einen gemeinsamen Kumpel!«

Dann erzählte er von einem alten nationalen Kumpel, der Junkie wurde, nachdem er »den Kampf« verlassen hatte und den Terje während eines früheren Aufenthalts in Svartsjö getroffen hatte. Deshalb wusste er ein paar Sachen von mir. Wir waren uns nie begegnet. Die Knaben hatten sich ganz einfach überlegt, ein bisschen mit mir zu scherzen, mich zu testen. Das muss verdammt witzig gewesen sein. Ich hatte allerdings kein Problem damit, mir das Lachen zu verkneifen.

Natürlich rückten sie mir nicht jeden Tag auf die Pelle, meistens war es ohnehin nur Gerede. Aber ich begriff, dass ich unterlegen war. Klar hätte ich eines der Messer im Speisesaal schärfen und einem der Typen, die dort saßen, in den Rücken jagen können. Aber wozu? Lebenslänglich war nichts, worauf man sich freute, deshalb blieb einem nur, zu nehmen und so gut es ging, zurückzuschlagen, durchzuhalten. Man kann sich fragen, ob es so schlau war, nie nachzugeben. Aber ich konnte mich einfach nicht dazu bringen, um Gnade zu bitten oder um Schonung oder wie man sagen soll. Und ich konnte wirklich nicht damit ankommen, dass ich morgens wach geworden wäre und plötzlich eingesehen hätte, dass ich alle Ausländer lieben würde, ganz besonders die Chilenen.

Damit hätte ich mich verkauft. Dann wäre ich nichts gewesen.

In der ersten Zeit in Håga wurde ich in meiner Einstellung gegenüber Ausländern bekräftigt. Um einzusehen, dass es nicht ging, vor jemandem zu kriechen, brauchte man kein besonders großes Gehirn. Dann wäre die Sache gelaufen gewesen. Man musste seine Würde und seinen Stolz behalten. Das galt genauso gegenüber den durchtrainierten und aggressiven Chilenen wie gegenüber Terje und seinem Anhang. Ich fragte übrigens bei einer späteren Gelegenheit Terje, worauf sie aus gewesen seien. Er wusste es nicht so genau, sie hatten sich nicht wirklich etwas überlegt gehabt.

Das Leben im Knast war nicht gerade ein traumhaftes Erlebnis, aber doch lehrreich. Es kam darauf an, in welcher Strafanstalt man sich befand. In Håga wurde man jeden Abend eingeschlossen. In Svartsjö wurde man das nicht, dort verschloss man nur die Abteilungen. Das erlebte man etwa wie das Abschließen der Tür zu Hause, daran war man ja gewöhnt. Natürlich war es mit all den Ausländern und den Junkies etwas stressig. Doch gab es die draußen ebenfalls überall, nur mit dem Unterschied, dass man dort ausweichen konnte, wenn man die Konfrontation vermeiden wollte. Im Knast ging das nicht.

Ich fand die schwedischen Gefängnisse ziemlich human. Besonders im Vergleich zu Deutschland, wo ich ebenfalls in Untersuchungshaft gesessen habe. Zusammen mit ein paar Freunden hatte ich ein Konzert besucht. Danach gingen wir in eine rechte Kneipe und tranken Bier. Plötzlich war draußen mächtig was los und im nächsten Moment stürmten die Polizisten mit gezogenen Schlagstöcken herein.

Wir begriffen nichts. Als einer der Polizisten einen meiner Freunde von hinten packte, merkte der nicht, dass es ein Bulle war, sondern schwenkte den Ellenbogen nach hinten und traf den Polizisten mitten ins Gesicht. Gleichzeitig packte er seine Hand und drückte zu. Ich glaube, er schaffte es, dem Polizisten das Nasenbein und einen Finger zu brechen. Im nächsten Moment wurden alle Schweden von Schlagstöcken traktiert und zum Transport zur nächsten Polizeiwache zusammengebunden. Man kann es ruhig gleich sagen: Die deutschen Polizisten sind nicht sonderlich freundlich. Schon gar nicht, wenn einer ihrer Kollegen ruppig behandelt wird. Auch wenn ich nicht in einer der strafferen schwedischen Haftanstalten gesessen habe, glaube ich nicht, dass sie sich mit den entsprechenden in Deutschland vergleichen lassen. Zumindest kann ich es mir nur schwer vorstellen.

Wenn ich noch immer meinen alten Ansichten anhinge, wäre es heutzutage bei all den Ausländern und Junkies für mich stressiger. Auf der anderen Seite würde ich heute im Knast auch mehr Gleichgesinnte finden.

Damals gab es im Knast weder Mitglieder von Motorrad-Gangs noch die Ariska bröderskapet (Arische Brüderschaft) oder andere nazi-infizierte Gangs. Auch keine mehr oder weniger gut organisierten Gangs von Ausländern.

Obwohl es mir auch in Håga nicht sonderlich schlecht ging, wollte ich am liebsten nicht noch mehr Knäste mit solch einem Übergewicht an Ausländern und Junkies von innen sehen. Ich kam von dort nach Svartsjö und konnte den Rest der Strafe da absitzen.

Eine Möglichkeit, nicht mehr mit dem Milieu von Håga konfrontiert zu werden, wäre natürlich gewesen, aufzuhören, den Leuten die Fresse zu polieren oder andere kriminelle Taten auszuführen. Aber zu einem so drastischen Entschluss war ich noch nicht bereit. Überhaupt nicht! Meine weiteren Verbrechen waren stattdessen etwas durchdachter. Sie vermittelten ein etwas anderes Glücksgefühl als das, irgendwelche eingebildeten Feinde verdroschen zu haben.

Ich war jetzt in einem Stadium angelangt, wo es mir schwer fiel, an eine Zukunft zu glauben und auf sie zu hoffen. Deshalb scherte ich mich nicht um das, was mit mir passierte oder was eventuell passieren könnte. Der Knast hatte mich nicht abgeschreckt. Ich fand sogar, dass es ganz praktisch wäre, nicht an Essen und Miete denken zu müssen. Dort war immerhin für das Wichtigste gesorgt und man hatte seine festen Gewohnheiten.

Man musste keine Verantwortung übernehmen, keine Rechnungen bezahlen, musste sich nicht um Kindererziehung, berufliche Karriere und was es alles geben mochte kümmern. All diese Ambitionen ließ man in dem Moment, wo sich die Gefängnistore hinter einem schlossen, draußen zurück. Andererseits gab es dort drinnen viel zu viele Drogen. Aber das ist eine andere Geschichte.

Meine letzte Zeit diente ich wie gesagt in Svartsjö ab, das ich ja schon früher mit meiner Anwesenheit beehrt hatte. Auch dieses Mal saß dort eine ganz gemischte Gesellschaft. Alkohol am Steuer, Wirtschaftsdelikte und Bonbondiebe, also Kleinkriminelle und Junkies, die sich offensichtlich nie selbst aus ihrer Erniedrigung erheben können. Einer, der vom Speed ziemlich fertig war, lief die ganze Zeit herum und murmelte vor sich hin: »Ich halte es nicht mehr aus, meine Zeit ist um, meine Zeit ist um.« Eines schönen Tages war er weg, getürmt, vierzehn Tage vor seiner Entlassung!

Ich bekam einige Monate später einen Brief von ihm, nachdem die Bullen ihn wieder geschnappt hatten und er noch ein weiteres Jahr bekommen hatte. Nein, seine Zeit war doch noch nicht um.

In dem Freigängerhaus gab es eine Reihe ziemlich »erfolgreicher« Krimineller, Männer, die sich durch ihre Verbrechen kleinere oder größere Vermögen angeeignet hatten. Dort saß ich den letzten Teil meiner Strafe ab. Ich fuhr jeden Tag zur Arbeit in die Stadt und kehrte abends zurück.

Da es auch in Svartsjö viele Ausländer gab, standen meine Aktien dort ebenfalls nicht gerade hoch im Kurs. Ziemlich rasch war ich in eine Diskussion mit einem polnischen Zigeuner verwickelt. Er bestand darauf, mein T-Shirt kaufen zu wollen, auf dem stand »Schwedische Patrioten – zerschlagt den Kommunismus«.

»Warum zum Teufel willst du mein T-Shirt haben? Du bist doch ein Zigeuner!«

Kaum hatte ich die Frage gestellt, wurde der Mann wütend. Jetzt knallt es, schoss es mir durch den Kopf. Verdammt, nicht schon wieder!

»Du, ich bin ein Bürger Schwedens, kapiert!«

»Ja.«

»Also bin ich schwedisch. Und ich bin Patriot.«

»Ja, ja.«

»Aber ich bin auch ein polnischer Zigeuner.«

»Mmh.«

»Ich bin aus Polen, ich hasse Kommunisten. Ich bin ein Bürger Schwedens und ein schwedischer Patriot, der den Kommunismus hasst.«

»Ja, ja.«

»Deshalb will ich dein T-Shirt kaufen. Wo ist da der Fehler?«

Seine Logik war glasklar. Er war ein Bürger Schwedens und damit schwedisch. Er war Patriot, denn er mochte Schweden und außerdem kam er aus Polen und hasste Kommunisten.

Also war er ein schwedischer Patriot, der den Kommunismus zerschlagen wollte.

Ich habe schrecklich lange darüber nachgedacht. Denn wie ich es auch drehte und wendete, ich fand in seinen Überlegungen keine Lücke. Das Einzige, worauf ich zurückkommen konnte, war seine Hautfarbe, dass er also nicht germanisch war, und das »Faktum«, dass er ein Untermensch war. Auf der anderen Seite repräsentierte dieser Untermensch die Logik, während ich wie blöde dastand und nicht begriff, was er meinte. Das wurde nicht einfacher, als andere Ausländer auf mich zukamen und mich fragten, wie es sein könnte, dass ich, der Übermensch, mich hier unter ihnen befand? »Kannst du uns erklären, was so verdammt gut an dir ist, warum du uns überlegen sein sollst?«

Nein, innerhalb weniger Sekunden durchdachte und gewitzte Antworten auf solche Fragen zu finden, war nicht leicht. Und auf solche Zirkelschlüsse wie – »wir sind die besten, weil wir weiß sind, und die Dunklen sind deshalb schlechter, weil die Weißen besser sind« – gingen die Knastbrüder gar nicht erst ein. Denn dumm waren sie nicht. Teilweise waren sie mindestens so geschickt mit Worten wie ich. Da war etwa der Kosovoalbaner, der meinte: »Ich kann einsehen, dass die Schweden mich nicht mögen, ich bin ja kriminell und sitze im Knast. Aber nicht alle Kosovoalbaner sind kriminell und schon gar nicht sitzen alle im Knast. Das müsstest doch sogar du begreifen. Du darfst also gern schlecht über mich denken, einen kriminellen Ausländer, der die Gesellschaft Geld kostet. Aber andererseits sitzt du auch im Kittchen und kostest die Gesellschaft Geld, obwohl du ein weißer Schwede bist. Und glaubst du etwa, alle Schweden mögen Nazis, die rumrennen und die Leute zusammenschlagen?«

Rassenmischung war ein Thema, über das wir oft diskutierten. Die Gedankengänge waren vielfach vernünftig und ich geriet wirklich unter Druck. Wie man es drehte und wendete: Alle Mädchen, mit denen man Sex hatte, konnten schwanger werden, egal aus welchem Land sie kamen oder welcher Rasse sie angehörten. Es war auch offenkundig, dass das Risiko für

Missbildungen nichts zu tun hatte mit der ethnischen Zugehörigkeit, mit Rasse, Religion, Sprache, Haar- oder Hautfarbe.

Ja, so wurde in Svartsjö geredet. Und das beeinflusste mich. Das war allerdings kein Prozess, der dort anfing oder endete. Vorangegangen waren die Ereignisse etlicher Jahre, die dazu geführt hatten, dass ich mich überhaupt hinsetzen und diskutieren konnte. Früher wäre es mir unmöglich gewesen, darüber zu sprechen. Ich kam immer mehr zu der Ansicht, sollten ich und meine Skinheadkumpel die Elite des Landes bilden, dann wollte ich nicht mehr zur Elite gehören. Denn einige von denen, mit denen ich Kontakt hatte, hätten in der Kriminalpsychiatrie einsitzen müssen und die Hälfte von uns hätte in Deutschland die dreißiger Jahre nicht überlebt. Wir wären noch vor den meisten anderen in Lager gekommen. Denn von unserer extremen Gruppe fühlten sich etliche Idioten und schwer gestörte Menschen angezogen – wie bei allen anderen extremen Gruppen auch.

Dieses Elitedenken fing an, immer unhaltbarer zu werden. Aber das war stressig, denn ich hatte ja alle diese Jahre in der nationalen Bewegung und mit der nazistischen Ideologie hinter mir und in mir. Selbst wenn ich im gleichen Boot saß wie eine Menge Typen mit ausländischem Hintergrund, so hielt ich mich doch an meine eigenen, also an die weißen Schweden. Die anderen gehörten trotz allem nicht hierher, fand ich, sondern es ging darum, für Schweden und das Schwedische zu kämpfen. Und es sollte weder Vermischung geben noch diese fürchterlichen Moscheen.

Hitler war damals eine zentrale Figur in meinem Leben, Tommy aus Svartsjö sollte die nächste werden. Dieser Mann eröffnete mir eine völlig neue Welt. Tommy war im Knast so etwas wie der Chef. Schwede, in meinem Alter, mit Gold behängt und ständig mit irgendwelchen »Geschäften« zugange. Er war derjenige, der, wenn nicht alle, so doch enorm viele im Knast mit Speed versorgte. Ja, er war ein richtiger King. Ich muss zugeben, dass ich nicht verhindern konnte, dass er mir imponierte. Ein richtiger King!

Eines Morgens, als ich zur Arbeit wollte, bot Tommy mir an, mit ihm in seinem protzigen Luxusauto, das draußen auf dem Parkplatz stand, in die Stadt zu fahren. Ich war bisher noch nie auch nur in die Nähe von so einem Wagen gekommen.

»Hast du schon mal in so einem gesessen?«, wollte Tommy wissen.

»Nee.«

Dann deutete er auf einen Knopf und erklärte:

»Da, mit dem kann man die Geschwindigkeitssperre* ausschalten.«

Im nächsten Augenblick berührte er das Gaspedal etwas unsanft und im Nu waren wir auf zweihundertsiebzig.

Pah! Teufel auch, ging der ab!

Eine Polizeikontrolle, und Auto wie Führerschein wären weg gewesen. Aber Tommy lachte bloß. Er mochte dieses große Spielzeug wirklich und ich musste zugeben, dass es mich mächtig beeindruckte. Leider war Tommy nicht ebenso beeindruckt von mir.

»Was zum Teufel treibt ihr, du und deine Nazikumpels eigentlich? Seid ihr noch ganz echt? Da sitzt du mit deinen Jeans und Stiefeln und siehst mit all diesen Tätowierungen nur fürchterlich aus. Ich selbst fahre einen Porsche, neuestes Modell. Was zum Teufel hast du mit deiner Kriminalität verdient?«

»Es geht nicht um Geld, sondern um den Kampf für das Überleben der weißen Rasse«, versuchte ich.

»Was für ein Kampf denn? Glaubst du etwa, die weiße Rasse würde untergehen, wenn ihr nicht rumrennen und Ausländer aufmischen würdet? In dem Fall wäre mit euch Wikingern oder Germanen oder wie ihr euch nennt, nicht viel los. Und ist dir nicht klar, wenn solche wie Bogdan und seine Burschen finden, dass ihr zu stressig werdet, dann knöpfen sie sich euch vor. Gegen die habt ihr keine Chance. Du musst mal merken, dass ihr in einer anderen Liga spielt!«

* Geschwindigkeitsbegrenzung in Schweden 90 km/h auf Landstraßen, 110 km/h auf Autobahnen

Ich wusste, dass er Recht hatte. Aber Gehirn und Gefühl kamen an dieser Stelle irgendwie aus dem Takt.

»Glaubst du, dass ihr irgendwann mal Schweden übernehmen werdet?«, fuhr er fort.

»Man weiß nie.«

»Ach, Scheißgerede. In demselben Augenblick, wo ihr euren verdammten Rassenkrieg anfangt, geht die schwedische Armee auf euch los. Und welche Chance habt ihr gegen die? Nein, der Staat wird euch vernichten.«

»Glaubst du?«

»Glauben?! Und wenn es nicht der Staat tut, dann Bogdan und seine Familie und die Kumpels. Bei denen kannst du von schwer kriminell reden, die haben Waffen mit allem Drum und Dran.«

Ich bemühte mich, den einen oder anderen Kommentar zu platzieren, merkte aber, das kam nicht an.

Und Tommy machte weiter.

»Ich habe deine Zeitungen gesehen. Was sind das nur für Klugscheißereien! Zeichnungen von Maskierten mit einem AK4 (automatischer Karabiner) in der Hand. Wie viele von deinen Kumpels haben überhaupt schon mal einen AK4 gesehen? Bogdan kann dir innerhalb von wenigen Tagen einen verkaufen, wenn du willst. Merkst du nicht, dass diese Blättchen mit der Wirklichkeit nichts zu tun zu haben?«

Ich konnte meine alten Denkmuster nicht einfach sausen lassen, sah aber ein, dass er Recht hatte, oder jedenfalls nicht total falsch lag. Und jeder Tag dort in Svartsjö bescherte mir neue Puzzleteilchen zu einem richtigeren Weltbild als dem, das ich mit mir herumschleppte. Selbst wenn das Bild ebenfalls pervertiert war. Wie etwa die Sache mit der Strafe. Hier saß man als Freigänger in einem so genannten Gefängnis, wo man im Prinzip tun konnte, was man wollte. Tagsüber fuhr man in die Stadt zu seinem Job. Keiner kontrollierte, was das war, das man tat. Und an den Wochenenden hatte man Ausgang. Dann gab es diejenigen, die Geld hatten – und die meisten schienen welches zu haben –, die saßen zusammen und pokerten und tranken dabei harte Sachen.

Klar sah ich ein, dass die auf jeden Fall etwas erreicht hatten, eine Art Gewinn für ihre Strafe. Und wofür saß ich? Gefährliche Körperverletzung, fünf Fälle von Gewalttätigkeit, Beschädigung und so ein Scheiß. Das hatte mir fast ein Jahr hinter Gittern eingebracht und verdammt vielen Menschen Leiden zugefügt. Shit!

Tommy hatte mir klar gemacht, dass bei mir ein gewisses Potenzial vorhanden war und dass ich mich lohnenderen kriminellen Aktivitäten zuwenden sollte, als ohne finanzielle Vorteile Leute zu schlagen. Ehe er diese »Empfehlungen« aussprach, hatte er sich meine Akte kommen lassen und geprüft, ob ich dicht hielt.

»Rumrennen und die Leute vermöbeln, das ist doch krank. Stell dir vor, wenn Bogdan das hier lesen würde«, sagte er und wedelte mit der Akte, »dass du einen Griechen geschlagen hast. Aber hallo. Du hast keine Aussichten, die hat keiner von euch. Ihr werdet nie gewinnen!«

Tommys Bemerkungen waren für mich nichts Neues. Aber er machte alles etwas klarer, deutlicher. Er, dem alle Kinkerlitzchen fremd waren, für den es kein Wenn und Aber und um den Brei herumreden gab, sondern der geradewegs auf den Punkt kam. Er stand für eine Realität, die ich bisher noch nie von nahem betrachtet und über die ich auch nicht nachgedacht hatte. Außerdem mochte ich ihn.

Er war es auch, der mich zum ersten Mal zu Speed überredete. Er zeigte mir eine Tüte mit einem weißen Pulver und fragte:

»Hast du das hier mal probiert?«

»Verdammt nein, ich hasse Drogen!«

»Warum das denn?«

»Das ist doch nur Scheiße!«

»Woher weißt du das? Du hast es ja nie versucht! Man kann doch nicht etwas hassen, das man nie versucht hat!«

»Doch, schau dir doch die Typen hier an, die Junkies! Das reicht!«

»Ach die! Schau stattdessen mich an. Ich kann mit so was umgehen!«

Was Tommy sagte, spielte keine Rolle. Ich hatte ja früher schon Haschisch versucht und das war nun wahrhaftig kein Highlight für mich gewesen. Wcshalb also sollte Amphetamin so viel besser sein? Ich dachte nicht daran, diese letzte Bastion der nationalsozialistischen Ideale aufzugeben, also die vom gesunden Leben und keine Drogen nehmen. Aber eines Abends stürzte natürlich auch diese Festung ein, wie so viele andere früher schon.

Plötzlich saß ich also in der Zelle, angeturnt, und versuchte die ganze Nacht, einen Modellbau zusammenzubekommen, bis morgens die Wärter kamen und aufschlossen. Weiter merkte ich nichts. Kein Auge zugetan und dann sollte man raus und jobben!

Tommy war nicht der Erste, der bemerkte, dass ich denken und mich ausdrücken konnte. Aber wenn er das sagte, bekam es noch mal ein anderes Gewicht. Ich hatte übrigens angefangen, mein Haar wachsen zu lassen. Die meiste Zeit im Knast hatte ich eigensinnig darauf bestanden, den Schädel zu rasieren, teils um kenntlich zu machen, wo ich stand, und teils, weil es bequem war. Außerdem sparte man die Ausgaben für Shampoo. Aber Tommy schien es zu schätzen, dass ich den Haaren eine neue Chance gab.

»Wenn du dir jetzt noch etwas ansprechendere Garderobe zulegst, dann ...« Er nickte und fuhr fort: »Klar, Mann. Du singst nicht und bist gut im Kämpfen, bist gewaltbereit. Du müsstest wirklich was anderes zu tun bekommen!«

Womit ich zu tun haben müsste, wurde nie richtig ausgesprochen. Da ich vor ihm rauskam, war das auch weiter kein Thema. Ich ging wieder zu der Umzugsfirma und arbeitete dort schwarz. Jetzt hatte ich ja Amphetamin probiert, also nahm ich hin und wieder was. Nicht oft, manchmal. Schraubte Möbel auseinander und zusammen, und trug sie treppauf, treppab, schraubte zusammen und schraubte auseinander. Und nach dem Job ging ich gemeinsam mit den anderen in die nächste Pizzeria, wo wir ein paar Bier kippten und einmal in der Woche unseren Lohn schwarz kassierten.

Mit den neuen Scheinen in der Tasche wurde Bier besorgt,

dann ging es heim und vor den Fernseher oder raus und in irgendeinen Club, wo es wie üblich Zoff gab. Ich hatte nämlich wieder Kontakt zu meinen alten nationalsozialistischen Freunden aufgenommen. Aber die Diskussionen mit Tommy und den anderen in Svartsjö hatten ziemliche Spuren in mir hinterlassen. Das bedeutete, dass hinter der nationalsozialistischen Maske immer mal wieder eine Stimme laut wurde, die mir riet, mit meiner Vergangenheit Schluss zu machen. Dass ich das Leben selbst in die Hand nehmen und versuchen sollte, etwas Neues auf die Beine zu stellen. Die Stimme wurde nicht gerade schwächer, wenn meine alten Kumpels wieder davon anfingen, sich bewaffnen und einen Rassenkrieg anzetteln zu wollen.

Mein Dasein wurde gleichzeitig durch ein Mädchen verkompliziert, mit der ich zusammen gewesen war und die eine total krankhafte Eifersucht entwickelte. Sie hatte mich nie im Gefängnis besucht. Allerdings hatte sie Briefe geschickt, die immer merkwürdiger wurden. Anfangs klagte sie mich an, ich würde lügen und ich solle sofort damit aufhören, sie wisse ganz genau, dass ich ihr im Gefängnis untreu gewesen sei. Ich antwortete, das wäre unmöglich, hier drin gäb's nur Männer, und in der Richtung sei ich nie interessiert gewesen. Aber sie beharrte darauf. Doch, doch, ich hätte mit irgendeiner Braut gepennt, die zu Besuch gewesen war – obwohl ich nachweislich keinen Besuch gehabt hatte. Gleichzeitig verbreitete sie sich darüber, mit wem sie seit dem letzten Mal alles gepennt hatte. Es zeigte sich, dass sie mit einigen, ja vielleicht etlichen meiner nationalen Freunde aus Stockholm im Bett gewesen war – Freunden, von denen ich aufgrund ihres ausgeprägten politischen Bewusstseins und ihrer ideologischen Kenntnisse viel gehalten hatte. Ein Glück, dass ich Belege für diese Untreue erst später erhielt, weiß der Teufel, ob ich sie nicht umgebracht hätte. Aber ich hatte ihr nicht glauben wollen. Ich verstand damals nicht, dass ihre Anklagen gegen mich ihren Grund in der Scham über ihre eigenen Seitensprünge hatte.

So war das damals und es wurde immer schlimmer und schlimmer. Am Ende fing sie an, mich zu bedrohen. Von

Küchenmessern und anderen, ähnlich netten Spielsachen sollte ich so oder so heimgesucht werden. Den letzten Brief zeigte ich einem der Kumpels drinnen in Svartsjö. Der meinte nur lakonisch, ich solle sie rauswerfen. Die sei doch krank, gestört! »Wenn sie so weitermacht, dann fängt sie bald damit an, du hättest was mit der Alten nebenan, Olga, mindestens achtzig, und dann hast du ein Küchenmesser im Rücken. Also, pass auf!«

Das tat ich nicht und sie wohnte noch immer in meiner Wohnung, als ich rauskam. Ich wollte ihr eine Chance geben. Aber da setzte sie noch einen drauf. Ich konnte nicht mal mehr einkaufen gehen, ohne dass sie mich verdächtigte, ich hätte mit einer im Laden gepennt. Sie rief bei der Umzugsfirma an und telefonierte hinter mir her, ob ich an meinem Platz wäre. Das wurde ganz einfach zu viel.

Und auf die Nationalen war auch kein Verlass mehr.

Es ging mir nicht gut, aber ich fand etwas dagegen, Amphetamine. Speed war ja trotz allem in der Anwendung ganz angenehm, besser als Alkohol. Außerdem entdeckte ich, wenn man Alkohol zusammen mit Amphetaminen nahm, vertrug man viel mehr. Man wurde nicht so sturzbesoffen. Stattdessen erlebte man im Gehirn eine merkwürdige, aber angenehme Dröhnung. Klar war das nicht immer gut, denn es führte in meinem Kopf zu Fehlschaltungen. Aber mit diesem Pulver schaffte man seine Schwarzarbeit fünf Tage in der Woche, hin und wieder am Tag vierzehn Stunden, obwohl man nach drei dieser Marathontage total fertig war. Und die finanzielle Situation war auch nicht sonderlich glänzend, denn Amphe kostete Geld, und an den Wochenenden in die Kneipe zu gehen, war auch nicht unbedingt umsonst.

Nein, verdammt, 1990 ist wahrhaftig kein Jahr gewesen, das ich noch mal erleben muss!

13

Ich war wieder zu den Typen im Klan zurückgegangen. Sie behaupteten immer noch, sie seien Nationalsozialisten und alles, was sie täten, hinge mit »dem Kampf« zusammen, auch wenn sie dealten und Kokain nahmen. Außerdem hatten sie entschieden, dass alle mit Waffen ausgerüstet sein sollten. Somit wurde mir eine Knarre zugeschoben, obwohl ich dafür eigentlich kein Geld hatte. Das hatte fatale Folgen.

Eines Nachts kam ich gegen drei nach Hause, mächtig angetörnt von einer Mischung aus Kokain und Alkohol. Da hatte ich die Idee, mal die Knarre vorzuholen und zu kontrollieren. Unversehens ging ein Schuss los, und zwar geradewegs in die Wand. Ich hätte mir fast in die Hose gemacht, schaffte es aber noch bis zum Klo. Vier Stunden lang wartete ich auf die Bullen. Nie in meinem Leben bin ich sicherer gewesen, geschnappt zu werden. Aber es passierte nichts. Entweder waren die Nachbarn stocktaub oder die Polizei gerade in Nordschweden unterwegs.

Etwa zur gleichen Zeit meldete sich einer bei mir, den ich im Knast kennen gelernt hatte, einer, dem es gelungen war, eine Wärterin aufs Kreuz zu legen. Die Leitung der Strafanstalt hatte davon erfahren. Das Ergebnis war, dass die Frau ihren Schlüsselbund sofort abgeben musste.

Er beharrte darauf, dass ich bei einem Coup, wo es um Pelze ging, mitmachen sollte. Irgendwo im Süden. Erst war ich unschlüssig, aber nachdem ich nicht sehr viel zu verlieren hatte, sagte ich zu. Komplettiert wurde die Runde durch einen, den ich vorher noch nie gesehen hatte. Fladder, so hieß er, schien Speed esslöffelweise zu sich zu nehmen. Er wollte mit der Aktion schnelles Geld machen und seinen Amphetaminvorrat vergrößern. Seine Aufgabe war es, eines der zwei Autos zu fahren, mit denen wir unterwegs waren – eins, um damit ins Schaufenster zu setzen, das andere, um die Pelze darin zu verstauen.

Um eine lange Geschichte kurz zu erzählen: Der Coup gelang uns genau wie geplant. Dass wir ohne jeden Unfall nach Hause kamen, muss wohl der Vorsehung gutgeschrieben werden. Denn Fladder kannte beim Gaspedal nur eine Stellung, und zwar bis wir wieder in Stockholm ankamen. Das bedeutete mit hundertzwanzig Sachen durch dicht besiedelte Ortschaften, an Baustellen und anderen Stellen mit Tempolimit vorbei. Absolut Schwein gehabt!

Zurück in Stockholm gelang es uns sofort, einige Pelze loszuwerden. Die anderen lagerten wir bei mir. Das war bestimmt riskant, erwies sich aber im Nachhinein als clever, denn mein guter Freund aus dem Knast versuchte mich bei den ersten verkauften Pelzen um einen Teil des Gewinns zu bringen. Also fing ich an, sie Stück für Stück selbst abzusetzen. Auf die Weise nahm ich etliches ein, ein willkommener Zuschuss für meine ständig leere Kasse. Gleichzeitig beschloss ich, nie mehr etwas mit diesen beiden Herrn zu tun haben zu wollen. Mit denen weiterzumachen, konnte nur auf eine Weise enden. Und ich wollte keinesfalls noch mal in den Knast.

Plötzlich erhielt ich einen unerwarteten Anruf. Es war Tommy, der aus Svartsjö entlassen war. Er schien obenauf zu sein wie immer und fragte mit einem Lachen, wie es mit »dem Kampf« stünde, nannte mich einen verdammten Hungerleider und schlug vor, abends zusammen Essen zu gehen.

»Oder wirst du vielleicht satt, wenn du ein bisschen auf ›Mein Kampf‹ kaust?«

Ich versuchte dazu zu stehen, der Kampf sei wichtig. Aber er nahm meine Versicherungen überhaupt nicht ernst, sondern rief mich immer mal wieder an und fragte, ob ich kleine Extrajobs haben wollte. Ich sagte Nein. Denn noch begriff ich mich nicht als kriminell. Ich dachte nicht in kriminellen Bahnen, hatte keine kriminellen Lösungen für meine finanziellen Probleme. Was ich angestellt hatte, diente höheren Zwecken als seine rein kriminellen Geschichten. Wobei ich das Gefühl habe, dass es nicht sonderlich überzeugend klang.

Ich weiß nicht, ob Tommy Gedanken lesen konnte, aber zweifellos war er ein guter Psychologe. Obwohl ich ihn etliche

Male abgewiesen hatte, rief er immer wieder an. Vielleicht spürte er den Zweifel irgendwo in mir. Vielleicht konnte er mich ja doch überreden. Damals war das Leben für mich eine Pest, alles war chaotisch und beschissen, die Kasse leer. Nicht einmal der nationale Kampf gab Hoffnung für die Zukunft. Nein, dieser Kampf fing an, mir immer fremder vorzukommen. Meine Bekannten aus der nationalen Szene außerhalb vom Klan hatten mitbekommen, dass ich mir Drogen reinzog. Das war ja nun mit der nationalsozialistischen Ideologie nicht zu vereinen. Dort war ich also auch nicht sonderlich beliebt. Außerdem hatte ich alle Illusionen verloren, was die Typen im Klan anging, denn die schnüffelten Koks, handelten mit Drogen und hatten mit anderen kriminellen Aktivitäten zu tun, obwohl sie sich immer noch Nationalsozialisten nannten. »Alles für den Kampf!«

Mein Weltbild fühlte sich langsam ebenso leer und inhaltslos an wie der Kühlschrank und die Brieftasche. Und auf die Sozialhilfe musste ich noch zwei weitere Wochen warten.

Das ging so weit, dass ich einmal die Knarre mit aufs Klo nahm, um mit allem Schluss zu machen. Aber sobald ich die kalte Mündung in meinem Mund spürte, wich ich zurück, ich traute mich nicht. Dafür war ich viel zu feige. Gleichzeitig spürte ich, dass ich nicht einfach so aufgeben wollte, selbst wenn die Finanzen im Keller waren und der Allgemeinzustand auf ungefähr dem gleichen Niveau. Dann verkaufte ich die Pistole und eine Schrotflinte an die vom VAM (Vitt ariskt motstånd, Weißer arischer Widerstand), um ein bisschen Geld reinzubekommen, was allerdings schnell wieder aufgebraucht war.

Da, wie gesagt, rief Tommy an.

»Wie ist es so ...«

»Ich kann nicht reden. Alles ist im Arsch!«

Er begriff sofort, was los war, legte den Hörer auf und stand kurz darauf vor der Tür. Er sah sich um und seine erste Reaktion im Hinblick auf den Zustand meiner Wohnung und mir war nicht sonderlich aufmunternd.

»Hier sieht es ja nett aus.«

»Ich weiß.«

»Was hast du heute Nacht vor?«

»Nichts. Mich ins Bett legen und schlafen!«

»Ich habe heute Nacht ein Ding laufen. Willst du nicht mitmischen?«

»Nein!«

»Okay, ich rufe dich in einer halben Stunde an. Überleg es dir!«

Dann war er ebenso plötzlich verschwunden, wie er aufgetaucht war. Tja, was gab's da zu überlegen? Ich hatte wirklich keine Lust, bei irgendwelchen »Sachen« mitzumischen. Die Fahrt nach Småland mit Fladder hatte gereicht. Obwohl Tommy natürlich ein anderes Kaliber war. So einen Fahrer hätte er nie angeschleppt. Und sein Ruf in der Branche war gut. Je mehr ich darüber nachdachte, umso mehr wurde mein Interesse an diesem »Ding« geweckt. Und ich war wirklich völlig am Ende.

Nach einer halben Stunde klingelte es wieder.

»Na, hast du dich entschieden? Das ist deine letzte Chance.«

»Okay. Worum geht's?«

Kurze Zeit später kam er und legte Amphetamin auf den Tisch.

»Nimm das, das brauchst du. Dann wirst du sehen.«

Durch das Amphetamin sah ich das gesamte Dasein aus einer anderen Perspektive. Was heißt hier müde? Ins Bett gehen und schlafen? Klar mache ich mit!

Im Auto erklärte mir Tommy, dass wir noch einen dritten Mann holen mussten, der helfen und beladen sollte. Als es so weit war, fuhren wir zu einem Kleiderlager nördlich von Stockholm. Dort begann eine Prozedur, die sich über mehrere Stunden hinzog. Die aber gleichzeitig anständigen ökonomischen Gewinn mit sich brachte.

Es war mitten in der Nacht, etwa ein Uhr. Industriegebiet. Nackte kalte Leuchten, die ihr Licht über viereckige Kästen warfen. Wir fuhren zur Rampe von einem der Kästen, hielten an und stiegen aus. Tommy winkte mich vor. Wir kletterten auf die Laderampe, gingen zur Tür. In der Hand hielt er einen Schraubenzieher.

»Komm jetzt!«

Er schob den Schraubenzieher behutsam in den Türspalt, keine sichtbaren Spuren, keine Spuren eines Einbruchversuchs. Dann drückte er vorsichtig ein bisschen. Sofort ging die Alarmanlage los. Wir kehrten um, sprangen ins Auto und fuhren zu einer Stelle, wo wir parken und gleichzeitig die Laderampe überblicken konnten. Jetzt brauchten wir nur auf die Securitas zu warten. Tommy stoppte die Zeit.

Die Wachleute taten genau das, was Tommy vorhergesagt hatte. Sie stiegen aus, kletterten auf die Laderampe, untersuchten die Tür, fanden keine verdächtigen Spuren, außer den Schrammen und Beulen, wie sie an allen Lagertüren nach unsanfter Behandlung durch Elektrokarren und Lastwagen zu finden sind. Es musste falscher Alarm gewesen sein. Nachdem die Wachleute wieder davongefahren waren, warteten wir eine halbe Stunde, ehe wir die Prozedur wiederholten. Hoch auf die Laderampe, ein bisschen Biegen, erneuter Alarm und zurück auf unseren Aussichtsplatz.

Beim zweiten Mal brauchte die Wachmannschaft etwas länger, bis sie aufkreuzte und die gleiche Prozedur wie beim letzten Mal vollzog. Die Tür wurde besichtigt und Blicke glitten über Dach und Wände. Kein Einbruch! Nachdem die halbe Nacht um war und die Uhr drei anzeigte, waren wir alle gleichermaßen müde wie durchgefroren. Aber allein schon der Gedanke, dass es jetzt losgehen sollte, ließ den Adrenalinspiegel hochschnellen.

»Dieses Mal werden sie es nicht so eilig haben«, erklärte Tommy. »Sie werden glauben, mit der Alarmanlage sei etwas nicht in Ordnung, so dass wir mindestens fünf Minuten haben. Auf geht's!«

Jetzt galt es, schnell einen kleineren Lastwagen zu finden, in dem die Garderobe transportiert werden konnte. Aber auch das hatte Tommy vorausgeplant. Er wusste genau, wo ein entsprechendes Auto stand, dessen Ladefläche mit einer Persenning abgedeckt war. Mithilfe unseres dritten Mannes und seines Geschicks, Autos aufzubrechen und kurzzuschließen, waren wir im Nu um einen Lastwagen reicher. Während er die Zündung kurzschloss, war Tommy auf das Dach geklettert und hatte die Persenning über der Ladefläche aufgeschlitzt. Ebenso schnell war er wieder unten. Ich fragte mich, was er getan hatte.

»Die Laderampe ist hier so hoch,« antwortete er und maß mit der Hand ungefähr die Höhe ab. »Wenn wir das Auto dicht an die Rampe stellen, können wir hin- und herrennen und die Sachen durch das Loch werfen. Das spart uns jede Menge Zeit. Kapiert?«

Das war's auch schon. Es erwies sich als klug ausgedacht. Denn in den fünf Minuten, die uns blieben, brachen wir die Tür auf, rannten in einem Affenzahn hin und her und schafften es, fast das ganze Auto mit Lederjacken und anderen Sachen zu beladen.

Direkt nach dem Einbruch fuhren wir in ein Waldgebiet, das Tommy bereits vorher ausgeguckt hatte. Dort packten wir die Kleider ordentlich um und warteten den Morgen ab. Dann fuhren wir zu einer gemieteten Garage und lagerten die Sachen da.

Morgens um sieben Uhr war ich wieder zu Hause. Alles war nach Plan verlaufen. Am Nachmittag schafften wir die Sachen aus der Garage in eine Wohnung, wo wir sie nach Modellen und Größe sortierten. Abends erschienen die Hehler, zwei Männer, die die ganze Partie aufkauften. Ich saß daneben und dachte: Was zum Teufel ist das für eine Welt? Was für Kontakte! Was für eine Organisation! Alles lief wie am Schnürchen. Einfach nur Pang! Und schon waren die Sachen weg! Nein, Tommy hatte mich nicht enttäuscht.

Die ökonomische Seite konnte sich auch sehen lassen. Der Autodieb bekam wohl ungefähr fünftausend Kronen. Weil Tommy Pläne für eine zukünftige Zusammenarbeit mit mir hatte, bekam ich fünfundzwanzigtausend, während er selbst vierzigtausend behielt. Ich fand das einen Wahnsinnsdeal, denn es war doch immerhin sein Ding. Ich war nur dabei gewesen und hatte tragen geholfen. Fünfundzwanzigtausend für einen Tagesjob, genauer einen Job von fünf Minuten und im Übrigen Wartezeit, das war nicht ganz übel.

Ich war dabei!

Als wir an dem Abend allein waren, fragte mich Tommy:

»Was, wenn sie uns heute Nacht geschnappt hätten?«

»Keine Ahnung.«

»Entweder hätten wir die Securitas-Wachleute niederschlagen können oder wir hätten uns entscheiden müssen, aufzugeben.«

»Hm.«

»Wenn wir aufgegeben hätten, dann hätten sie uns wegen versuchten Diebstahls festgenommen, denn der Einbruch hatte ja noch nicht stattgefunden. Ein paar Monate hätten wir bekommen. Die Strafen sind schon ein bisschen anders, als wenn man unterwegs ist und Unschuldige verdrischt, oder?«

»Ja, doch, das ist wohl wahr.«

»Und jetzt sitzt du da und hast ein Bündel Scheine in der Tasche. Was hättest du fürs Aufmischen von Kanaken bekommen?«

»Na ja, so gut wird das nicht unbedingt bezahlt. Aber hätten wir wirklich aufgegeben?«

»Teufel, nein. Wir hätten ihnen das Brecheisen über den Schädel gezogen. Ich wollte dich nur auf die Unterschiede zwischen deinem und meinem Denken hinweisen.«

»Aber das mit dem Brecheisen klingt auch nicht gerade prickelnd!«

Nein, Tommy war es überhaupt nicht fremd, zu gewalttätigen Mitteln zu greifen, aber er fand, wenn man schon einfuhr – denn das taten wir vom Naziflügel ja immer wieder mal, die Polizei kannte uns gut genug – dann müsse zumindest finanziell was dabei rausspringen.

Wir waren gleichaltrig, aber er war von Kindesbeinen an kriminell gewesen und hatte sein Leben lang Zeit gehabt, um sowohl Kapital wie Kontakte aufzubauen. Und genau wie ich hatte er zweimal gesessen. Beim ersten Mal eine kleine Sache, beim zweiten Mal für diverse Diebstähle ein Jahr. Dabei hatte er jede Menge Verbrechen begangen. Und ich blieb hundertprozentig in der Falle hängen, er sei ein super Krimineller, einer, der nicht geschnappt wurde – abgesehen von seltenen Malen, durch reines Pech bei der Arbeit.

Dass er sagenhaftes Glück gehabt hatte, und dass er früher oder später ordentlich festsitzen würde, diese Gedanken kamen mir nie. Stattdessen wurde er mein Idol.

Denn fünfundzwanzig Riesen in der Hand, das würde mir für einige Wochen reichen. Und das hatte ich ihm zu verdanken. Ihm, der so richtig strahlte, nicht nur aufgrund des Golds um Hals, Handgelenk und Finger, sondern dank des totalen Erfolgs. Großes Reihenhaus mit irren Möbeln, der Porsche, den er später gegen einen Wahnsinns-BMW tauschte, die Hehler – oder Kontakte, wie es so schön heißt -, die einfach kamen und für die Ware Cash ablieferten. Ja, er war ganz einfach klasse. Mein neuer Messias!

Es gibt in der nationalen Bewegung tatsächlich Knaben, die nicht vorbestraft sind und die sich von jedem Verbrechen fern halten. Aber die große Mehrheit ist in so ganz gewöhnliche Delikte verwickelt, wie Körperverletzung, kleinere Diebstähle, Autos knacken, Schulden eintreiben und Ähnliches. Es gibt auch welche, die davon reden, eine Bank auszurauben, um damit »den Kampf« zu finanzieren. Bei vielen also wird in der nationalen Bewegung die Grundlage zu kriminellem Verhalten gelegt, selbst wenn man die Kriminalität gern mit einem ideologischen Firnis versieht. Es gibt bestimmt welche, die glauben, dass sie zum Kampf beitragen, wenn sie Verbrechen begehen. Die meisten wachsen früher oder später aus dem extremen Nationalismus oder Nationalsozialismus heraus und bleiben stattdessen bei Drogen, Alkohol und Kriminalität hängen. Ein Teil wandert in die Bikerszene und natürlich werden dort Verbrechen begangen. Man sollte allerdings nicht verallgemeinern und alle in der Bikerszene als Kriminelle verurteilen. Aber kriminell zu werden, ist für diese Typen ein »natürlicher« Schritt, denn die Kriminalität ist stets in der Nähe der nationalen Bewegung.

Nüchtern betrachtet, kann ich Tommy die Schuld daran geben oder aber ihm dafür danken, dass er mir geholfen hat, in den Sarg des Nationalsozialismus den letzten Nagel einzuschlagen, je nachdem. Leider stand damit schon der nächste Sarg für mich bereit. Doch für solche Gedanken war kein Platz, als mir der Wind der Veränderung um den Kopf blies. Wir hatten uns gegenseitig getestet und unsere Zusammenarbeit auf den Weg gebracht. Er wusste außerdem, dass ich die Klappe halten konnte und nicht redselig wurde, wenn ich bei der Polizei landete. Jetzt lag die Entscheidung bei mir, ob wir gemeinsam weitermachen sollten. Aber in dem Moment wollte ich nur die Freiheit genießen, die mir mein neuer Reichtum erlaubte. Egal, wie müde ich des nationalen Kampfes war und wie sehr mich das alles langweilte – noch hatte ich nicht alle Verbindungen zu meinen alten Freunden gekappt. Ich schaute sogar ein letztes Mal im Fryshus vorbei. Dort hatte man angefangen davon zu reden, Waffen zu kaufen und Banken auszurauben, um so an Geld für »den Kampf« zu kommen. Man riskierte, für viele Jahre ins Gefängnis zu wandern. Wofür?

Was hatte mir der nationale Kampf eingebracht außer Gefängnisstrafen, Schadensersatzforderungen und Schulden bei der Behörde? Nichts! Am allerwenigsten Geld. Und wo waren die Freunde gewesen, als ich saß? Nein, weder vor den Toren von Håga noch von Svartsjö hatten sie zur Besuchszeit so richtig Schlange gestanden. Mit meiner Freundin hatten sie gepennt und mir die eine oder andere Postkarte geschickt, das war alles, was sie getan hatten.

Tommy und ich kamen tatsächlich aus zwei Welten, und ich fing an, all die Jahre zu bereuen, die ich in der nationalen Bewegung zugebracht hatte, selbst wenn ich noch immer meine alte Einstellung zur Rassenfrage und zu Über- und Untermenschen vertrat. Aber die Überlegungen zur Rassenfrage traten immer mehr in den Hintergrund, während ich gleichzeitig in Tommy eine andere Art von Übermensch sah.

14

Vor 1990 hatte ich alles am Nationalsozialismus und dem so genannten politischen Kampf festgemacht. Da gab es auf jeden Fall ein Ziel. Aber wohin führte der nationale Kampf? Bei der Menge an Kriminalität und bei all den Psychofällen innerhalb der Bewegung, wozu war er denn gut? Nein, diese politische Arbeit führte nirgendwohin. Und von wegen Waffen klauen, Banken ausrauben und Rassenkrieg, das alles machte keinen ausgesprochen seriösen Eindruck. Und wie sollten sie gewinnen? Natürlich war es so, wie Tommy gesagt hatte. Würden wir einen solchen Krieg anzetteln, dann wären wir in Nullkommanichts durch eine militärische Einheit vernichtet. Nein, ich fing an, das alles als total wirklichkeitsfremd zu erleben. Denn selbst wenn wir global gesehen viele waren, so würden wir trotzdem den Kampf nie gewinnen.

Und dann, was wollten wir denn eigentlich? Von einem starken Führer geleitet werden? Okay, aber was würde der nächste Schritt sein? Dass wir selbst ausgemerzt würden? Jede Menge Fragen, aber wo gab es die Antworten?

Vielleicht passte ich noch nicht ganz, aber meine Denkungsart änderte sich allmählich. Und nach dem Einbruch in das Kleiderlager eröffnete sich für mich eine völlig neue Welt. Es gab kein Ideal mehr, und die Ideale, an die ich geglaubt hatte, waren Scheiße, das sah ich ein.

Was für eine Zukunft hatte ich? Die neue Welt, die sich vor mir auftat, bot mir immerhin die Möglichkeit, Geld zu verdienen. Dafür war ja nicht zuletzt Tommy selbst der lebende Beweis.

Es wurden dann mit der Zeit doch ein bisschen zu viele Drogen, meist aus Mangel an etwas anderem, bis mich Tommy ermahnte, es etwas ruhiger angehen zu lassen. Er fand, Drogen an sich seien nicht das Problem, aber man solle sich nicht kaputtmachen, das führe zu nichts. Es ging darum, hin und wieder ein bisschen was zu nehmen, bei den richtigen Gelegenheiten, und nicht, sich zuzudröhnen. Damit hatte er verdammt recht.

Ich behielt meinen Job in der Umzugsbranche bei, auch wenn ich offiziell von Sozialhilfe lebte. Nachdem ich ein stolzer Germane gewesen war, der Schweden verteidigt hatte, musste ich jetzt einfach begreifen, dass ich ein Loser war, ein Parasit zwischen allen anderen. Insofern war das schon der Punkt – sich nicht mit Drogen kaputtzumachen, sondern zu versuchen, Stil zu bewahren, selbst wenn ich mit den Junkies zusammen war. Ein paar spritzten gelegentlich, aber da sie ihre Drogen zu Hause in ihren Wohnungen oder in Rock-Clubs nahmen, fanden sie, sie seien anders als die Spritzentypen aus dem Stadtzentrum.

Dann kam 1991 und das Leben ging seinen Gang. Drogen und ziemlich viel Geld, und ich fand, jetzt sei ich unterwegs und jetzt würde es immer so weiter gehen. Ich würde für den Rest meines Lebens ein Krimineller sein. Das bedeutete zu dem Zeitpunkt nur ein paar Wochen im Voraus denken, denn weiter vorausschauen war nicht. Mir ist nicht so recht klar, wie ich das Jahr überlebt habe. Aber ich war gezwungen, mich hin und wieder etwas aufzuraffen, um mit Tommy zusammenzuarbeiten. Ich bekam außerdem durch meine alten Freunde vom Klan manchmal Jobs in der Disko BZ. Mein erster Job dieser Art war allerdings in einer Jugenddisko im Palladium. Da brauchten sie gutes Wachpersonal. Die Hälfte von denen, die sie hatten, waren Ausländer, die früher mal oder immer noch kriminell waren. Ich bekam den Job, um als eine Art Gegengewicht zu fungieren. In der Abteilung Gewalt hatte ich bekanntermaßen Erfahrungen vorzuweisen und ich würde nicht zimperlich sein, falls es zwischen Ausländern und Schweden Zoff gäbe. Aber nach diversen gewaltsamen Auseinandersetzungen zwischen den schwedischen Aufpassern auf der einen und den ausländischen auf der anderen Seite wurde das Palladium wieder geschlossen.

Da machte ich dann beim BZ weiter und jobbte samstags für einen Club, der von Rob'n'Raz betrieben wurde. Ich hatte jetzt angefangen, meinen Drogenkonsum ordentlich runterzufahren, selbst wenn meine Freunde vom Klan immer weiter bei Koks blieben. Ich verstehe bis heute nicht, wie sie das mit der nazistischen Ideologie vereinbar fanden. Aber ich habe ja später eingesehen, dass sich mit ideologischen Begriffen alles erklären und verteidigen lässt, nicht zuletzt mithilfe von logischen Purzelbäumen.

Ich fing tatsächlich an, mehr auf mein Äußeres zu achten, um nicht aus dem Rahmen zu fallen. Wenn meine Zusammenarbeit mit Tommy funktionieren sollte, war das notwendig. Denn er hatte nicht nur mit Einbrüchen zu tun, sondern auch mit schweren Drogendelikten. Mich beauftragte er manchmal, Ware zu holen und auszuliefern. Dafür musste man zu jeder Tages- und Nachtzeit fit sein.

Wie an dem Abend, als ich eine Bedienung im Palladium angemacht hatte. Wir fuhren zu ihr nach Hause nach Rotebro, verteufelt weit nördlich. Mitten in der Nacht ging mein Piepser an. Den hatte ich von Tommy, um jederzeit erreichbar zu sein. Sechzehn Minuten später saß ich in seinem Auto. Wir fuhren zu einem Schrottplatz mit Buswracks. Ich begriff gar nichts und Tommy tat auch nichts, um mich aufzuklären.

»Warte hier«, sagte er nur, als er das Auto neben einem alten Bus anhielt. Dann sprang er aus dem Wagen und verschwand im Wrack. Wenige Sekunden später kam er zurück, öffnete meine Tür und warf mir ein Paket auf den Schoß.

»Da!«

Als er meinen verständnislosen Blick bemerkte, fügte er erklärend hinzu:

»Speed! Zwei Kilo!«

Ich will nicht behaupten, dass ich mich rausgehalten hätte, wenn ich gewusst hätte, worum es bei dem Auftrag ging. Aber ich hatte schon ein mulmiges Gefühl bei dem Gedanken, mit mindestens acht Jahren hinter Gittern auf dem Schoß dazusitzen. Insbesondere noch mit der Knarre in der Hosentasche.

»Was tun wir, wenn die Bullen kommen?«

Tommy warf mir einen Blick zu und sah sofort, wie beunruhigt ich war.

»Kein Problem. Erstens geht der Daimler richtig ab. Und zweitens werfen wir die Sachen aus dem Fenster, wo sie es nicht sehen. Drittens können wir uns freischießen, wenn wir das Zeugs nicht aus dem Fenster bekommen. Denn du gedenkst doch wohl nicht mit zwei Kilo auf dem Schoß freundlich dazusitzen und zu sagen: ›Ich ergebe mich‹?«

Nein, davon konnte keine Rede sein. Aber ich frage mich, was passiert wäre, wenn wir von der Polizei angehalten worden wären. Während der gesamten restlichen Fahrt war ich ununterbrochen mit praktischen Fragen beschäftigt. Wie und wann sollte man die Scheibe runterlassen? Wo sollte man das Rauschgift fortwerfen? Man konnte es ja nicht irgendwohin werfen, schließlich wollte man es später wiederfinden, wenn sie einen nach ein paar Stunden wieder freigelassen hatten. Vielleicht hätte man darüber nachdenken müssen, was zum Teufel man da eigentlich tat, was man riskierte. Aber für solche Gedanken war genau da einfach kein Platz. Als wir uns der Stadt näherten, als der innere Druck nachließ, wurde ich stattdessen von einem Gefühl der Sicherheit erfüllt. Das hier war verdammt cool. Die ganze Situation gab mir einen Kick. Ich lebte wieder!

Nachdem wir ein Kilo abgeliefert hatten, sollte ich die andere Hälfte mit nach Hause nehmen und im Kühlschrank aufheben. Außerdem sollte es in kleinere Portionen aufgeteilt werden. Da ich keine Waage hatte, rief ich einen meiner Türsteherkollegen an, der frühmorgens mit Waage und Gewichten kam. Wir zogen die Vorhänge zu und wogen den ganzen Vormittag lang das Zeug grammweise ab. Zwischendrin naschten wir selbst ein bisschen von dem Stoff. Dann ab in den Kühlschrank, bis es an der Zeit war, das Zeug an Tommys Kunden auszuliefern, hundert Gramm hier, zweihundert dort. Die ganze Zeit mit dieser verdammten Pistole im Hosenbund. In die U-Bahn, wieder raus, immer so tun, als wäre nichts. Gleichzeitig fand ich das Ganze total okay. Keine Zweifel, keine Skrupel, keinerlei Grübelei, was ich da eigentlich machte. Später habe ich viel darüber nachgedacht. Es kümmerte mich nicht. Ich kann keine andere Erklärung finden. Es scherte mich einfach nicht. Scheißegal, was man tat, Hauptsache, man tat etwas. Ich wollte Geld verdienen, ohne mich zu überarbeiten. Und genau das tat ich. Arbeitete bei den Umzügen so wenig wie möglich, stand lieber in der Tür als Aufpasser und besserte die Kasse auf, indem ich Tommy »half«. Das lief übrigens schrecklich korrekt. Meistens fifty-fifty-Teilung auf alles, obwohl es seine Ideen waren, seine Planungen, seine Vorbereitung und seine Kontakte. Aber er tat das natürlich nicht nur, weil er einfach nett war, sondern weil er eine hundertprozentig solidarische Deckung von mir wollte, wenn sie uns schnappten.

»Stell dir vor«, sagte er eines Tages, »wenn wir zwanzig Prozent für dich und achtzig Prozent an mich verteilt hätten. Was wäre das wohl für ein Gefühl, wenn wir geschnappt würden? Dann würdest du vielleicht anfangen zu überlegen, warum ich eigentlich mehr bekomme als du. Du würdest vielleicht unnötig nervös werden und dir überlegen, dass dieser geizige Blödmann ... Man weiß nie. Deshalb – gute Mitarbeiter und Loyalität dürfen etwas kosten!«

Klar hatte er Recht. Aber gleichzeitig wusste er, dass ich nie gesungen hätte, auch wenn wir zwanzig zu achtzig gefahren wären. So wütend könnte ich gar nicht werden. Außerdem waren mir die Gesundheitsrisiken für Leute, die sangen, wohl bekannt. Und dass es sich nicht nur darum drehte, Loyalität zu kaufen, zeigte sich, als ich verschiedentlich in Untersuchungshaft saß. Da fuhr Tommy zu mir nach Hause und kümmerte sich um meine Rechnungen. Es drehte sich also schon um etwas mehr als nur Loyalität, vielleicht so was wie Gemeinschaft und Zusammenarbeit, um Ehre, also die gleichen alten Begriffe, über die wir in der nationalsozialistischen Bewegung zwar geredet hatten, die aber nie in die Praxis umgesetzt worden waren.

Unter uns beiden war es eher umgekehrt. Wir hatten keine gemeinsame Ideologie, aber in der Praxis funktionierte der alte Ehrbegriff zwischen uns. Klar würde es demjenigen, der illoyal war, übel ergehen.

Das Dasein fing in der Tat an, recht licht auszusehen, selbst wenn ich bei vielen Verbrechen dabei war und manche ziemlich gewalttätig abliefen. Wie die Eintreibungen. Im Nachhinein habe ich begriffen, dass sich das Leben als gewaltbereiter Skinhead auf meine Psyche gelegt hatte. Denn wenn ich jetzt mit Tommy und einigen seiner Kumpels loszog, um Schulden einzutreiben, war ich weder zugedröhnt noch angetrunken. Trotzdem zweifelte ich nie. Vielleicht war diese Gewalt ein bisschen rationaler. Denn jetzt ging es nicht mehr darum, Krethi und Plethi auf der Straße zu verprügeln, also zu prügeln um des Prügelns willen. Jetzt war es Teil eines Ganzen, man griff zu der Gewalt, die nötig war, nicht mehr und nicht weniger. Trotzdem konnte das hin und wieder wirklich groteske Formen annehmen.

Es gibt keinen Grund, irgendetwas an diesen Unternehmungen schönzumalen, obwohl sie notwendig schienen, um in dieser Welt zu überleben. Wir trieben ja nicht Geld von Leuten ein, die keine Schulden hatten, sondern das waren Geschäftsbeziehungen, Bekannte, von denen Tommy hereingelegt worden war. Dieses Geld einzutreiben, war an sich ohne Risiko. Denn wer ein Kilo Drogen kauft und dann nicht bezahlen kann, geht nicht gern zur Polizei, selbst wenn man ihm die Kniescheibe zertrümmert. Solche Gedankengänge benutzte ich als Verteidigung vor mir selbst. Wer bei dem Spiel mittut, muss das aushalten, selbst wenn es dazu führen kann, dass man halb tot geprügelt wird.

Aber es gab auch Sachen, da machte ich nicht mit. Wie bei der Gelegenheit, als sich ein verheirateter Arzt an uns wandte, ein ungeborenes Kind totzuschlagen. Seine Geliebte weigerte sich, es abtreiben zu lassen. Der Arzt schlug vor, wir sollten uns in einem Park verstecken. Er würde mit seiner Freundin dort längs kommen, und dann sollten wir vorspringen, ihm ein paar Schläge verpassen und seine Brieftasche mitnehmen, in der die abgesprochene Belohnung liegen würde. Gleichzeitig sollten wir zusehen, diese Frau untenherum und in den Bauch mit dem Knie so zu traktieren, dass der Embryo sterben würde.

Da war zu viel. Was zum Teufel hatte das Mädchen denn Schlimmes getan? Wenn er sich nicht kontrollieren konnte und sich nicht von seiner Frau trennen wollte, dann musste er eben dazu stehen. Deshalb verprügelten wir stattdessen ihn, nur weil er auf so eine gemeine Idee gekommen war.

Bei einer anderen Gelegenheit erging es einer Frau, der Ehefrau eines von Tommys »Kunden«, ziemlich übel. Aber das hatte damit zu tun, dass sie selbst in die Geschäfte ihres Mannes verwickelt war und solidarisch Verantwortung dafür übernehmen musste. Aber das war schwer, da kam ich an die Grenze dessen, was ich fertig brachte. Doch Tommy war unerbittlich. Er konnte diesen Betrug einfach nicht durchgehen lassen. Denn hätte er das getan, dann wäre darüber geredet worden, und das würde seine zukünftigen Geschäfte beeinträchtigen. Damit der Alte sich kümmerte, also bezahlte, musste die Tante eben mit herhalten, was bedeutete, dass wir ihr einen Finger brachen, sogar etwas mehr.

Aber es drehte sich nicht immer nur darum, Bares hereinzubekommen. Tommy beschäftigte sich niemals mit der Kategorie von Käufern, die größere Teile der Partien verkauften, um den »Überschuss« für sich selbst zu behalten. Solche bekamen früher oder später alle Probleme. Seine Kunden waren stattdessen Leute mit schicken Autos, Schmuck, Sommerhäusern, Schiffen, ja schlicht und einfach mit Sachen, die überschrieben werden und in Kapital verwandelt werden konnten, wenn zum Bezahlen kein Bares vorhanden war. Im Fall der Frau, der wir einen Finger brachen, gab es einen Tresor, den der Mann nicht öffnen wollte. Da es nicht so passend war, den Geldschrank mitten in der Nacht aufzusprengen, mussten wir den Weg über die Frau nehmen. Reine Geschäftslogik! Und der Tresor öffnete sich.

Bei diesen Geschäften teilten wir nicht exakt. Mein Anteil konnte bei einer solchen Geschichte zwanzigtausend Kronen betragen, eine Scheißsumme im Verhältnis zu dem, was Tommy für ein Kilo Stoff bekam. Aber Tommy musste ja seinen Lieferanten bezahlen.

Ein Teil seiner Kunden war vollständig blank. Die hatten weder Geld noch sonst etwas. Also hatte er manchmal eben doch Pech, auch wenn er so unbarmherzig gegenüber denen war, die ihm Geld schuldeten.

Das Gerücht hatte sich wohl verbreitet, wer man war und wozu man im Stande war. Eines Abends, als ich zum Ritz kam, stand da ein Riesenbaby an der Tür, der gehört hatte, ich würde beim BZ arbeiten. Er fragte, ob ich mittlerweile etwas ruhiger geworden sei. Früher, als Skinhead, hatte es stets so ein Hin und Her gegeben. Meistens kam ich ins Ritz nicht rein. Dann fragte er, ob ich immer noch Nazi sei, was ich verneinte. Da bot er mir einen Job im Ritz als Extraaufpasser an. Er musste nur zuerst mit dem Restaurantchef selbst sprechen, einem Typ namens Stefan. Noch am gleichen Abend wurde ich zu Stefan gerufen, angeturnt und ausgetrocknet wie ich war. Auf dem Weg durch den Club, durch die Küche und ins Büro kam mir schlagartig, dass ich diesen Stefan kannte. Ich trat ins Büro und wer da saß, war dieser Stefan, der früher an der Tür gestanden und mit dem ich mich mehrmals kräftig auseinander gesetzt hatte, wenn ich nicht reingekommen war.

Daraufhin meinte ich, ich könne mich ja wohl genauso gut gleich verabschieden. Er war ebenso überrascht wie ich, meinte aber, wir sollten miteinander reden. Das Gespräch endete damit, dass ich zur Probe jobben sollte, teils um zu zeigen, dass ich das Skinheaddasein an den Nagel gehängt hatte, teils weil manchmal Skins kämen und es gut wäre, mich bei solchen Gelegenheiten an der Tür zu haben.

»Aber mittwochs und freitags kannst du hier nicht jobben, denn dann haben wir Gay-Disko.«

»Bestens, denn wenn Gay-Disko ist, will ich nicht jobben. Ich hasse Schwule!«

Ich kam also donnerstags und samstags. Da war Rock-Club, im Publikum Rocker, Biker und etliche Skinheads, wenn sie denn reingelassen wurden. Parallel hatte ich Jobs mit Tommy laufen. Es war manchmal vier Uhr morgens, bis das Ritz schloss. Die Arbeitstage konnten recht lang werden. Aber die Geschäfte mit Tommy waren selten anstrengend. Das Reden besorgte er selbst. Ich hielt mich als stumme Drohung im Hintergrund.

Ich hatte jetzt wieder ernsthaft zu trainieren begonnen. Das bedeutete weniger Alkohol, aber mehr Kokain. Mit Alkohol im Blut trainieren ging nicht. Ich hatte außerdem angefangen, Steroide zu drücken, zehn »ryssfemmor«* täglich plus andere, zwei, drei Spritzen in der Woche. Bei der letzten Behandlung gab ich mir auch noch etwas Genotropin, ein Wachstumshormon, das man Zwergwüchsigen gibt. Meine Türsteherkollegen, die an Wettbewerben teilnahmen, meinten, das solle ich nehmen. Und das tat ich. Es konnte passieren, dass wir dort im Ritz auf dem Klo standen, zwei, drei Mann und uns gegenseitig die Spritzen in den Arsch jagten. Besonders gesund war das alles sicher nicht, aber darum scherte ich mich damals nicht.

Mir ist schon klar, warum die Leute beim Anblick meiner hundertundzehn Kilo Muskeln nicht unbedingt eine große Klappe riskierten, wenn wir kamen, um Geld einzutreiben. Meistens reichte es, dass ich mich im Hintergrund aufhielt und einfach bissig aussah. Ich trug nebenbei bemerkt die Haare kurz, dabei Hemd und Krawatte. Wenn es das Wetter zuließ, krempelte ich die Hemdärmel hoch, damit alle Tätowierungen zu sehen waren. Alles nur, um zu imponieren, reines Machogehabe! Aber hin und wieder kam es vor, dass man allen Ernstes eingreifen musste.

Manchmal nahm Tommy selbst an den Prügeleien teil. Aber das kam meistens nur deshalb vor, weil er sich gern prügelte, nicht so sehr, weil es nötig gewesen wäre. Einmal, da hatte er ein gebrochenes Bein, sprang er mitten dazwischen und fing an, die Leute mit der Krücke niederzuschlagen. Er fand das cool. Er war wohl doch nicht ganz frisch. Aber das war ich ja auch nicht. Obwohl, manchmal wollte er nur daneben stehen und andere, wie ich, sollten sich kümmern. Bei manchen Geschäften durfte er sich nicht einmal zeigen. Wie damals, als ich ein paar seiner Kunden, die versucht hatten, ihn übers Ohr zu hauen, ausrauben sollte. Es handelte sich um Leute, die in der Baubranche arbeiteten und Geld schwarz außer Landes schaffen wollten, etwa sechshunderttausend Kronen. Ich und noch zwei sollten ihnen das Geld abnehmen. Die anderen

* Dopingpräparat. Wörtlich »Russenfünfer«, 5 mg; die gängigsten anabolen Steroide auf dem illegalen Markt werden aus Russland eingeschmuggelt.

waren aber noch cleverer und wir hatten keine Chance. Klar, dass wir alle vier sehr enttäuscht waren, als wir eine solch fette Beute sausen lassen mussten. Wir kannten ja das Volumen, jeder von uns hätte hundertfünfzigtausend Kronen bekommen, so war der Deal geplant, zumindest zwischen Tommy und mir.

Tommy hatte wirklich alles an Verbrechen auf seiner Liste, was man sich vorstellen konnte. Das spiegelte sich auch in den Arbeitsaufgaben, die er mir übertrug. Da waren Taten darunter mit Strafsätzen von ein paar Jahren bis zu lebenslänglich, wenn ich überall mitgemacht hätte. Aber das habe ich nicht getan. Es gab andere, die willig dort weitermachten, wo meine Grenze verlief.

Solche Gastspiele unter Tommys Regie gab es immer mal. Ansonsten hatte ich den Job als Türsteher beim Ritz bis mindestens ein Uhr nachts und dann weiter bei illegalen Clubs bis sieben, acht Uhr morgens. Der erste, bei dem ich arbeitete, lag in der Rehnsgatan. Da er damals in Stockholm der einzige war, kamen schrecklich viele Gäste. Dort konnte man die Leute wirklich ordentlich rannehmen. Denn einerseits zeigte uns nie jemand an und kein Polizist scherte sich um die Leute, die in diese Clubs gingen und vom Türsteher Dresche bekamen. Andererseits waren mindestens die Hälfte der Gäste kriminell. Deshalb machte es Sinn, Kriminelle an der Tür zu haben, die boxten ja nicht gerne gegeneinander.

Auch im Ritz konnte es hin und wieder ziemlich unübersichtlich werden. Wie damals, als ein Marokkaner und ein Tscheche aneinander gerieten. Plötzlich zog der Marokkaner eine Pistole und richtete sie auf den Kopf des Tschechen. Natürlich erwartete man in dem Moment, dass ich dazwischen ging. Und ich tat es. Aber um mit solchen Situationen fertig zu werden, brauchte es immer mal wieder Koks in der Nase. Mit Kokain im Körper hat man das Gefühl, der Beste, Größte, Schönste und Stärkste zu sein. Und dass es keine Situation gibt, die man nicht meistern würde. Man wird ganz einfach übermütig.

Stockholm ist ja nicht sonderlich groß, aber trotzdem gab es dort viele kriminelle Milieus. Etliche von denen, die ins Ritz gingen, hatte ich durch Tommy kennen gelernt, mit anderen schloss ich durch die illegalen Clubs Bekanntschaft. Ich selbst hatte ziemlich bald den Spitznamen Skin-Kenta weg, dem Namen gingen bösartige Gerüchte voraus, was an und für sich gut war, wenn es darum ging, Zoff rechtzeitig zu unterbinden.

In den illegalen Clubs ging es im Übrigen friedlicher zu als in den legalen. Denn die normalen Sterblichen, denen es gelang, hineinzukommen, wussten, dass die Hälfte der Gäste Kriminelle waren, und mit denen legte man sich lieber nicht an. Und die Kriminellen wiederum hatten kein Interesse daran, sich mit so jemandem ohne Not zu prügeln. Das brachte ja doch nur Probleme mit sich.

Oben an der Tür war es schlimmer. Dort für Ordnung zu sorgen bei einer Schlange, die grotesk lang werden konnte und wo die Hälfte der Meinung war, sie müssten vorgelassen werden, weil sie irgendwie prominent waren, konnte stressig werden. Etliche waren auch wirklich smart. Wie die Norweger, die eines Nachts aufkreuzten und nur bis zum nächsten Morgen in der Stadt bleiben wollten. Sie sagten, sie sähen es ein, dass es das gewesen wäre, dass sie nie reinkommen würden und nun ja, sie wollten auch nicht durchdrücken, eingelassen zu werden. Aber da sie ruhig und nett waren, ließ ich sie durch. Als sie gingen, steckte mir einer von den Jungens fünfhundert Kronen zu. Hätte er mir das gleiche Geld am Anfang angeboten, wären sie nicht reingekommen. Es gab so eine Art falsches Ehrprinzip – man ließ sich nicht schmieren. Wenn sie versucht hätten, sich mit Schmiergeld Einlass zu verschaffen, hätten sie zum Teufel gehen können, während ich stattdessen alte, wohl bekannte Kriminelle durchgelassen hätte. Von denen wusste man, dass sie einem gern ein paar Gramm Koks in die Tasche schoben.

Meine Güte, ja, in dem Jahr gab es furchtbar viel Drogen, allerdings nicht so wie im Jahr vorher, da war es nur bergab gegangen. Jetzt trainierte ich und nahm meine Kapseln mit anabolen Steroiden. Und Tommy war hinter mir her, denn wenn man gute Geschäfte machen und durchkommen wollte, durfte man sich nicht mit Drogen fertig machen. Eine Zeit lang kam eine Menge Geld herein. Ein Tausender einfach so in die Jackentasche für drei Stunden in einem illegalen Club, das Türstehen beim Ritz und diverse andere Jobs mit Tommy. Es gab Monate, da konnten es um die hunderttausend Kronen werden. Aber sie waren ebenso schnell wieder weg. Man kaufte dies und das und scherte sich nicht darum, was es kostete. Sauteure Cowboyboots und Jeans und die Kneipe, wenn man frei hatte, und Geld für die Bräute. Krank. Man spielte den großen Macker.

Der Job im Ritz war anfangs nur ein Versuch. Aber ich wurde ziemlich schnell immer mehr eingebunden. Allerdings stand für mich fest: Kein Job an den Abenden mit Gay-Disko. Freilich war damit irgendwann Schluss. An einem Freitag hatte einer der gewöhnlichen Türsteher – wir arbeiteten immer zu dritt – angerufen und sich krank gemeldet. Die anderen Wachleute im Stich zu lassen, wäre schoflig gewesen, also versprach ich, da zu sein. Ich musste versprechen, ruhig zu bleiben.

Klar doch, kein Problem, das würde sicher gut gehen. Aber ich hatte noch nicht so recht begriffen, worauf ich mich einließ. Die ersten Stunden waren die Pest. Ich wurde auch nicht recht schlau daraus, warum der eine oder andere in diesen Club reinwollte. Da waren Typen drunter, von denen ich nicht in meinen wildesten Fantasien angenommen hätte, dass sie schwul wären. Sie benahmen sich wie gewöhnliche Zeitgenossen und nicht wie Narren. Ich erlebte es als ziemlich verwirrend, als fremd, und fand es schwer, damit umzugehen. Gleichzeitig ermahnten mich die beiden anderen, ruhig zu bleiben, falls ich provoziert oder geärgert werden würde. Denn das würde sicher passieren.

»Du bist doch groß und durchtrainiert und außerdem neu«, erklärte der eine. »Deshalb werden sie dich bestimmt testen.«

»Aber nimm das nicht ernst«, fuhr der andere fort. »Die meinen nichts ernst, die versuchen nicht, dich anzumachen. Die wissen genau, dass wir straight sind. Aber sie gehen davon aus, dass wir Spaß vertragen.«

»Was heißt Spaß? Klar vertrage ich Spaß!«

»Klar, aber so was wie ›Hallo mein Kleiner‹ und ›Küsschen‹ und so was. Deshalb brauchst du sie nicht gleich umzuwerfen.«

»Kein Problem, ich habe einen Job zu erledigen!«

Das klang locker, aber ich muss zugeben, dass es in mir leise kochte. Dann fing ich allerdings an, darüber nachzudenken. Warum zum Teufel sollte ich wütend werden? Das hier war eine Gay-Disko, so what, das ist schließlich für die! Wenn ich damit nicht umgehen konnte, musste ich halt gehen. Und überhaupt, warum provozierte mich das?

So weit konnte ich mit mir selbst reden, also mich selbst auf intellektueller Ebene zur Ordnung rufen. Es wurde etwas stressiger, wenn ich durch den Club patrouillieren sollte, um zu schauen, ob alles in Ordnung war. Man kann sagen, was man will, aber viele Homosexuelle gehen mächtig exhibitionistisch mit sich um, zumindest in ihrer eigenen Disko, wo sie herausfordernd auftreten und sich ganz offen anmachen. Zum Beispiel kam eine Bedienung und fragte mich, ob ich nicht was unternehmen könnte. Drinnen im Lokal sei ein Typ dabei, am Tisch dem anderen zu lutschen, und ob ich nicht mit denen reden könnte. Klar, das bekomme ich hin, dachte ich. Ich ging also zu dem Tisch und ganz richtig, da lag ein Knabe halb auf einem anderen. Und das, womit sie beschäftigt waren, war wohl doch nicht so ganz das Richtige für ein öffentliches Lokal.

Schwer zu beschreiben, was ich empfand. Wut ist zu wenig, vielleicht maßloser Zorn. Auf eine Weise waren sie total rücksichtslos. Ich fühlte mich gekränkt, weil andere mir ihren Mangel an Respekt zeigten. Verdammt, ihre Lutscherei konnten sie wohl auch anderswo betreiben. Oder war es genau die Öffentlichkeit, das Risiko, entdeckt zu werden, was den extra Kitzel, den besonderen Kick ausmachte, auf die gleiche Weise wie bei Männern, die im Pissoir oder in den Duschen der öffentlichen Badeanstalten stehen und sich einen runterholen? Etwas, das jeder Mann erlebt hat, und was sicher oft der Wut und der Aversion zugrunde liegt, die viele junge Burschen Homosexuellen gegenüber empfinden. Dort war nicht gerade der Zeitpunkt, das für mich selbst klarzustellen. Stattdessen hatte ich genug damit zu tun, meinen unmittelbaren Impuls zu unterdrücken, und dem Saugpfropf was auf den Kopf zu hauen.

Es gelang mir, mich zu mäßigen und nachzudenken. Wenn ich dem auf den Schädel schlage, beißt er zu. Und dafür wollte ich nicht die Verantwortung übernehmen. Also zog ich mir die Zwangsjacke an, ging zu den Männern hinüber und tippte den einen vorsichtig an.

»He, lass gut sein! Damit könnt ihr zu Hause weitermachen. Geht jetzt!«

Ich schaffte den Abend ohne irgendwelche Zwischenfälle. Stattdessen hatte ich ein paar wirkliche Einsichten!

Ich wurde auch für andere Gay-Diskos als Aufpasser angeheuert. Ich glaube, das war für mich ziemlich nützlich, denn damals wurde ich eine Menge von meiner Phobie Schwulen gegenüber los. Viele waren total vernünftig, und manche Schwule hatten mit diesen Extremen, die sich mächtig schminkten und hochhackig umhertrippelten, auch ihre Probleme. Aber selbst wenn sie so was nicht schätzten, so fanden sie doch, dass alle ein Recht auf ihren Stil hätten, wenn wir anderen die Tussies auch lächerlich finden mochten. Ins Ritz kamen alle Varianten, selbst Lederschwule, teilweise riesengroß und total anders, obwohl sie die gleiche sexuelle Veranlagung hatten. Darüber hatte ich mir früher nie Gedanken gemacht. In meinem Weltbild war Schwuler gleich Tussie und die sollten einfach nur sterben. Laut Nationalsozialismus war das krankhaft und pervers und alles so was sollte nur weg. Mehr Erklärungen waren nicht nötig.

Ich muss zugeben, dass ich bis heute Homosexualität nicht verstehe. Aber man muss die Sache nicht verstehen, um sie an sich zu akzeptieren und die Homosexuellen zu respektieren. Und das tue ich heute. So gesehen waren meine anderthalb Jahre im Ritz eine nützliche Erfahrung.

Ich glaube im Übrigen, dass ich in der Zeit mehr gelernt habe als während all der Jahre mit den nationalsozialistischen Idiotenansichten. Denn selbst wenn ich nun statt eines nazistischen ein krimineller Idiot war und nach wie vor kein besonderer Gewinn für die Gesellschaft, so lernte ich doch eine

Menge, was mir im Leben als rechtschaffener Staatsbürger von Nutzen ist.

Ich wohnte damals in einer kleinen Wohnung in Enskede. Sie gehörte einem Lars Edman, der laut Mieterverein seine Visitenkarte mit dem Titel »Schwedens schlimmster Privatvermieter« schmücken konnte. Ein Mann, der das Wort anständig nicht buchstabieren konnte, der sich zwischen Konkursen und trüben Geschäften durchs Leben schlängelte. Eine Stütze der Gesellschaft mit einer Zwölfzimmerwohnung an einer der ersten Adressen Stockholms, wo sich auch sein Büro befand.

Bei unserer ersten Begegnung kam er etwas zu spät angehetzt, lachend, er sei gezwungen gewesen, »einen Picasso zu verkaufen, hahaha«. Edman wusste sehr genau um meine Situation und konnte eine ordentlich überhöhte Miete nehmen, natürlich alles schwarz. Aber mir blieb keine große Wahl.

Die Nachbarn waren vermutlich nicht sehr begeistert von ihrem neuen Mitbewohner. Denn ziemlich bald schon gab es nachts ein ständiges Kommen und Gehen. Und nachdem ich eines Nachts meine Pistole abgefeuert hatte, konnte ich mir vorstellen, wie das Gerede im Haus ging. Das wird sicher nach Tommys Besuch nicht besser geworden sein. Er wollte eine zweite Pistole, die ich zu Hause hatte, testen. Er kam erst gar nicht auf die Idee, zu fragen, ob sie geladen war, sondern drückte einfach ab. Da war die Badezimmertür hin.

Ein einziges Mal fragte der Vermieter an, ob ich es vielleicht etwas ruhiger angehen lassen könnte. Das war, nachdem eines Nachmittags gut zwanzig Bekannte bei mir zu Besuch gewesen waren. Aber ich bezahlte die Miete rechtzeitig und so ging es nie über einen Appell hinaus.

Wenn man sie auf die richtige Weise führte, waren die illegalen Clubs natürlich sehr lohnend. Sie hatten geöffnet, wenn alle anderen Kneipen und Clubs geschlossen waren, alle arbeiteten dort schwarz. Keine Steuern, keine Sozialabgaben. Und um Mehrwertsteuer und Ausschankabgaben und alle anderen Auflagen scherten sich die Clubs ebenfalls nicht. Das lockte naturgemäß etliche Abenteurer, Leute, die glaubten, das schnelle Geld machen zu können, aber vielleicht nicht die nötigen Kenntnisse oder Erfahrungen für so eine Unternehmung hatten.

Aus der Perspektive eines rechtschaffenen Staatsbürgers gesehen, dachte man sicher nicht als Erstes an nette Kerle, wenn es um illegale Clubs ging. Aber von dort aus betrachtet, war es überhaupt nicht schrecklich. Ich kann beim besten Willen nicht sagen, dass ich jeden Tag meiner kriminellen Jahre bereue. Natürlich, da wurden viel Drogen genommen und ich war absolut kein netter Mensch, und etliche Male handelte es sich sicher um Grenzfälle, und Kokain war auch nichts so Dolles, wenn man bedenkt, wie schnell man abhängig wurde. Aber trotzdem waren diese Jahre nicht nur Scheiße. Man lernte wahnsinnig viele Menschen kennen, ein Teil davon Idioten, andere wie Tommy. Es gab so etwas wie Loyalität und ein gewisses Ehrdenken. Die Jahre waren also nicht durchweg vertane Zeit. Natürlich, wäre ich ein einziges Mal mit zwei Kilo Kokain auf dem Schoß in Tommys Auto erwischt worden, dann würde ich sicher anders reden. Aber ich hatte das unglaubliche Glück, dass ich nur wenige Male festgenommen und lediglich wegen Mithilfe bei illegalem Alkoholausschank verurteilt wurde, was zu einer Geldstrafe von ein paar Tausendern führte. Im schlimmsten Fall hätte ich für den Rest meines Lebens einfahren können, denn ich war ja, wenn auch meist nur am Rande, bei Drogengeschäften, Eintreibungen und bei Auseinandersetzungen dabei, die manchmal ziemlich gewalttätig verliefen.

Wenn ich an diese Jahre zurückdenke, ist das ein ziemlich gespaltenes Gefühl. Aber es gab Zeiten, wo das Leben wirklich brummte – eine Freiheit ohne Verantwortung, weshalb man alles mächtig cool und nett fand. Wie damals, als wir zu fünft in einer Wohnung saßen, von morgens sechs bis Mitternacht, schnupften und schrecklich tiefsinnige und philosophische Gespräche führten. Zumindest erlebten wir die Situation so. Aber hätten wir das Gespräch aufgenommen und einen Arzt zuhören lassen, dann wären wir wohl alle in der Klapse gelandet. Die Kommunikation zwischen uns funktionierte auch dann nicht, wenn einige etliche Tage und Nächte ununterbrochen zugange gewesen waren, während andere sich gerade ausgeruht hatten. Die Zustände, in denen wir uns befanden, waren zu unterschiedlich. So war es immer schwer, auf vernünftige Weise zusammenzukommen. Es war, als lebe man in verschiedenen Welten.

Die meisten meiner Freunde konnten und wollten sich mehrere Tage und Nächte hintereinander wach halten. Das bekam ich nicht hin. Nach vierundzwanzig Stunden begann ich mich verschwitzt zu fühlen, einfach eklig. Dann wollte ich nur noch nach Hause und allein sein. Ich hielt es mit anderen Leuten nicht mehr aus, meinte, sie würden mich anglotzen. Das war vielleicht nicht so verwunderlich, leichenblass wie ich war, unruhig und rastlos, die Augen riesig. Dann spielte es keine Rolle, dass ich Oberhemd und Krawatte trug und mit Steroiden vollgepumpt war. Nach einigen Tagen wusste ich dann nicht mehr, was ich gesagt hatte und was nicht. Das allein schon konnte einen verrückt machen. Deshalb blieb ich, wenn ich vierundzwanzig Stunden durchgemacht hatte, die nächsten zwei Tage immer zu Hause. Ich brauchte das, um mein Gleichgewicht wiederzufinden, um die Batterien aufzuladen.

Wenn ich mal in den Rückspiegel schaue, sehe ich heute, wie viel Zeit ich auf nichts verwendet habe, wie viele Gehirnzellen und wie viel von meinem Körper ich vielleicht zerstört und wie viel kostbare Zeit des Lebens ich einfach weggeworfen habe.

Manchmal war ich mit Rockmusikern zusammen, die total auf Speed abfuhren. Einer von denen hielt sich immer drei, vier Tage lang wach, denn dann erst kamen die Halluzinationen. Und auf die war er aus. Es ging ihm nicht um den anfänglichen Kick, für ihn waren die ersten Tage nur eine zu überwindende Strecke, bis er dann mit den Bäumen reden konnte und solche Merkwürdigkeiten.

Mir fiel es schwer, mich selbst zu spritzen, ich bekam das nie hin. Deshalb brauchte ich immer Gesellschaft, wenn ich was nahm, zumindest wenn ich spritzte. Spritzen und Kanülen wollte ich nie mit anderen teilen, auch nicht mit Leuten, die ich kannte. Ich benutzte nur Kanülen mit intakter Verpackung.

Die zu bekommen, war nicht immer leicht. Das Aidsrisiko spukte da natürlich rum. Und dann die Sache mit den Venen. Ich mochte das Gefühl ganz einfach nicht. Deshalb spritzte ich nicht sehr lange.

Meine erste Spritze setzte ich mir auf einem Fest bei Rockmusikern. Ich spürte wenig. Sie saßen beieinander und redeten darüber, wie heftig der Kick sei und dass sie niemals wie die Typen am Sergels Torg in der Innenstadt sein würden, das übliche alte Rechtfertigungsgeschwafel. »Wir sind keine Junkies, wir können aufhören, wenn wir wollen.« Das war natürlich nichts als Bullshit.

Merkwürdigerweise fällt mir der Name der Rockband nicht mehr ein. Aber es waren fröhliche Typen aus dem Norden, Rocker mit struppigen Haaren. Die waren richtig gut, bestimmt haben sie einen Plattenvertrag bekommen. Natürlich lebten sie gemäß dem Rockermythos oder versuchten es jedenfalls, à la Billy Idol. Wie auch immer, in der Nacht meinten sie, »hier ist eine intakte Verpackung, wenn du es also versuchen willst, helfen wir dir.« Ich weiß wirklich nicht, warum ich darauf ansprang, vermutlich war die Stimmung so. Also ab ins Schlafzimmer mit diesem Kerl, in aller Ruhe, damit niemand zuschauen und Stress verbreiten konnte.

Ehrlich gesagt, fand ich beim ersten Mal nichts dran. In der Wohnung waren so schrecklich viele Leute, dass ich nicht abschalten und entspannen konnte.

Beim zweiten Mal merkte ich bedeutend mehr. Das war bei mir zu Hause. Es war erschreckend. Überhaupt nicht mit dem Kick zu vergleichen, den man erlebt, wenn man sich Speed reinzieht. Es fiel mir wirklich schwer zu sehen, was beim Spritzen der Punkt sein soll. Obwohl ich gute Venen hatte, bekam ich Schwellungen. Abszesse bekam man, wenn man mit der Kanüle die Vene durchstochen hatte. Und das konnte verdammt weh tun. Wenn derjenige, der half, viele Tage wach gewesen war, wurde ich nervös, dass etwas passieren könnte.

Ich ließ das Spritzen ziemlich schnell wieder sein. Es war auch nicht so cool, nur in der Wohnung zu sitzen, drauf zu sein, abzuhängen und eigentlich nichts zu tun.

Nein, das verlief im Sande. Aber als ich als Türsteher anfing, war ich wieder am Schnüffeln, was bedeutend einfacher war als zu ballern. Das merkte ich nicht zuletzt, wenn ich mit meinen Rockerfreunden unterwegs war. Vielleicht war es ja ein Glück, dass ich mich nicht selbst spritzen konnte. Selbstverständlich trieb ich trotzdem Missbrauch. Einige meiner Freunde waren völlig auf Drogen. Aber wie immer bei Abhängigen logen wir den anderen und uns selbst was vor. Nein, natürlich hatten wir keine Probleme mit Abhängigkeit. Wir gingen doch ins Café Opera und in die illegalen Clubs und In-Kneipen und verdienten Geld und, klar, gab es Drogen, der Zugang war nicht unbedingt das Problem. Dazu gäbe es nichts weiter zu sagen, dachten wir.

Die Freunde, die schnüffelten, gehörten einer vollkommen anderen Kategorie von Rockern an als diejenigen, die spritzten. Sie zogen sich nicht in eine Wohnung zurück, wurden nicht schwierig. Aber unabhängig davon, zu welcher Kategorie man gehörte, im Kopf war man wie zugemüllt, wenn man drei Tage und Nächte am Stück wach geblieben war. Am zweiten Tag bekam ich außerdem Probleme mit dem Sprechen. Aber ich muss zugeben, dass ich von manchen wirklich fasziniert war, solchen, die drei, vier Tage ohne Unterbrechung wach bleiben konnten, ohne riesige Pupillen zu bekommen, und die noch immer reden konnten, nur vielleicht etwas schneller als ohne Drogen, aber ohne zu lallen.

Meine Angst vor Spritzen, mein Bedürfnis, nach einem Tag allein zu sein, und die mangelnde Kontrolle über meine Sprache haben mich wahrscheinlich davor bewahrt, als heruntergewirtschafteter Junkie zu enden. Mir fiel auch das Runterkommen schwer, dieses zu Hause rumliegen und tagelang vibrieren und nur sterben wollen. Nicht vor Mittwoch, Donnerstag fing ich langsam an, mich wieder normal zu fühlen. Und am Freitag war ich wieder drauf. Den Job an der Tür schaffte ich trotzdem. Aber manchmal war es sonntagabends schwer. Ich bekam kaum mit, was da an der Tür vor sich ging. Deshalb musste ich am Ende den Stoff aufgeben.

Ich wurde allerdings noch oft rückfällig, noch bis nach der

Geburt meines Sohnes Gustav 1994. Damals hatte ich angefangen zu studieren und mit den alten Kumpels ganz gebrochen. Abends arbeitete ich weiter als Türsteher, nur eben woanders. Das war gegen Ende meiner Karriere als Türsteher, ich hatte mit dem Trainieren, den Steroiden und überhaupt allem aufgehört. Deshalb war ich ziemlich zusammengeschrumpft. Aber prügeln konnte ich mich noch immer. Und da ich an Orten arbeitete, wo alte Bekannte und Rocker hinkamen, wurde mir gelegentlich was angeboten. Nein zu sagen, fiel mir endlos schwer. Heute hingegen würde ich die Drogen nicht mal mehr mit spitzen Fingern anfassen. Weil meine Situation heute ganz anders ist und ich erheblich mehr zu verlieren habe. Man braucht nicht viel Fantasie, um sich die Schlagzeilen vorzustellen: »Projektleiter wegen Drogenbesitzes festgenommen« oder so etwas wie »Ehemaliger Skinhead und Nazi ...« Heute würde ich es nicht mal mehr wagen zu probieren. Das Risiko, wieder wegzurutschen, ist viel zu groß.

Nach 1991 hatte ich außer den Jobs an der Tür mit Eintreibungen zu tun, mit Drogen- und Waffendelikten und Diebstählen, und das lief eigentlich alles perfekt. Aber dann drehte sich das Glück und ich wurde einige Male festgenommen, unter anderem, als wir aufgrund eines Hinweises irgendwo Computer einsammeln wollten. Der Tipp war nicht ganz echt und außerdem hatten wir das Pech, vom Wächter entdeckt zu werden, als wir einstiegen. Das waren außer mir noch zwei, einer davon ein Adoptivkind aus Afrika. Fakt ist, dass ich mittlerweile oft mit Ausländern zusammen war.

Glücklicherweise hatte der Wächter nicht gesehen, wie wir die Scheibe einschlugen, sondern nur, wie wir hindurch kletterten. Ehe wir rausgingen, checkte einer von uns das Fenster und entdeckte draußen lauter Streifenwagen.

»Scheiße! Haut ab!«

Als ich die Treppe runterrannte, stürzte ich und zwar mit dem Kopf gegen eine Wand, so dass ich für einige Sekunden weg war. Mittlerweile rannten die anderen raus und ich hörte die Polizei rufen: »Halt, stehen bleiben! Polizei!« Aber die pfiffen auf die Bullen und rannten weiter. Ich lag wohl etwa eine halbe Minute völlig benommen da, ehe ich wieder auf die Beine kam. Da hörte ich jemanden rufen: »Komm, verdammt, wir lassen die Hunde rein!« Das wollte ich nicht unbedingt miterleben, deshalb öffnete ich die Tür und ging raus, und dort stand ein Polizist mit einem vom Sicherheitsdienst Securitas und einem Hund. Der wunderte sich, wer ich denn sei, und ich erklärte, ich hätte mich nur verirrt. Aber so leicht ließen sie mich nicht laufen.

Stattdessen befahlen sie mir, mich zur Wand umzudrehen und stillzustehen. Dann durchsuchten sie mich. Sowohl der vom Sicherheitsdienst wie der Polizist, beide jung und unerfahren und die ganze Zeit mit der Hand am Halfter. Sie waren schrecklich nervös und viel ängstlicher als ich. Da war es am besten, sich ganz ruhig zu verhalten. Womöglich hätte es sonst noch geknallt.

Meine zwei »Kollegen« wurden ebenfalls von der Polizei eingesammelt. Aber obwohl wir uns nichts überlegt hatten, ja nicht einmal auf die Idee gekommen waren, dass wir geschnappt werden könnten, brachten wir alle drei etwa die gleiche Geschichte. Mit den Nationalen klappte so etwas niemals. Da zog dann jeder für sich seine Story ab, ohne irgendeinen gemeinsamen Nenner. Unter den Kriminellen war man mehr oder weniger unbewusst aufeinander eingespielt und tat, was man konnte, damit alle es schafften. Das hatte zwar ein wenig von diesem »einer für alle, alle für einen«, worüber die Nationalen große Reden schwingen, was sie aber nie in die Praxis umsetzen – es sei denn, es geht darum, Leute aufzumischen.

Im Untersuchungsgefängnis waren etliche Polizisten, die mich und meine Einstellung von früher her kannten. Sie wunderten sich: »Was soll das, was machst du denn mit einem Neger?« Ich brachte eine Story von einer Kneipe, wo ich Bier getrunken und die beiden Typen getroffen hätte. Als die Kneipe zumachte, wollten wir uns was anderes suchen. Unterwegs seien wir dort vorbeigekommen. Und da wir mal mussten und dort ein Fenster offen stand, und klar war das bescheuert, aber wie das so ist, wenn man betrunken ist, so seien wir reingeklettert. Die Handschuhe und die Brecheisen hatten wir drinnen zurückgelassen, als die Polizei kam. Aber die gehörten natürlich nicht uns. Nun ja, die Polizei ging vermutlich davon aus, dass wir alles zugeben würden. Deshalb nahmen sie in der Nacht keine Blutprobe. Als dann am nächsten Morgen die richtigen Verhöre losgingen, war es zu spät, um Alkohol nachzuweisen.

Aus irgendeinem unerfindlichen Grund hatten wir alle drei in etwa die gleiche Geschichte gebracht. So war von Einbruch nie die Rede, höchstens von unerlaubtem Eindringen. Nach ein paar Tagen ließen sie uns laufen. Auch bei der Verhandlung kam ich bestens weg. Denn weil der Dritte von uns noch ein paar andere, kleinere Sachen laufen hatte, die warteten, trennten sie unsere Verfahren ab, seins kam als Erstes dran. Er bekam einen Monat Gefängnis, denn das Gericht glaubte die Geschichte vom unerlaubten Eindringen nicht. Aber das taten die, die zwei Wochen später unsere Verhandlung führten. Mein Anwalt begriff gar nichts mehr. Er las das Urteil des anderen und meinte, jetzt müssten wir auch rein. Aber nichts da. Stattdessen bekamen wir zum unglaublichen Ärger des Anklägers nur ein paar tausend Kronen Bußzahlung.

Ja, ich hatte sagenhaftes Glück gehabt. Denn jedes Mal, wenn Justitias Netz dabei war, sich zusammenzuziehen, gelang es mir, wieder hinauszuschlüpfen. Es kam einige Male vor, dass ich gerade eine Wohnung verlassen hatte, ehe die Bullen zuschlugen. Deshalb blieb ich tatsächlich einzig wegen Mithilfe beim illegalen Alkoholausschank hängen und weil ich in einem illegalen Club arbeitete. Aber was bedeuteten schon mehrere tausend Kronen Bußgeld!

In den illegalen Clubs gab es regelmäßig Razzien und fast immer hatte man ein paar Gramm Koks oder Amphetamine in der Tasche, die man von Freunden oder Bekannten zugesteckt bekommen hatte. Das zählte zwar nicht zu schweren Drogenvergehen, reichte aber aus, um einzufahren. Wenn man bedenkt, dass ich vorbestraft war, hatte ich fast immer ein paar Monate hinter Gittern in der Tasche.

Bei einer Razzia versucht man als Türsteher, die Tür abzuschließen, um die Bullen daran zu hindern, reinzukommen. Die müssen sie erst aufbrechen und währenddessen kann man alle, die sich im Club aufhalten, warnen. Das Geld muss versteckt werden, denn das beschlagnahmen sie regelmäßig, und wer Drogen hat, muss sie loswerden. Während so einer Razzia kam ich mal gerade rechtzeitig runter, setzte mich an einen Tisch und tat so, als sei ich Gast, als ich an der Bar zwei Zivile entdeckte. Im selben Moment gelang es den Kollegen, die Tür aufzusprengen. Verdammte Scheiße, dachte ich, ich habe ja sechs Gramm in der Außentasche der Bomberjacke! Jetzt ging es um Sekunden. Ich beugte mich vor, tat so, als würde ich mich am Fuß kratzen, zog die Tüte aus der Tasche und schob sie nach hinten, hoffend, keiner möge sie sehen. Blöderweise landete die Tüte neben zwei Gästen, die keine Ahnung hatten, dass ihnen gerade einer Dynamit unter die Bank geschoben hatte. Die Bullen fanden den Stoff und stellten außerdem fest, dass einer der beiden angeturnt war. Da wurden die zwei wegen der sechs Gramm festgenommen. Als ich mit dem Filzen dran war, fühlte ich mich total cool. Bis mir einfiel, dass ich immer noch das Pappröhrchen in der Tasche hatte, mit dem ich das Koks schnüffelte. Das können sie nicht übersehen, dachte ich. Außerdem war ich seit mehr als vierundzwanzig Stunden wach, man musste merken, dass ich angeturnt war. Aber sie ließen mich in Ruhe, obwohl ich eine Schutzweste trug, ein untrügliches Zeichen, dass ich hier als Wache jobbte, und ein festgerolltes Pappröhrchen hatte. Aber offenbar begriff derjenige, der mich untersuchte, nicht, wofür das gut war, denn er nahm es, schaute es an, legte es mit all den anderen Sache zur Seite, nahm es wieder, drehte und wendete es, sah aber nicht, dass da noch ein paar weiße Körnchen dranhingen. Ich stand nur da und erwartete, dass es jede Sekunde knallen würde.

Aber ich bekam den ganzen Kram zurück und alles war eitel Freude.

Doch, ich hatte unverschämtes Glück. Immer, wenn es schief zu gehen drohte, konnte ich auf Abstand gehen. Dabei hätte ich genauso gut bei den Eintreibungen wie bei den Razzien geschnappt werden können. Und die Leute, mit denen ich zu tun hatte, redeten lang und breit am Telefon über das eine wie das andere. Dass das Telefon abgehört werden könnte, hatten sie nie auf der Rechnung.

Bei einer Raveparty, so einer Veranstaltung, die Tag und Nacht dauert, und wo die Polizisten wie die Geier hinterher sind, ging ich zum Pinkeln raus und um mir ein bisschen Stoff reinzuziehen. Als ein schwarzer Saab angefahren kam und hielt, wusste ich sofort, was Sache war. Ich hatte ziemlich viel dabei, rund dreißig Gramm, für Freunde, die kommen wollten. Als ich da neben dem Betonpfeiler stand und mich umsah, war ich sicher, dass die Polizei von der Wohnung gegenüber aus alles beobachtete. Ich musste es drauf ankommen lassen. Deshalb nahm ich das Zigarettenpäckchen, in das ich den Stoff reingedrückt hatte und warf es von dort hinter dem Pfeiler weg, hoffend, keiner würde das sehen.

Im nächsten Augenblick kamen die Bullen. Sie wussten nicht, dass ich was weggeworfen hatte, weil sie diesen Teil meines Körpers nicht hatten sehen können. Ich trat ein paar Schritte zur Seite, grüßte »hallo, ich stehe hier und pinkle«. Aber das glaubten sie nicht, also kontrollierten sie die Schuhe und das Übliche, und ich dachte, ach du liebe Güte.

Eine Polizistin leuchtete mit der Taschenlampe die Umgebung ab. Viel Müll, wie halt manchmal rings um solch alten Beton, auch mehrere alte Zigarettenpackungen. Sie suchten nicht weiter, leuchteten mir nur in die Augen und meinten nach meinen Pupillen, ich hätte was genommen. Aber das war Anfang der neunziger Jahre, bevor man die Strafe für den Verbrauch verschärft und Urinproben eingeführt hatte.

Hätten sie die Zigarettenpackung gefunden, dann wäre ich sofort im Knast gelandet. So konnten sie nur konstatieren, dass ich was genommen hatte. Das bestritt ich natürlich. So ging es ein bisschen hin und her. Mehr als meinen Ausweis zu kontrollieren, konnten sie nicht tun.

Ja, meine Schutzengel haben mir manches Mal zur Seite gestanden.

15

1992 ging das Leben mit Jobs in verschiedenen illegalen Clubs weiter seinen gewohnten Gang. Ich arbeitete jetzt vor allem bei Bell's. Daneben bekam ich sporadisch kriminelle Aufträge, die einen beachtlichen Teil zur Kasse beitrugen, auch wenn das nie weit reichte. Der Freundeskreis dünnte aus, weil einer nach dem anderen im Gefängnis landete. Ich wurde in dem Jahr zweimal verurteilt, einmal wegen illegalen Ausschanks alkoholhaltiger Getränke. Das abzuwenden war schwer, denn ich jobbte in dem illegalen Club. Das zweite Mal wegen Diebstahls und kleineren Sachen. Aber es gab keine eigentliche Strafe, und das Leben ging weiter, als wäre nichts geschehen.

Natürlich hätte ich einsehen können, dass ich mit Riesenschritten dem Knast entgegeneilte. Und natürlich hätte ich jegliche kriminelle Tätigkeit einstellen müssen. Stattdessen lachte ich bloß bei dem Gedanken, geschnappt zu werden.

Aber Hochmut kommt vor dem Fall, wie es heißt. Als ich etwas später bei einer Razzia anlässlich einer Raveparty auf einen Polizisten der Landespolizei stieß, gab er mir was zu denken mit auf den Weg. Ich war ein paar Tage zuvor bei einer sehr heftigen Eintreibung gegen einen Jugoslawen dabei gewesen, der Tommy um viel Geld betrogen hatte. Die Einzigen, die von dieser Eintreibung wussten, waren der Typ, der Dresche bekommen hatte, und derjenige, der mit mir und Tommy zusammen gewesen war, insgesamt also nur vier Personen. Der Polizist kam also zu mir, grüßte und fing Smalltalk an. Wir Türsteher kannten ja die Polizisten, die immer rumfuhren und die Kneipen kontrollierten. Und es gab keinen Anlass, unfreundlich zu sein, das wäre nur merkwürdig gewesen.

Plötzlich sagte der Polizist:

»Die Kollegen lachten, als sie von dem Kerl hörten.«

»Wovon sprichst du*?«

* In Schweden ist es üblich, sich zu duzen.

»Na, von dem, den ihr vermöbelt habt.«

»Ich habe keine Ahnung, wovon du redest.«

»Der mit den fünfzigtausend.«

Ehe ich reagieren konnte, fuhr er fort:

»Du musst dir keine Sorgen machen! Von uns schert sich keiner um diese Art von Eigensanierung. Ich meine, er hat bei uns einen schlechteren Ruf als du und deine Freunde, hahaha. Aber es ist doch besser, du passt in Zukunft auf. Das Glück hält nicht ewig.«

Ob ich wohl feuchte Hände bekam?

Woher zum Teufel konnte der Bulle das alles wissen? Es war also doch nicht alles wasserdicht. Wer von uns vier hatte geredet? Vielleicht hatte jemand gar nicht bewusst gequatscht, sondern war nur unvorsichtig am Telefon gewesen. Wer von uns wurde abgehört? Tommy? Alle? Keiner wusste was. Als ich überlegte, worüber wir so am Telefon geredet hatten, wurde ich nicht unbedingt ruhiger. Falls wir abgehört wurden, wusste die Polizei von unseren Dealereien und dass ich beim Verteilen des Stoffs an die Kunden beteiligt war.

Nein, jetzt musste Schluss sein! Ich hatte sagenhaftes Glück gehabt und das würde nicht mehr lange halten. Bei meiner kriminellen Vergangenheit konnte ich nicht so tun, als ob ich nichts begriffe.

Diese vernünftigen Überlegungen setzten mir aber nur für diese eine Nacht einen Dämpfer auf. Schon am folgenden Tag, nach ein paar Nasen Amphetamin, war ich wieder in Kneipen unterwegs und alle Unruhe war wie weggeblasen. Was soll's, mir passiert nichts, dachte ich. Better to burn out than to fade away!

Die Sache mit festen Beziehungen zu Frauen war nie mein Ding gewesen. Ich hatte mich nie sonderlich für Bräute interessiert. Ich schaffte es nicht, eine engere Beziehung zu einer Frau zu haben, es stank mir immer nach ein paar Tagen. Vermutlich handelte es sich um das, was man Mangel an Empathie zu nennen pflegt, gefühlsmäßig gestört. Und da ich nie Manns genug war, Schluss zu machen, zog ich mich stattdessen einfach zurück, bis die Frau anrief und mir erzählte, ich solle zum Teufel gehen. Dann konnte ich ihr das Scheitern zur Last legen. Sie hat es gekippt, konnte ich sagen.

Aber dann traf ich Pyttan, und das sollte mein Leben verändern. Pyttan war eigentlich Krankenschwester, hatte sich aber beurlauben lassen, um in einer Kneipe zu arbeiten. Sie war nicht gerade ein Engel und wusste, womit wir Türsteher uns so beschäftigten. Sie selbst hatte wohl auch mal Drogen probiert, war aber nicht kriminell.

Merkwürdigerweise hassten wir beide uns anfangs. Aber das ging schnell vorbei und wandelte sich zu etwas sehr viel Angenehmerem. Ich begriff, ich würde sie verlieren, wenn ich mich nicht zusammenreißen und den Stoff zum Teufel schicken würde. Oder sie würde in meinen Missbrauch mit hineingezogen werden. Und von dem Gedanken war ich nicht so angetan. Denn selbst wenn ich keine direkten Zukunftspläne hatte, merkte ich doch, dass die Uhr tickte und es an der Zeit war, erwachsen zu werden.

Ich weiß nicht, was zwischen mir und Pyttan passierte. Mit Wörtern wie Verliebtsein und Liebe werfe ich nicht unbedingt um mich. Auf jeden Fall war da was, etwas, das sich richtig anfühlte und wichtig, etwas Ernstes. Und nun konnte ich nicht länger mein Ding durchziehen, jetzt waren wir ja zwei.

Aber immer noch ging es um Drogen und immer noch lebte ich das Dasein mit illegalen Clubs, Türsteherei und andauerndem Zoff. Bei Bell's gab es jeden Abend Auseinandersetzungen und Schlägereien. Und ich wurde dafür bezahlt, gegen diesen Zoff was zu unternehmen. In der Freizeit waren es dann und wann Eintreibungen, die auch nicht gerade friedlich abliefen.

Ich steckte wirklich in der Rolle des Gewalttätigen fest. Ich hatte Kollegen im Café Opera, die sich nie trauten, mich nicht reinzulassen, obwohl ich jedes Mal dort in Schlägereien verwickelt wurde. Wenn man sich am Mittwoch und Donnerstag schlecht benahm, war man am Sonntag trotzdem willkommen, wenn man sich entschuldigte. Hausverbot bekam ich nie. Im Gegenteil! Stattdessen halfen sie mir, durch die Hintertür zu entkommen, wenn Gäste, die was abbekommen hatten, die Polizei riefen. Ich selbst hätte nie so einen reingelassen, ob Freund oder Kollege oder krimineller Bekannter, wenn ich wusste, dass diese Person nur Probleme machte. Niemals!

Es mag vielleicht komisch klingen, aber ich wollte mich eigentlich nicht prügeln. Deshalb ging ich doch nicht ins Café. Doch Fliegen werden vom Dreck angezogen. Und wenn man erst einmal in dieser Rolle steckt, dann ist es wahnsinnig schwer, da wieder rauszukommen. Die Leute kommen an und provozieren einen. Und dann gibt es Bekannte, denen man helfen muss, sonst verliert man sein Gesicht.

Die Beziehung zu Pyttan entwickelte sich sehr schnell. Plötzlich war sie mehrere Wochen lang beinahe jeden Tag bei mir.

Bevor wir uns begegnet waren, hatten sie und eine Freundin beschlossen, im Frühjahr1992 für vier Monate nach Rhodos zu fahren und dort zu jobben. Das hatte sie mir schon zu einem frühen Zeitpunkt unserer Beziehung erzählt, ich war damit völlig einverstanden. Dachte, das wäre mir eh egal, so lange würde das sowieso nicht halten. Aber je näher die Reise nach Rhodos rückte, um so ernsthafter war unsere Beziehung geworden. Und mit einem Mal wurde die Situation ziemlich stressig. Am Ende versuchte ich sie zu überreden, nicht zu fahren. Aber selbstverständlich fuhr sie, sie wollte die Gelegenheit nicht verpassen.

Wir hatten verabredet, dass ich einen Monat später runterkommen sollte. Aber dieser eine Monat wuchs in meiner Fantasie ins Unendliche. Als sie weg war, ging ich total in die Knie. Ich wurde völlig rabiat und es war gar nicht angenehm, mit mir zu tun zu haben. Es war so weit, dass mein Zustand anfing, meine Kollegen im Galaxy und Bekannte zu beunruhigen. Denn niemand konnte mehr mit mir umgehen. Ich konnte nicht mal mehr jobben, sondern schlug nur nach links und rechts aus. Unter anderem traf es einen Barkeeper. Der wusste nicht, wie ernst unsere Beziehung war, und hatte so diesen Männerton drauf, dass sie wohl dort unten mit einer Menge Griechen schlafen würde. Vor einer Schlange von Gästen schickte ich ihn zu Boden! Da kam der Wachdienstchef auf mich zu und erklärte: »Du kannst nicht arbeiten, das geht nicht, du bist schlimmer als üblich.«

Er hatte völlig Recht. Ich konnte nicht arbeiten, war vollkommen von der Rolle, nicht ganz frisch. Ich beschaffte mir Geld und fuhr schon im Mai, um die Sache in Ordnung zu bringen. Aber viel Ferien wurden das nicht, denn dort unten stieß ich auf eine Menge Volk aus Stockholm. Mein Ruf, mein verfluchter Ruf, war mir vorausgeeilt. Statt Ferien zu machen, saß ich mit den Stockholmern zusammen, und wir planten »Geschäfte«, wollten Steroide nach Schweden schmuggeln.

Eines Abends hatte ich das Gefühl, dass ich nie aus dem ganzen Schlamassel rauskommen würde. Überall traf ich auf »schwierige« Menschen. Pyttan und ich entschlossen uns, nach Hause zu fahren, ich an einem Montag, sie am Tag darauf, aber drei Monate zu früh.

Zu Hause lief es wie immer. Allerdings wurde es immer stressiger und immerzu fuhren mir die Gedanken im Kopf herum. Eine ganze Menge kranker Sachen passierten, Sachen, die ich machte, aber nicht hätte tun müssen. Irgendwo tief in mir gab es trotzdem noch Hoffnung, dass sich das Leben vernünftiger weiterentwickeln könnte als bisher. Eine von denen, die mir Hoffnung machten, war Monika Brandt, Therapeutin in der Suchthilfe des Sozialdienstes von Enskede-Årsta. Heute könnte ich ihre professionelle Hilfe nicht mehr bekommen. Denn mittlerweile hat man die vorbeugende und die langfristige Hilfe innerhalb des Sozialdienstes gestrichen.

Ich hatte Monika Brandt vor ein paar Jahren kennen gelernt, als ich einen Versuch unternommen hatte, mein Leben auf die richtige Spur zu bringen und mich bei der Behandlungszentrale (FBC) angemeldet hatte. Ich werde unsere erste Begegnung nie vergessen. Sie war eine Frau, die mir gerade bis zur Brust reichte, aber vortrat und so verdammt direkt war, dass ich dem nichts entgegenzusetzen hatte.

Mir gelang es beim FBC übrigens nicht, mit dem Missbrauch Schluss zu machen.

Paradoxerweise tat Tommy, mein alter Kontakt aus Svartsjö, mehr dafür, mich von den Drogen wegzubekommen als FBC und andere. Klar war Tommys Interesse, mich von Spritzen und dem allgemeinen Verfall fern zu halten, mehr Ausdruck seines eigenen Interesses als von sozialem Pathos. Denn Tommy hatte schon lange eingesehen, dass Erfolge im Bereich des Verbrechens mit harten Drogen auf die Dauer unvereinbar waren. Ich selbst erhielt den handfesten Beweis bei der Sache mit dem Geldschrank. Außer mir waren noch drei andere beteiligt. Einer war übrigens ein rabenschwarzes Adoptivkind aus Afrika. Ein anderer war so zu, dass er überall Stimmen und andere Geräusche hörte. Und kaum knackte es an dem Ort ein bisschen, fing er an, Meißel und Stemmeisen gegen imaginäre Polizisten zu werfen, so dass wir den Platz verlassen mussten – ohne Geldschrank!

Tommy hatte also seine eigenen Gründe, warum er mich von den Drogen weghalten wollte. Aber wenn er mich auch immer tiefer in eine andere schwere Kriminalität hineinzog, so schützte mich das doch gleichzeitig davor, ein lallendes, abgewracktes Etwas zu werden. Und als es mir so langsam gelang, mich dazu zu entscheiden, mein altes Leben hinter mir zu lassen, war das letztendlich ein Plus.

Ich begann also, bei Monika eine Therapie zu machen, obwohl ich mir von unseren Gesprächen nichts versprach. In Wahrheit ging ich vor allem da hin, um vom Sozialdienst mehr Geld zu bekommen, einen Zuschuss zu meinem Schwarzarbeiterlohn. Wenngleich also meine Besuche bei ihr eine schwankende Basis hatten, wollte ich dennoch den Kontakt mit ihr weiterhin halten. Ich erschien immer zu unseren Treffen, selbst wenn ich mal drauf war und nicht einmal versuchte, das zu verbergen oder zu lügen. Gleichzeitig hatte ich wieder angefangen, knallhart zu trainieren. Ich nahm jede Menge Steroide ein und Genoptrin, das Wachstumsmittel für Zwerge. Die Steroide nahm ich in Form von Tabletten, Genoptrin als Spritzen. Die musste mir Pyttan, gegen ihren Willen, ein paar Mal in der Woche geben.

Ich trainierte an sechs Tagen in der Woche, schwoll von den

Steroiden an, arbeitete an der Tür, machte den einen oder anderen kriminellen Job auf Bestellung und war ganz allgemein psychisch am Ende. Ich fing wirklich an, schwierig zu werden. Die Kombination von Steroiden, Drogen und Alkohol war nicht unbedingt sehr gesund.

Eines Abends war ich mit einer ganzen Gruppe im Bell's, um zu feiern, weil einer der Freunde heiraten wollte. Bis zur Eingangstür reicht meine Erinnerung. Aber nach dem Schritt über die Schwelle ging das Rollo runter und ich war vollkommen weg. Leider galt das nicht für die Kollegen und Freunde, die sich an umso mehr erinnern. Peinlich ist wohl gar kein Ausdruck für das, was ich in der Nacht anstellte. Bis dahin, dass ich den neuen BMW des Discjockeys zertrümmerte.

Nun, das war wirklich jämmerlich. Damals hatte ich verstärkt Kontakt zu Leuten aus suspekten Biker-Clubs. Dann die Kriminellen auf der Freundesliste. Und ich schnüffelte weiter und trainierte wie ein Verrückter und wurde immer größer.

Schließlich hatte Pyttan so langsam die Nase voll, Monika, die Therapeutin, ebenso. Ich war in eine Sackgasse geraten und musste da wieder raus. Oder ich konnte auch so weitermachen, bis ich mit dem Kopf an einer Betonwand landete. Alternativen gab es nicht. Ich sah es ein, ich hatte wirklich über mein Leben nachgedacht, sozusagen auf halbem Weg eine Art Zwischenbilanz gezogen.

Was zum Teufel hatte ich erreicht?

Zu Vater hatte ich den Kontakt ganz verloren und meine Mutter war vor ein paar Jahren gestorben, als ich im Knast saß. Irgendwo am Rand gab es zwar meine Schwester, aber wir hatten so gut wie keinen Kontakt. Mir war auch klar, dass bald wieder eine Runde im Knast angesagt war. Man musste sich ja nur umschauen. Die Freunde verschwanden, einer nach dem anderen. Einer von ihnen, Tony, ein Typ, mit dem ich einige Geschäfte gemacht hatte, furchtbar netter Kerl, ging rein für schweren Raub, er bekam acht, zehn Jahre.

Etliche andere meiner Türsteherkollegen fuhren wegen schwerer Drogendelikte ein. Einer von ihnen, ohne Vorstrafen, fing mit größeren Geschäften an und verschaffte sich umgehend zwölf Jahre. Ein anderer, der mit seinen polnischen Amphetaminlieferanten Mist gebaut hatte und deshalb von ihnen verpfiffen worden war, vertauschte seine Wohnung außerhalb der Mauern gegen sechs Quadratmeter dahinter. Irgendwie musste ich also einsehen, dass die Bullen ziemlich genau Bescheid wussten, was sich in den kriminellen Kreisen so zutrug, was ein weiterer Grund war, abzuspringen. Denn selbst wenn ich meist nur am Rande eine Rolle spielte, so war ich doch hier und dort mit dabei. Außerdem war ich mehrmals festgenommen worden und hatte mildere Strafen bekommen. Und dass die Polizei von mir und meiner Rolle wusste, das zeigte sich bei einem Verhör noch mal ganz klar. Das war nicht so wie geplant gelaufen und sie waren deshalb frustriert. Da wurde ich dann sehr offen informiert, dass es nur noch eine Frage der Zeit sei, bis sie mich im Sack hätten und dass es ihnen ein Vergnügen sein würde, mich einzubuchten. Das Versprechen wurde mit diversen Ergüssen zu meiner Person ergänzt, worunter die Bezeichnung Schwein fast als Kompliment betrachtet werden musste.

Mir war klar, dass die Polizei Recht hatte. Es war nur eine Frage der Zeit, bis sie zuschlagen würden. Und ich war bald dreißig. Die Situation wurde nicht unbedingt gemütlicher, als Monika die Geduld verlor. Sie hatte ganz einfach eine Wut auf mich, was nicht nur vollkommen richtig war, sondern darüber hinaus so einzigartig, dass ich mir wirklich zu Herzen nahm, was sie sagte.

»Jetzt musst du dich, verdammt noch mal, entscheiden. Entweder nimmst du das jetzt ernst oder du machst mit deinen Biker-Freunden weiter. In dem Fall ist dort die Tür und dann werde ich für dich nie mehr zu sprechen sein. Ich werde außerdem dafür sorgen, dass du auch zu keinem von den anderen hier kommen kannst.« Sie zeigte mit einem vollständig beherrschten, aber bestimmten Gesichtsausdruck zur Tür. Mir war klar, dass sie ganz sicher zu dem stehen würde, was sie gesagt hatte, dass ich weder mit Charme noch Tränen bei ihr was erreichen würde. Davon hatte sie über die Jahre hin zu viel gesehen, sie ließ sich nicht manipulieren.

Was für eine Frau! Was für eine Selbstsicherheit, was für eine innere Stärke! Teufel auch. Wie konnte sie es wagen! Was hatte sie, die mir nur bis zur Brust reichte, was hatte sie mir mit meinen hundertundzehn Kilo Muskeln mit den Tätowierungen und allem entgegenzusetzen? Was zum Teufel bildete sie sich ein?

Nun, sie meinte in der Tat jedes einzelne Wort genau so. Das machte mich ängstlich. Angst hatte ich an und für sich oft gehabt. Aber dieses Mal merkte ich, dass es verdammt ernst war. Sie brachte mich dazu, Angst zu bekommen, Angst um mich selbst, Angst um die Zukunft, Angst um das Leben. Dann setzte Pyttan noch eins oben drauf:

»Du kannst nicht dein Leben lang Türsteher und Krimineller sein. Ich habe keine Lust, mit einem Loser zusammen zu sein. Warum unternimmst du nicht stattdessen etwas? Du kannst reden und du kannst denken, warum gehst du nicht zu Komvux* und fängst an, was zu lernen? Du musst es auf jeden Fall versuchen. Sonst gehe ich!«

Ja, Monika und Pyttan. Pyttan und Monika. Sag einer was von weiblicher Verschwörung!

Um die Wahrheit zu sagen, war ich nicht auf eigene Initiative zum Sozialdienst und zu Monika Brandt gegangen. Anders Carlberg vom Fryshus war es, der zusah, dass ich dort hinkam. Man darf auch nicht kleiner machen, was Carlberg später zuwege brachte, und dass er immer da war, wenn ich reden musste. Dann hatte natürlich auch mein eigener Wille eine gewisse Bedeutung. Aber der allein hätte nicht ausgereicht. Und ich glaube, nur sehr, sehr wenige schaffen es, ihr Leben ganz allein, ohne irgendeine Unterstützung zu ändern.

Schon als ich zum ersten Mal aus dem Knast gekommen war, hatte Carlberg für den Bereitschaftsjob im Fryshus gesorgt. Es war schon gut, etwas zu haben, wo man tagsüber hinkonnte. Aber diese Hilfe war trotzdem nicht die richtige. Jemandem einen Schreibtisch zur Verfügung zu stellen mit

* Kommunala vuxenutbildningen, kommunale Erwachsenenbildung, ähnlich der deutschen Volkshochschule

den Worten: »Hier kannst du sitzen und arbeiten«, das verändert ja nichts. Ich klebte Briefumschläge und verschickte Zeitungen und machte Sachen, die ich vollkommen sinnlos fand. Ich war mental noch nicht bereit. Damals stand ich mit beiden Beinen in der anderen Welt. Nicht einmal eins draußen, eins drinnen. Zur Kürze meines Aufenthalts im Fryshus trug auch bei, dass einer der Betreuer dort unter den Mitarbeitern verbreitete, man könne doch nicht einen verurteilten Gewaltkriminellen im Haus haben. Das kam mir natürlich zu Ohren und ich empfand es von seiner Seite als Falschheit. Wir kannten uns doch, selbst wenn wir nicht gerade Freunde waren. Auch ökonomisch gab der Job nichts her. Da verdiente ich mehr, wenn ich schwarz bei Umzügen half. Ich gab den Bereitschaftsjob schnell auf, fing wieder bei der Umzugsfirma an und kombinierte das mit Kriminalität.

Als ich jetzt, drei Jahre nach meiner ersten Haftentlassung, dabei war, einen weiteren entscheidenden Schritt in meinem Leben zu unternehmen, wurde ich in eine unschöne Mordgeschichte verwickelt. Ich kam in Verdacht, weil eine meiner Türsteherkolleginnen sich mal bei mir erkundigt hatte, ob ich mithelfen würde, bei einem älteren, vermögenden Mann Schulden einzutreiben.

Vermutlich sah man ziemlich rasch ein, dass ich mit dem Mord an diesem Mann nichts zu tun hatte. Gleichzeitig gab es keinen Zweifel daran, dass die Polizei über das, was ich tat, Bescheid wusste. Und sie hatten deutlich gezeigt, dass sie nicht aufgeben würden, bis sie mich hinter Schloss und Riegel hätten. In dem Augenblick, als die Drohung ausgesprochen wurde, schob ich sie beiseite. Aber etwas später, als ich allein in einer Kneipe saß und ein Bier trank, kamen mir die Worte wieder in den Sinn. Und da wurde mir glasklar, so als ob es etwas Neues wäre, dass genau das ja der Job eines Bullen war, solche wie mich festzusetzen. Also da hatte ich nun den Schwarzen Peter. War ich wirklich bereit, das Schicksal immer weiter herauszufordern? Vielleicht zehn Jahre im Knast zu riskieren, alle Türen zur Zukunft zuzuschlagen, Pyttan zu verlieren und die Therapeutin Monika?

Eigentlich sollte man annehmen, dass die Wahl leicht gewesen wäre. Aber ich hatte gerade zugesagt, bei einem großen Ding mitzumachen, mein Honorar sollte mehr als eine Million Kronen betragen, vielleicht zwei. Klar lockte das Geld. Für einen Augenblick war ich so weit, mit Pyttan zu reden, zu versuchen sie rumzukriegen: das Geld nehmen, es investieren und notfalls die Strafe absitzen. Voraussetzung war, dass sie auf mich wartete. Es gab noch ein Problem. Mir war nicht klar, wann das Geld ausbezahlt werden sollte und ob ich schaffen würde, es anzulegen, ehe ich festgenommen wurde. Es hätte passieren können, dass ich für viele Jahre reinkam, ohne vom Geld was gesehen zu haben.

Hätte der Geschäftsmann, den ich kannte und dem ich vertraute, seine Pläne sofort umgesetzt, dann wäre ich auf den Zug aufgesprungen. Aber es zog sich hin, ich bekam viel Zeit, darüber nachzudenken, meine Beziehung zu Pyttan wurde tiefer und tja, es wurde nichts mit den Millionen.

Pyttan und Monika hatten mir außerdem ein Ultimatum gestellt. Aber ich konnte das alte Leben nicht einfach auf einen Kleiderbügel in den Schrank hängen und mit einem neuen Anzug herauskommen. Ich konnte nicht so einfach all die alten asozialen und kriminellen Denkmuster durch anständiges Denken ersetzen. Pyttan wies darauf hin, dass ich demnächst dreißig würde, nun wirklich nicht blöd im Kopf sei und dass sie keine Lust hätte, mit einem zusammenzusein, der immer mal wieder im Gefängnis landen würde.

Wenngleich man einen Überseedampfer nicht auf einem Groschen wenden kann, fing ich doch ernsthaft an, mein Leben zu ändern – ein Prozess, der noch immer andauert.

Wäre ich Pyttan nicht begegnet und hätte ich niemanden sonst gefunden, der sich aus mir etwas machte, dann wäre mir alles egal gewesen und ich hätte aufgegeben. Aber Pyttan brachte mich auf Trab. Ehe ich ihr begegnet war, hatte ich vielleicht ein paar Tage im Voraus gedacht, wenn es nicht gerade darum ging, ein Verbrechen zu planen. Morgens beim Frühstückskaffee zusammenzusitzen und über Zukunftsträume zu reden, für die Rente zu sparen und all so etwas, das war mir vollkommen fremd. Aber sie hatte Recht, ich würde meine Schwarzarbeit nicht bis zu meinem Sechzigsten machen können. Ich hatte kein offizielles Einkommen und würde deshalb keine Rente bekommen. Sie fand, ich sollte noch mal anfangen zu studieren, und sei es nur um tagsüber was Vernünftiges zu tun zu haben.

Meine Erfahrungen aus der Schulzeit waren nicht so verlockend, um gerne daran anzuknüpfen. Aber Pyttan war stur und ich kam nicht gegen sie an. Also bewarb ich mich bei Komvux. Dass ich dort zum Sommerhalbjahr anfing, geschah mehr als Zugeständnis an den häuslichen Frieden als aus Sehnsucht nach dem Lernen. Wenn ich mich nicht irre, forderte auch der Sozialdienst, ich solle mehr tun, als auf Drogen zu verzichten und zur Therapie zu gehen.

Ich fing bei Komvux am Gullmarsplan an und das erste Halbjahr war der reinste Alptraum. Denn gleichzeitig arbeitete ich noch als Türsteher und in illegalen Clubs und es fiel mir irre schwer, mich von Drogen fern zu halten. Außerdem kam ich nicht damit zurecht, wenn Leute gegen mich waren, andere Ansichten vertraten als ich. Darauf reagierte ich total krank, zumindesten nicht unbedingt normal. Wie in einer Stunde ganz am Anfang. Da war ich anderer Meinung als ein Schüler, der aus einem Zentrum der Suchthilfe kam. Es war ein ganz gewöhnlicher Disput, den ein Dreißigjähriger auf erwachsene Weise hätte bewältigen können müssen. Aber nicht ich. Ich war am Schluss so wütend, dass ich aufstand und den Mann bat, mit mir vor die Tür zu gehen, um die Sache mit den Fäusten zu klären.

Das war nicht gerade eine gelungene Reaktion. Der Lehrer, ein vernünftiger alter Linker, beruhigte mich. Er machte mir klar, dass ich nach Hause gehen müsse, obwohl ich in den ersten Tests gute Noten geschrieben hatte. Aber ich wollte das Halbjahr durchziehen, vor allem weil es cool war. Nur unter einer Bedingung, meinte der Lehrer: Das hier dürfe sich nicht wiederholen, denn dann würde ich aus der Klasse ausgeschlossen. Außerdem sagte er, wenn ich weiterlernen wolle, müsse ich was gegen meine Wut unternehmen.

Irgendwo an diesem Punkt fingen wir an, die Therapiedosis etwas zu erhöhen. Meine Ambitionen in der Schule wurden größer, auch wenn ich zunächst im Herbst nicht weitermachen wollte. Aber Pyttan unterstützte meinen Ehrgeiz und erinnerte mich daran, dass ich in den Tests gute Noten geschrieben hatte. Und das, obwohl ich so gut wie nichts dafür getan hatte, obwohl ich gejobbt und geschnüffelt hatte. Ich müsse einfach weitermachen. Sie hatte natürlich Recht. Da die Schule beim Gullmarsplan dicht machte, wechselte ich zu Globens Komvux.

Im ersten Halbjahr hatte ich nur ein Fach belegt, Gemeinschaftskunde. Im Gegenzug nahm ich im nächsten Halbjahr den Stoff von zwei Semestern durch. Und das bekam ich hin. Seit der neunten Klasse – nein, schon lange vorher, hatte ich nichts mehr für die Schule gelernt. Zu meinem großen Erstaunen ging es trotzdem gut. Natürlich nicht, wenn ich unterwegs gewesen war und was genommen hatte. Ich entdeckte, dass ich gar nicht so viel büffeln musste. Das Lernen fiel mir leicht, obwohl das möglicherweise daran lag, dass ich an Gemeinschaftskunde immer interessiert gewesen war. Dennoch wollte ich keine vollständige gymnasiale Ausbildung. Ich hatte weder die Lust noch die Energie dazu und ich fing an, alt zu werden, die Jahre vergingen viel zu schnell. Um an der Universität angenommen zu werden, reichte es, wenn ich Zeugnisse für Schwedisch, Englisch und Gemeinschaftskunde hatte. Bei der Abschlussprüfung bekam ich 1,7 Punkte, weit mehr, als ich je erwartet hätte, denn der Schnitt lag bei 1,0 und die maximale Punktzahl waren 2,0. Rein formell reichte das, um mich für die Aufnahme an der Universität zu bewerben.

Während des gesamten Studiums arbeitete ich und hielt mich recht gut zurück. Klar rutschte mir mal das eine oder andere Gramm dazwischen. Vermutlich fing die Therapie an zu wirken. Ich hatte mich jedenfalls entschlossen, es zu versuchen. Monika Brandt hatte mir ein Ultimatum gestellt und da gab es nicht viel zu überlegen.

Wenngleich ich Lederkleidung und Harley für Studium und bürgerliches Dasein aufgab, war ich doch weiterhin mit den

Typen von den Motorradclubs befreundet, den gleichen, die später bei den Hell's Angels landeten. An einigen Abenden in der Woche arbeitete ich noch immer in einem Club, im Krönet. Außerdem war ich viel unterwegs und feierte in den illegalen Clubs, nahm immer mal eine Nase und befasste mich mit ein bisschen Kleinkriminalität. Doch, ich war nach wie vor sehr wankelmütig.

Aber dann wurde ich im September 1994 Vater von Gustav. Ehe er auf die Welt kam, hatte ich nicht viel an Kinder gedacht. Als er gut angekommen war, bedauerte mich einer meiner Kollegen an der Tür. »Jetzt ist für dich das Leben zu Ende.« In dem Augenblick dachte ich nicht daran, dass meine halb- oder ganz kriminellen Bekannten vielleicht nicht unbedingt die vernünftigsten Ansichten vom Vatersein hatten. Ich selbst tendierte auch in die Richtung Weltuntergang. Jetzt konnte ich nur noch einpacken und abziehen.

So war es nicht. Stattdessen stellte ich Hanteln und Gewichtstangen beiseite, denn für Krafttraining war jetzt keine Zeit mehr. An der Tür stand ich allerdings noch etliche Jahre. Da ich keine Zeit zum Trainieren hatte, verlor ich an Gewicht und musste mich auf anderes verlegen, als auf blanke physische Stärke zu setzen – wie zuerst zuzuschlagen!

Damals zog Pyttan zu mir. Wir wohnten jetzt zu dritt – zwei Erwachsene und ein Säugling – in einer Einzimmerwohnung auf siebenundvierzig Quadratmetern in Enskede Gård. Das war etwas eng, aber es ging. Jetzt sollte mit allem, was Drogen hieß, Schluss sein. Aber am selben Tag, als ich den Zulassungsbescheid der Universität bekam, fand ich zu Hause eine Halbgrammtüte. Da konnte ich der Versuchung nicht widerstehen und zog mir die mit ein paar Whisky rein.

16

Klar bekam das Dasein jetzt einen Kick, weg von dem sozialen Sumpf, in dem ich gesteckt hatte, solange ich mich erinnern konnte, mit allem, was an kranken Wertvorstellungen und verletzendem Verhalten dazugehört hatte. Aber damit mein neues Leben mehr als nur eine Reihe von geplatzten Hoffnungen werden konnte, brauchte es etwas mehr als eine Beziehung, wie gut und intensiv sie auch sein mochte, mehr als Vater zu werden und einen normalen anständigen Job anzupeilen. Das waren die äußeren Bedingungen, und die waren natürlich enorm wichtig. Aber bei meinem inneren Chaos und meinem Unvermögen, mit Konflikten vernünftig umzugehen, spielte es kaum eine Rolle, wie der äußere Rahmen aussah. Der würde ja wahrscheinlich doch zum Teufel gehen.

Ich war also gezwungen, mir meine inneren Bilder vorzunehmen, meine Werte, meine gefrorenen Gefühle, wenn es denn solche tief innen gab, mein Selbstbild, das Gefühl von Omnipotenz, das die Drogen verstärkten, alles das, was zusammengenommen ich war und was mich zum Abgrund geführt hatte.

Es war die Therapeutin Monika Brandt, die mir aus diesem inneren Chaos heraushalf. Vier Jahre lang führten wir unsere Gespräche. Dann beendeten wir sie. Da war ich so weit gekommen, dass ich den Rest der Reise allein schaffen würde, einer Reise, die vermutlich ein Leben lang andauern wird.

Es war für mich ungeheuer wichtig, die Zeiten, die Monika und ich für unsere Gespräche abgemacht hatten, einzuhalten, selbst wenn ich drauf war. Denn das kam vor. Da blieb im Prinzip nur, umzudrehen und wieder zu gehen. Aber dann war ich auf jeden Fall da gewesen. Außerdem gab ich immer sofort zu, dass ich drauf war, noch ehe sie sich dazu äußern konnte. Sonst wäre ich bildlich gesprochen totgeschlagen worden. Denn Monika war knallhart. Da sie zwanzig Jahre lang mit

Abhängigen gearbeitet hatte, sah sie schon, was Sache war, sowie ich durch die Tür kam. Aber sie wartete darauf, dass ich die Initiative übernahm, mich getraute zu sagen, was war.

Am Anfang war es enorm schwer, darüber zu sprechen und zu versuchen zu verstehen, warum ich mich benahm, wie ich es tat. Aber als ich erst einmal soweit gekommen war, über mein Verhalten, die Aggressivität und die Gewalt zu sprechen, wurde es besser. Das löste in mir andere Gefühle und Überlegungen aus. Warum lebe ich? Warum bringe ich mich nicht einfach um, was habe ich der Welt anzubieten?

Es war wichtig für mich, Erklärungen für mein Verhalten zu finden. Aber selbst wenn ich den Hintergrund verstanden hatte, war es nicht leicht, das zu akzeptieren. Denn es gab ja noch immer die berechtigte Frage: Warum hatte ich getan, was ich getan hatte? Und warum hatte ich ein solches Glück und lebte, während andere, die mehr wert waren, früh gestorben sind?

Das war wohl nicht genau das, wohin Monika wollte. Aber so kam es in mir hoch. Und als es sich dann zeigte, wie leicht mir alles fiel, jedenfalls sprechen meine Noten diese Sprache, wurde es noch stressiger. Wäre ich hirntot gewesen, dann hätte das vielleicht einen Teil erklärt. Aber das war ich nicht und hatte dennoch so viele Jahre weggeworfen, hatte anderen und mir selbst weh getan. Was hatte mir das Recht dazu gegeben?

Bei Komvux fühlte ich mich nicht heimisch, ich passte nicht so richtig in die Klasse. Nicht, weil ich meine Klassenkameraden nicht mochte. Aber zwischen uns lag ein Abgrund. Sie hatten ein ziemlich normales, durchschnittliches Leben gelebt, jedenfalls verglichen mit mir. Das schuf Distanz. Ich war ja auch nicht gerade übertrieben sozial, war lieber allein, zumindest in meiner freien Zeit. Ich fühlte mich nicht zugehörig. Klassenfeste und ähnliches waren nicht mein Ding.

Eines Tages ganz zu Anfang, noch bei Komvux am Gullmarsplan, ging ich in der Pause mit den anderen raus, um Kaffee zu trinken. Es war Ende Mai, sehr warm und ich trug ein kurzärmeliges Hemd. Ich dachte, jetzt muss ich loslassen. Aber das war das erste und letzte Mal, dass ich mit kurzen Ärmeln in diese Schule ging.

Meine Klassenkameraden waren schrecklich nett und verständnisvoll, aber das hing mir am Schluss zum Hals raus. Sie fanden meine vielen Tätowierungen vermutlich ziemlich spannend. Das war ja auch ganz okay. Aber alle anderen, die vorbeikamen, stierten rüber und gingen tuschelnd langsam weiter. Das war nicht unbedingt so prickelnd.

Natürlich gab es zwischen uns eine gewisse Distanz. Auch wenn ich mit anderen Menschen zusammen war, fühlte ich mich einsam. Das ist noch heute so. Da spielt es keine Rolle, dass ich aus beruflichen Gründen jeden Tag verschiedenen Menschen begegne und Teil einer Art von Netzwerk bin. Dieses Einsamkeitsgefühl gibt es trotzdem immer noch.

Solche Überlegungen und Gefühle kamen während der Therapie hoch. Mein Traum war ursprünglich gewesen, ein ganz gewöhnlicher Durchschnittsbürger zu werden, aber diese Vorstellung bekam sehr schnell Risse. Das würde ich nie werden. Die Therapie brachte mich dazu, das einzusehen. Andererseits wäre ich vermutlich auch ohne Therapie zu diesem Resultat gekommen. Aber jetzt hatte ich die Therapie als Stütze. Ohne sie wäre ich vielleicht zusammengebrochen und wieder zu meinem alten Leben zurückgekehrt. Monika half mir, die Fäden zu entwirren.

Als Erste half sie mir einzusehen, dass ich meine Situation selbst verschuldet hatte und dass das Leben kein Filmstreifen war, den man einfach schneiden und neu zusammenkleben konnte.

»Du musst jetzt entscheiden, wie du es haben willst. Entweder zu dem Alten zurückkehren und dann ist der Fall gelaufen. Oder aufbrechen, einsehen, dass du gegen deinen Hintergrund nichts tun kannst und dich stattdessen fragen, was du von deiner heutigen Situation aus tun kannst.«

Es dauerte viele Monate, das durchzudiskutieren, die wesentlichen Fragen zu finden und die Antworten dazu, kleine Listen zu erstellen, über das, was offside war, was ich niemals würde durchführen können, und über das, was ich vielleicht hinbekommen könnte. Sie bemühte sich, mich auf den Boden der Tatsachen zu holen, mir beizubringen, dass es nicht möglich war, all die Visionen, denen so viele in meiner Situation nachhängen, zu verwirklichen.

Mir war vollkommen klar, wovon sie sprach, denn ich hatte im Knast mehrere Beispiele für zu hohe Erwartungen und geplatzte Illusionen gesehen. Ein Beispiel ist dieser Bursche, der in Chemie promovieren wollte. Er wurde nie ein Doktor der Chemie, stattdessen war er Tag und Nacht damit beschäftigt, sich chemische Präparate zu spritzen. Und als ich ihn ein paar Jahre später wieder traf, war er vollkommen am Ende. Vielleicht hatte er aus Enttäuschung über die gescheiterte Vision seinen Trost bei den Drogen gesucht. Nein, er legte nie ein Examen in mikromolekularer Chemie ab. Er wurde nie Doktorand. Das hätte er eigentlich bei seinem Schulabschluss nach der Neunten begriffen haben müssen!

Genau das, wollte Monika Brand, sollte ich einsehen. Dass ich mir nicht zu hohe Ziele setzen, nicht mit besten Noten in allem bei Komvux oder auf der Hochschule rechnen durfte. Alle Tätowierungen entfernen, ein Durchschnittsschwede, ja ein neuer Mensch werden – das war nicht. Klar war es gut, dass sie mir all diese Träume nahm. Damals sah ich auch ein, wie sehr ich mir selbst entgegengearbeitet hatte. Dass es den anderen in meiner Gesellschaft nicht immer so gut ergangen war, war leicht einzusehen. Aber dass ich mich selbst eingeschränkt hatte, eine Menge Jahre für nichts und wieder nichts vergeudet hatte, dass es viele Jobs gab, die ich nie bekommen würde, dass ich heute de facto ein Loser war – während ich früher gedacht hatte, ich gehörte zur Elite –, das fühlte sich nicht gut an.

Monika wies zwar immer wieder darauf hin, dass es noch eine ganze Menge gab, was ich in Zukunft würde tun können, doch es war schwer auszuhalten, was ich alles verloren hatte, was die Tätowierungen mit einem Mal bedeuteten. Früher konnte ich ins Café Opera gehen, angeturnt, durchtrainiert und aufgepumpt, und mit aufgekrempelten Ärmeln all die Schlipsträger, die an der Bar rumhingen, so erschrecken, dass sie Angst hatten, Prügel zu beziehen. Andererseits waren ihre Bräute durchaus angetan, fanden so einen Grobian männlich und spannend. Einmal traf ich im Café Opera eine Frau, die mich, nachdem wir uns eine halbe Stunde unterhalten hatten, stehen ließ. Sie hatte nicht angenommen, dass ich mich tatsächlich artikulieren konnte, sondern nur so einen leicht grunzenden, großen, durchtrainierten, tätowierten und sabbernden Neandertaler erwartet, der sie anturnen würde.

Als ich jetzt versuchte, mich in die normale Gesellschaft zu integrieren, waren die Tätowierungen nicht länger ehrenvoll, sondern eher belastend. Heute kann ich damit umgehen. Aber damals war das stressig. Damals, als ich mitten im Prozess steckte, als sich das Dasein rauf und runter bewegte und ich meine Rückfälle hatte, damals fand ich, dass ich in dem alten Leben doch wirklich jemand gewesen war – freilich ein Idiot ohne besondere Menschenwürde, aber immerhin jemand. Ich hatte auf jeden Fall eine Identität gehabt. Und jetzt wurde erwartet, dass ich die zurücklassen sollte. Denn zuerst einmal musste ich alles ändern, nicht zuletzt meine Art zu denken. Und Tätowierungen waren ebenso wenig eine Qualifikation wie Leute aufzumischen.

Monika und ich hatten also eine ganze Menge an meiner Aggressivität zu arbeiten, was diese auslöste, und an meiner feindseligen Sicht auf Menschen. Die war wohl schon sehr früh angelegt und wurde in meinen Jahren als Nazi, aber auch in der Zeit als Krimineller noch weiter verstärkt. Es drehte sich vor allem darum, dass ich, im Gegensatz zu den meisten anderen Menschen, davon ausging, dass alle Idioten waren – bis sie das Gegenteil bewiesen hatten. Und das war ja nun nicht unbedingt eine Basis, um sein Menschenbild darauf aufzubauen.

Natürlich habe ich darüber nachgedacht, woher ich dieses feindselige Menschenbild hatte. Und wie sehr ich auch suche, ich kann keine andere Erklärung dafür finden als die Umstände, unter denen ich aufgewachsen bin. Wer sich von Anfang an nicht geliebt fühlt, lernt auch nicht, sich selbst zu lieben und Empathie für andere zu empfinden. Denn selbstverständlich wirkt sich diese gefühlsmäßige Leere in den Jahren des Heranwachsens aus. Man wird ja nicht mit Empathie geboren, die wächst heran und entwickelt sich im von Liebe und Nähe geprägten Miteinander von Menschen. Wenn man aber in einem Zuhause aufwächst, wo Gefühle unterdrückt und versteckt werden, dann verhält man sich entsprechend. Da fängt man früh an, schlecht über andere zu denken, vielleicht sogar, andere zu hassen. Gefühle lässt man nicht raus, sondern behält sie für sich. Man wird sich selbst der Nächste.

Dieser feindselige Blick auf Menschen brachte auch mit sich, dass ich die Menschenwürde anderer nicht respektierte. Deshalb war es so einfach, Gewalt auszuüben. Wie andere sich fühlten, kam in meiner Gedankenwelt nicht vor. Klar begriff ich, dass es weh tat, wenn ein Mensch am Boden lag, blutete und schrie. Aber das kümmerte mich nicht, berührte mich nicht. Und das war etwas, woran ich arbeiten musste.

Es ist die Frage, ob man noch als Erwachsener das Vermögen, Mitleid zu empfinden, erlangen kann. Aber ob das nun möglich ist oder nicht, sein Verhalten kann man immerhin ändern. Heute prügele ich niemanden mehr oder trete ihn, selbst wenn Leute sich übel aufführen oder mich kränken. Nicht jeder kann jeden lieben, mit manchen Menschen hat man es halt schwer. Das gilt nicht nur für mich, sondern für alle, ausgenommen den einen oder anderen lebenden Heiligen. Mit meinem Hintergrund bin ich außerdem gleich von Anfang an unterlegen, denn es ist schon klar, dass mich nicht alle Menschen schätzen. Ich musste lernen, das zu akzeptieren und nicht ihr negatives Bild noch zu verstärken, indem ich sie zusammenschlug.

Ich muss ehrlich zugeben, dass es mir noch immer schwer fällt, Mitleid zu empfinden. Klar tun mir die Kinder, die am Verhungern sind und die im Fernsehen zu sehen sind, leid. Aber Bilder von den Verwüstungen des Kosovo berühren mich nicht im mindesten. Und das müssten sie. An diesem Bereich meiner Persönlichkeit muss ich noch weiterarbeiten. Aber das ist schwer, das hat sich mir ja von klein auf tief eingeprägt.

Es waren also nicht die Jahre als Nazi, die mich gefühlskalt haben werden lassen und unempfänglich für Empathie. Aber natürlich wurden diese Anteile in mir in den Jahren als Skinhead und als Nationalsozialist verstärkt. Und das lässt sich nicht innerhalb einer Kaffeepause zurechtrücken, zumal ich erst im Alter von dreißig Jahren angefangen habe, daran zu arbeiten. Da ich mir dessen sehr bewusst bin, habe ich bei meinen eigenen Kindern einen anderen Weg eingeschlagen. Ich bemühe mich, ihnen Geborgenheit zu vermitteln und sie liebevoll zu erziehen, damit sie ein anderes Verhältnis zu ihren Gefühlen und zu ihrer Umgebung entwickeln können und nicht in meine alten Denkmuster gleiten.

Wie gesagt, manches lässt sich nicht verändern, dafür sind zu viele Jahre hingegangen. Möglicherweise kann ich lernen, vernünftig damit umzugehen. Denn wenn man die Tore zu seinem Inneren geöffnet und alle diese Dämonen hervorgezerrt hat, kann man sie nicht wieder einsperren. Da geht es eher um die Frage, mit ihnen eine Art Waffenruhe zu schließen. Sich mit ihnen anzufreunden, wird schwerlich möglich sein. Das ist wohl auch nicht der Sinn. Aber man kann lernen, seine eigenen dunklen Seiten zu sehen, sie zu akzeptieren und zu respektieren und sie dann unter Kontrolle zu halten.

Selbst wenn man seine Gefühle nicht beliebig manipulieren kann, also die negativen verdrängen und die positiven hervorheben, gibt es anderes, das man wirklich verändern kann. Ich denke da vor allem an Einstellungen und Bewertungen. Früher hasste ich zum Beispiel alles, was Ausländer hieß, obwohl es dafür keine rationalen Erklärungen gibt. Ich hatte mir diese Sicht zu Eigen gemacht, bevor ich überhaupt welchen begegnet war. De facto hatte ich mit keinem geredet, ehe ich achtzehn Jahre alt war. Und das waren die Jungen, die ich in dem Boxclub traf, mit denen zusammen ich trainierte und die mir nicht das Geringste taten, außer dass ich mal den einen oder anderen Schlag abbekam, wenn wir Sparringspartner waren. Heute beurteile ich Menschen nicht nach ihrer Hautfarbe, sondern nach ihrem Verhalten.

Einstellungen und Bewertungen kann man verändern, mit dem Gefühlsleben ist das erheblich schwerer. Selbst bei meiner Arbeit für Exit, wo wir jungen Nazis helfen, diese Ideologie und Lebenseinstellung hinter sich zu lassen, habe ich es in manchen Situationen schwer gehabt, mich in andere hineinzuversetzen. Daran muss ich immer weiter arbeiten. Und für diese Burschen tue ich mein Bestes. Ich gehe auch in Schulen und diskutiere, wie man sich gegenüber anderen verhält, und hoffentlich gelingt es mir, die Kleinen dazu zu bringen, in etwas breiteren Bahnen zu denken. Denn je früher man auf ein falsches soziales Verhalten aufmerksam wird, umso leichter lässt es sich noch verändern. Es geht darum, tatsächlich etwas zu unternehmen, die Kinder zu fassen zu bekommen. Man darf nicht darauf hoffen, dass sich alles schon von allein lösen wird. Denn das tut es nicht! Nein, spätestens in der Mittelstufe geht es darum, einzugreifen und die Kinder zu beeinflussen, denn dann ist es noch möglich. Das heißt nicht, dass es für alle anderen gelaufen ist. Aber je jünger man ist, umso formbarer ist man. Selbst wenn genetisch manches angelegt sein sollte, lässt sich vieles ändern.

Hätte meine Schule bei mir in einem frühen Stadium eingegriffen, dann hätte mein Leben einen anderen Verlauf genommen. Davon bin ich vollkommen überzeugt. Wenn man wartet, bis der Querulant fünfundzwanzig ist und im Gefängnis sitzt, dann ist es etwas spät!

Die Schule muss also sehr früh reagieren. Das Gleiche gilt natürlich für die Eltern, auch wenn die gern auf diesem Auge blind sind beziehungsweise sich weigern, das wahrzunehmen, was sie sehen. Deshalb ist die Zusammenarbeit zwischen Schule und Elternhaus enorm wichtig. Ebenso wie die Zusammenarbeit zwischen Sozialdienst und vielleicht sogar der Polizei, weil die mit den meisten Querulanten in Kontakt kommen und sie kennen. Allerdings scheint es unerhört schwer zu sein, diese Kontakte zu etablieren, alle dazu zu bekommen, am gleichen Strang zu ziehen. Insbesondere die Polizei wird oft ausgegrenzt. Und das ist aus verschiedenen Gründen wirklich ein Jammer. Ganz drastisch gesprochen, würde eine Zusammenarbeit zwischen Sozialdienst und Polizei den Kommunen helfen, eine Menge Geld zu sparen, denn sie sind es, die am Ende für Sozialfürsorge aufkommen müssen. Zu den Aufgaben der Polizei gehört ja nicht nur, auf Nazisymbole zu reagieren und auf merkwürdige Musik, sondern auch auf anderes abweichendes Verhalten von Jugendlichen, wie mit dreizehn Schnaps trinken, Mopeds klauen, betrunken fahren oder was es nun sein mag.

Aber anstatt kraftvoll und konsequent auf solches Verhalten zu reagieren, sind die Leute viel zu verständnisvoll. Sie bemänteln alles und meinen, mit der Zeit würde sich schon alles ordnen. »Wir waren nicht viel besser, als wir jung waren«, ist eine übliche Entschuldigung, nicht einzugreifen, Unannehmlichkeiten zu entgehen, sich vor der Verantwortung zu drücken. So bereitet man Asozialität und sozialem Niedergang den Weg.

Ich kam also tatsächlich an die Universität und begann Staatswissenschaft* zu studieren. Ungefähr zur gleichen Zeit wurde mein Sohn Gustav geboren. Klar war das stressig, Vater zu werden, aber zu meinem großen Erstaunen wurde es überhaupt nicht die Hölle, von der alle geredet hatten. Anfangs war es für mich, wenn es um das Kind ging, mit ein bisschen Auf und Ab verbunden. Doch ich würde schon in diese Vaterrolle hineinwachsen. Dass ich nicht unbedingt der weltbeste Papa bin, sondern manchmal zu leicht aufbrause, ist vielleicht kein Wunder.

Im gleichen Herbst fing ich bei Kelly's an, einer Kneipe im Süden Stockholms. War vielleicht nicht ganz so gelungen, dort zu jobben, wenn man an all die Motorradfans denkt, die da verkehrten. Es war einfach schwer, mit beiden Füßen gleichzeitig aus dieser Welt rauszukommen. Ich befand mich noch immer in einer Art Zwischenstellung, studierte an der Universität, hatte Frau und Kind, machte eine Therapie, wurde aber die ganze Zeit mit meinen alten Freunden aus dieser anderen Welt konfrontiert, was an mir zerrte. So war ich natürlich auf der einen oder anderen Bikerfete, wo die eine oder andere Nase voll dazukam. Ich versuchte das zu Hause zu verheim-

* Umfasst etwa Politikwissenschaft und Jura.

lichen, aber das funktionierte nie, denn Pyttan begriff sofort, was los war, wenn ich morgens gegen vier nach Hause kam, ins Bett kroch und dann unruhig dalag und an die Decke starrte, hellwach, bis sie am Morgen aufstand.

Auf eine sonderbare Weise ging das Leben so seinen Gang. Das Studium lief gut, zumindest kam mir das so vor. Ja, ich fand das Leben im großen Ganzen gut, ich war irgendwohin unterwegs und hatte gleichzeitig noch etwas vom dem alten übrig und konnte hin und wieder etwas Fun haben. Doch im Nachhinein betrachtet, sehe ich, dass es überhaupt nicht so gut lief. Ich bekam es ganz einfach nicht hin, das Alte sausen zu lassen, das war mir noch zu nahe. Wenn ich zu Biker- und anderen Feten ging und mit den alten Freunden zusammensaß, Drogen einwarf, Ecstasy ausprobierte, dann fühlte ich, dass ich wieder unter Brüdern und Schwestern war. Und das war in dem Moment einfach nur gut. Aber wenn ich nach Hause kam, wurde ich nachdenklich. Was hatte ich eigentlich in den letzten vierundzwanzig Stunden getan?

Ja, es war schwer, dem alten Leben den Laufpass zu geben. Als dieses Jahr fast um war, kam es mir vor, als sei ich jetzt dabei, einen weiteren Schritt nach vorn zu tun. 1995 wurde ein Zwischenjahr, in dem nichts Besonderes passierte. Ein Jahr, in dem sich meine Situation festigte, in dem der Grund unter den Füßen etwas ebener wurde, so dass ich nicht so leicht über etwas stolperte, was ich später bereuen würde.

Doch welche glückliche und friedliche Zeit dauert schon ewig! Weihnachten 1995 schaffte ich es, bei Kelly's in eine so blöde Situation zu kommen, dass ich dort aufhörte. In einer Hinsicht war das ja gut, denn so bekam ich auch das zweite Bein aus dieser alten Welt. Aber mittlerweile waren wir in eine Dreizimmerwohnung umgezogen. Pyttan hatte nicht länger Erziehungsurlaub, sondern war in ihrem Job auf eine Dreiviertelstelle zurückgegangen, und wir sollten plötzlich von meinem Zuschuss zum Studium und ihrem Einkommen leben. Das funktionierte nicht so gut, deshalb brach ich mit allen guten Vorsätzen und drehte zusammen mit Tommy ein Ding, um ein paar Scheine reinzubekommen. Das tat wirklich in der

Seele weh und ich hatte ziemlich viel Angst. Aber es fiel mir so schwer, zu Hause zu sitzen und Kronen und Öre zu zählen und ein Paket Zigaretten auf eine ganze Woche zu strecken.

Damit standen wir natürlich nicht allein. Selbst wenn das selbstmitleidig klingt – es gibt ja welche, denen es unendlich viel schlechter als uns ging –, so tröstete uns das damals nicht. Zwei Tage, ehe das Studentendarlehen kommen sollte, musste ich zum Pfandbüro gehen und den Schmuck meiner Mutter, versetzen. Mittlerweile lebten beide Elternteile nicht mehr. Mein Vater hatte meiner Schwester und mir nicht viel zum Teilen hinterlassen, er hat das meiste wohl vertrunken. Aber den Schmuck von Mutter gab es, und den hatten meine Schwester und ich unter uns aufgeteilt.

Es fiel mir schwer, mit dieser ökonomischen Verschlechterung umzugehen. Wenn ich auf einer Bikerfete des MC Schweden war und Speed nahm, dann fühlte sich das Armsein nicht mehr ganz so schwer an. Gleichzeitig dachte ich: Hier sitzen meine Freunde und haben eine Masse Schotter und ich habe kaum genug für die Monatskarte der U-Bahn.

Ja, das Frühjahr 1996 war schwer. Aber mitten in all der Trübsal wurde mir wieder ein Job angeboten, dieses Mal in einem Rock-Club, der Chrome Bar hieß und von zwei langhaarigen Hardrockern betrieben wurde. Als ich zur Probe dorthin kam, erkannten sie mich sofort vom Ritz her wieder. Auch die Gäste waren zum großen Teil die gleichen, obwohl es fünf Jahre her war, seit ich im Ritz gearbeitet hatte. Eine ganze Menge alter Bekannter erinnerte sich an mich, und wenn sie in der Schlange standen, gab es viel zu reden.

In diesen Club gingen sowohl Hardrocker wie Biker und natürlich alle möglichen anderen. Meine Wachkollegen gehörten nicht unbedingt zu den super gesetzestreuen Mitbürgern, zumindest nicht alle. Und schon steckte ich wieder mit der Nase drin. Zwar selten, aber das spielt keine Rolle. Ob einmal im Monat oder einmal am Tag, auf jeden Fall war es Mist.

Mit dem Studium kam ich weiterhin gut zurecht. Zu dieser Zeit jobbte ich auch in der Cityhalle und machte bei einer Unterschlagung mit, das gab etwas Geld. Aber dann fühlte ich, jetzt muss Schluss sein. Als meine Freunde mit den Unterschlagungsgeschichten weitermachen wollten, sprang ich ab. Dann ging es auch mit den Drogen abwärts und 1996 nahm ich zum letzten Mal etwas.

Mit meinem Job als Türsteher hörte ich ebenfalls auf. Schon im letzten halben Jahr hatte ich es ruhig angehen lassen. Aber jetzt war klar, dass damit ganz Schluss sein musste. Gleichzeitig lief die Therapie weiter. Und ich möchte behaupten, sie half mir einzusehen, dass das Leben so nicht funktionierte, dass ich mich selbst belog. Als das Oktan am Odenplan, wo ich zuletzt gearbeitet hatte, dichtmachte, erleichterte das meinen Entschluss, nie mehr einen Job an der Tür anzunehmen. Ich wusste ja, dass ich dann doch wieder nur wo landen würden, wo der gleiche Typ von Gästen hinkam.

Ich nahm dann nur noch normale Extrajobs bei der Post oder beim Stockholmer Verkehrsverbund an. Eine Weile hatte ich zwei Jobs gleichzeitig, tagsüber trug ich Briefe aus und nachts saß ich an der Fahrkartenkontrolle der U-Bahn. Aber das wurde zu viel, das schaffte ich nur ein paar Wochen. Von dem Job an der Sperre nachts um eins, halb zwei nach Hause kommen, zwei Stunden schlafen und dann zur Post gehen, treppauf, treppab rennen und Briefe austragen, nach Hause kommen, zwei Stunden am Nachmittag schlafen und dann wieder von vorn. Das ging nicht.

Im folgenden Jahr, 1997, kam meine Tochter Gwendolline zur Welt, und das Leben schien bestens zu laufen. Nein, keine Drogen mehr und auch keine anderen Dummheiten. So langsam wurde es Zeit, die Therapie bei Monika Brandt zum Ende zu bringen. Ich sollte auf eigenen Füßen stehen, auch wenn es manchmal so scheint, als könnte ich für den Rest meines Lebens in die Therapie gehen.

Als ich schließlich einen gewöhnlichen Job übernommen hatte und mich einfach nur um Familie und Studium kümmerte, da war es, als hätte sich der Vorhang zu etwas vollkommen Neuem geöffnet. Das hätte ich schon viel früher tun sollen, merkte ich. Ich hätte auf die Türsteherei pfeifen sollen, egal wie schlecht es um die Ökonomie bestellt war. Da ich erst kürzlich noch Gegenstand von Justitias Interesse gewesen war, hatte ich den Job bei SL nur deshalb bekommen, weil die Personalfrau mich erst nach einem mehrstündigen Interview bat, die Einstellungsformulare auszufüllen. Die letzte Frage lautete: »Sind Sie vorbestraft?«

»Was soll ich hier antworten? Reicht es mit ja oder soll es detaillierter sein?«

»Ach so, Sie sind vorbestraft?«

»Ja, wobei das schon eine Weile her ist.«

»Es reicht, wenn Sie ja eintragen. Gut, dass Sie ehrlich sind. Können Sie sagen, worum es ging?«

Ich kann mich nicht richtig erinnern, was ich erzählt habe, doch vermutlich nicht die ganze Wahrheit. Das wäre nicht so zweckmäßig gewesen. Aber sie fand, dass ich ehrlich gewesen sei und dass wir uns eine Weile gut unterhalten hätten und »ja, ich glaube, wir wagen es und stellen Sie ein«, meinte sie. Ein paar Jahre vorher hätte ich den Job nicht bekommen.

Ich hätte schon viel früher aussteigen müssen. Denn als ich es getan hatte, ging es schnell voran. Das war wirklich so, als stellte ich einen schweren Rucksack ab, unabhängig von all dem anderen, das man in sich trägt. Es war schrecklich schön, die Türsteherei und das halb kriminelle Leben hinter sich zu lassen. Ich vermisse wirklich nichts, auch nicht die alten Freunde. Im Gegenteil!

Ich hatte einigen meiner alten Freunde, die einigermaßen vernünftig waren und begriffen, dass das Gehirn zum Denken da ist, gesagt, dass ich daran dachte, dieses Leben hinter mir zu lassen. Die Freunde aus der Biker-Szene, zumindest einige von den Hell's Angels, betrachteten mich als Abtrünnigen und Überläufer, der die anderen im Stich ließ. Aber was hatte ich ihnen schon getan?

Als Gwendolline geboren wurde, zogen wir in eine Vierzimmerwohnung um, und dort wohne ich immer noch, auch wenn ich mich mittlerweile von Pyttan getrennt habe. Aber wir wohnen nahe beieinander und sind weiter gute Freunde.

Vor einiger Zeit hatten Pyttan und ich Anders Carlberg und seine Lebensgefährtin zum Essen eingeladen. Das wurde ein netter und entspannter Abend, an dem wir nicht über den Job redeten, sondern über vieles andere, das uns interessierte. Später begegnete ich Carlberg mal in der Stadt. Er hatte verschiedene Male angerufen und mich gefragt, ob ich ein paar Vorträge halten wollte, aber dazu hatte ich keinen Bock. Jetzt erzählte er, das Fryshus sei in neue Räume umgezogen und bot mir an, hinzukommen und mir alles anzuschauen. In der folgenden Woche fuhr ich hin und Anders führte mich rum und zeigte mir, was die einzelnen Personen machten, unter anderem Susanne, die ich aus den achtziger Jahren und der Skinheadzeit kannte. Anders erzählte, Susanne arbeite jetzt mit einem Überlebenden des Holocaust zusammen, der Emerich Roth hieß. Das war eine Auskunft unter vielen und ich dachte nicht weiter daran.

Einige Monate vergingen. Dann eines Freitagabends im Oktober rief Carlberg wieder an. Er fragte, ob ich mich daran erinnerte, was Susanne machte. Ja, doch, das wusste ich noch.

»Jetzt ist Susanne krank geworden und Emerich soll nächste Woche nach Gotland fahren. Er braucht jemanden, der ihn begleitet.«

»Ach ja?«

»Du bekommst viertausend Kronen, für die Reise und einen Aufenthalt für zwei, drei Tage.«

Eigentlich wollte ich nicht, aber in der Eile fiel mir keine gute Entschuldigung ein.

»Ich weiß nicht. Ich muss zuerst mit Pyttan darüber reden.«

»Ich habe schon mit ihr gesprochen.«

»Wie bitte?«

»Ja, ich habe die Handynummer angerufen und hatte sie dran. Da habe ich sie gefragt und sie hat Ja gesagt!«

»Na, ich weiß nicht.«

»Warte, du kannst selbst mit Emerich sprechen!«

Das Ganze endete so, dass wir uns am Samstagvormittag bei mir zu Hause trafen. Emerich erzählte, dass es zunächst um Gotland ginge, aber dass er noch weitere Vorträge zugesagt hätte und im Dezember nach Norwegen sollte wegen eines Projekts, zu dessen Start eine Konferenz stattfinden sollte.

»Ich werde fragen, ob ich jemanden mit deinen Erfahrungen mitbringen kann. Wenn es auf Gotland klappt, könntest du auch mit mir nach Norwegen fahren.«

Ich fühlte mich ziemlich gespalten. Aber andererseits – ich kannte ja auf Gotland niemanden und es konnte durchaus nett sein, für ein paar Tage dorthin zu fahren. Und Norwegen, na unterwegs konnte man immerhin zollfrei einkaufen.

Weiter gingen meinen Überlegungen nicht, als ich zusagte.

Der erste Tag auf Gotland war der reinste Alptraum. Die Geschichte ging von der Organisation Rädda Barnen (Rettet die Kinder) aus. Von mir wurde erwartet, dass ich Emerich ergänzte und kurz etwas sagen würde. Als wir in Visby ankamen, wusste ich immer noch nicht, was ich sagen sollte. Kaum gelandet, befragten uns Journalisten der lokalen Presse. Aber von mir kam nicht viel, denn ich hatte mich überhaupt nicht auf so eine Situation vorbereitet.

Erstaunlicherweise klappten die drei Tage gut. Schon am ersten Abend schrieb ich mir ein paar Zeilen zu meinem Leben auf, die ich als Anhaltspunkt benutzte. Die »Tournee« führte uns durch einige Schulen, wo Vierzehn-, Fünfzehnjährige unser Publikum waren. Ich schaute mir die Leute an, während Emerich sprach, und da war recht viel Leben und Bewegung. Aber als ich hochkletterte und zu reden anfing, wurde es mucksmäuschenstill. Alle hielten sie den Mund und hörten zu und stellten etliche Fragen. Anschließend kam ein Mädchen nach vorn und drückte mich und bedankte sich dafür, dass ich das mit dem Mobbing aufgegriffen hatte, weil sie selbst gemobbt worden war. Und sie hoffte wirklich, dass die Mädchen in der Reihe vor ihr sich betroffen fühlten.

Ich muss zugeben, ich war überrumpelt. Am Abend mit den Erwachsenen war es das Gleiche, jede Menge Fragen und Leute, die nach vorn kamen und sich bedankten. Das war ein merkwürdiges Gefühl und irgendwie zweischneidig. Die kommen und bedanken sich, weil ich erzähle, was für ein Schwein ich gewesen bin. Und dafür bekomme ich noch Geld.

Dieses zwiespältige Gefühl habe ich heute noch, nicht zuletzt beim Schreiben dieses Buchs. Anfangs fiel es mir schwer zu sehen, wozu das gut sein soll. Wozu ein Buch schreiben über eine Masse Idiotenjahre. Was für Signale soll das geben? Das denke ich oft, wenn ich unterwegs bin und Vorträge halte. Hier stehe ich und erzähle, was für ein Schwein ich gewesen bin, aber dass ich jetzt anderen helfen will, die sich aus vergleichbaren Verhaltensmustern befreien wollen. Darf man das so sehen, dass man ruhig einige Jahre kriminell sein kann, um dann später trotzdem einen guten Job zu bekommen? Das hoffe ich nun wirklich nicht.

Mit diesem Dilemma ringe ich die ganze Zeit. Deshalb behalte ich die Einkünfte von den Vorträgen auch nicht für mich, sondern die fließen in das Projekt, um den Jungs weitere Hilfe geben zu können.

Na also, auf Gotland klappte es unerwartet gut, und das war ein gutes Gefühl. Es wurden dann mehr Vorträge, und manche stellten mich vor stressigere Situationen. So im Gymnasium von Tensta, einem der Vororte im Norden Stockholms, wo die absolute Mehrheit der Schüler Kinder von Ausländern waren. Gotland war ja soft, die Schüler fast ausschließlich urschwedisch. Aber als ich zur Schule von Tensta kam, wurde mir tatsächlich etwas mulmig. Liebe Güte, wie viele Einwanderer! Sollte ich mich wirklich in dieses Wespennest begeben und sprechen?

Wenn ich mit Emerich zusammen war und Vorträge hielt, war meine Mitwirkung in der ersten Zeit auf etwa fünfzehn Minuten begrenzt. Die übrige Zeit nahmen Filme und Emerichs Berichte ein, und so war das auch in Tensta geplant. Ich saß hinter der Bühne und wartete darauf, dass ich an die Reihe kam. Ich fühlte mich nicht wohl. Ich traute mich nicht einmal einen Blick auf die Zuhörer in der Aula zu werfen und wusste deshalb nicht, wie viele gekommen waren. Als es an der Zeit war, musste ich auf die Bühne und mich dem Publikum stellen, etwa hundert Schülern, die vom Aussehen her dem nationalsozialistischen Ideal ziemlich fern standen. Die Flachsköpfe waren eindeutig in der Minderheit.

Es war einer meiner ersten Vorträge und ich setzte damals noch keinen Overheadprojektor ein. Ich hatte ja auch nur eine Viertelstunde.

Ich begann:

»Hej! Jetzt sehe ich ein bisschen anders aus als früher. Aber um euch ein wenig auf die Sprünge zu helfen ...«

Ich fing an, die Ärmel meines Hemdes hochzukrempeln. Alle waren mucksmäuschenstill. Dann fingen sie an zu applaudieren und zu pfeifen. Da spürte ich, ich hatte Kontakt bekommen. Und das blieb auch so im Laufe dieses Tages in Tensta, wo die Schüler ganz wild darauf waren, zu diskutieren. Sie stellten Fragen und waren ganz allgemein neugierig, denn sie hatten niemals zuvor einen ehemaligen Nazi und Skinhead getroffen, mit dem man diskutieren konnte. Und ich hatte niemals geglaubt, dass das bei meiner Vorgeschichte funktionieren könnte. Das war ein wirkliches Aha-Erlebnis.

In Norwegen wurden wir ähnlich wie auf Gotland empfangen. Die Projektkonferenz fand außerhalb von Oslo statt. Als Emerich und ich morgens ankamen und den Leiter des Projekts begrüßten, zeigte sich, dass die Gruppe, die dort um ihn stand, vom norwegischen Fernsehen und Radio kam und auf mich wartete. Hätte ich davon früher gewusst, wäre ich nie nach Oslo gefahren. Jetzt stand ich dort und wusste kaum, was ich sagen sollte. Aber das eine oder andere wurde jedenfalls gesagt. Denn am Abend gab es einen langen Beitrag in der norwegischen Nachrichtensendung. Auch Radio und Zeitungen brachten Beiträge über mich und das war ein ziemlich verwirrendes Erlebnis. Dazu kam, dass die Konferenz nicht nur interessant und lehrreich, sondern auch unterhaltsam war.

Am nächsten Tag wurde ich zum Lunch mit der Leitung des norwegischen Aussteigerprogramms Exit eingeladen. Man kann durchaus sagen, dass bei diesem Essen die Idee für das schwedische Exit geboren wurde, selbst wenn sich die Diskussion noch in einem Stadium des Vortastens befand. Aber am Tag drauf wurde ich von Tore Bjørgå aufgefordert, nach norwegischem Vorbild ein schwedisches Exit zu starten und zu leiten.

Bjørgå ist Sozialanthropologe, Wissenschaftler, und derjenige, der hinter der Idee des norwegischen Exit steht. Ich hatte natürlich ein solches Angebot nie erwartet, zumal ich gerade dabei war, die Telefonrechnung zu bezahlen und auszuchecken. Deshalb lachte ich bloß und sagte ja, ja. Wäre die Anfrage beim Lunch am Tag zuvor gekommen, hätte ich sie ernster genommen.

Zurück in Schweden kam gleich ein Anruf von der Organisation Rädda Barnen (Rettet die Kinder) aus Gävle, die anfragten, ob ich allein, ohne Emerich an einer Jugendveranstaltung teilnehmen würde. Ich fühlte mich geehrt, gleichzeitig schien es mir schwierig. Denn sie stellten sich einen ein- bis anderthalbstündigen Beitrag von mir vor. Wie sollte ich die Zeit füllen? Nach einigem Hin und Her sagte ich zu und fuhr nach Gävle, am 5. Dezember 1997, meinem Geburtstag, nur drei Tage, nachdem ich von Oslo nach Hause gekommen war.

In Gävle auf die Bühne zu steigen, war mindestens ebenso stressig wie vorher in Tensta. Das Lokal war proppenvoll, die Leute saßen überall, sogar auf dem Fußboden. Skater und Punkrocker und viele von der AFA (Antifascistisk aktion, Antifaschistische Aktion). Fuck, dachte ich, hier sitzen mindestens hundertfünfzig engagierte Jugendliche, die meisten wahrscheinlich mehr oder weniger aktive Antirassisten. Gleichzeitig schossen mir alte Vorurteile und Denkmuster durch den Kopf und ich dachte, genau wie in Tensta: Jetzt wird es heiß, was zum Teufel tue ich hier?

Klar wurde es heiß, aber es wurde eine gute und toughe Diskussion. Ich kam sogar an die ran, die mit Piercings und »Fuck Nazis«-Stickern ganz vorn saßen und anfangs nur starrten. Ein Journalist fragte, wieso jemand, der so nett aussieht, sich so hätte verhalten können, wie ich es getan hatte. Es war mein fünfter Vortrag und heute würde ich nicht mehr so antworten. Aber damals gab ich ihm seine Frage mit einer eigenen zurück:

»Ich weiß nicht, was du willst. Muss ich mich hinstellen und ›Sieg Heil‹ schreien und dich dann zu Boden strecken, damit du begreifst, wovon ich rede?«

Das war keine ausgesprochen clevere Antwort. Aber in genau dieser Versammlung wirkte sie. Denn mit einem Mal begannen sogar diejenigen, die ganz vorn saßen, sich gegen ihn zu stellen und ihn zu fragen, ob er denn nichts begriffen hätte. »Was machst du denn hier, verdammt, das hier ist unsere Veranstaltung. Wenn es dir nicht passt, kannst du ja gehen.« Wenn das keine merkwürdige Situation war, mit all diesen Antinazis, die mich praktisch verteidigten.

Doch, das wurde ein Wahnsinnstag mit vielen guten Diskussionen.

Auf dem Heimweg fragte ich mich selbst, wohin die Welt wohl unterwegs war. Hier saß ich und diskutierte diese meine Scheißjahre mit einer Gang, die das interessant und lehrreich fand, mit Leuten, die ich einige Jahre früher herzlich gern zu Boden gestreckt hätte. Wie funktionieren wir Menschen eigentlich? Wie kann man mit seinen alten Feinden zusammensitzen und diskutieren? Da ging mir auf, dass es sich dabei um gegenseitigen Respekt handelt. Ich konnte sie respektieren, und das zeigte mir, dass ich ein gutes Stück Wegs vorangekommen war. Nur, wie konnten die mich respektieren?

Viele solcher Gedanken gingen mir damals durch den Kopf. Und es war zweifellos ein komisches Gefühl, nach allen diesen weggeworfenen Idiotenjahren, urplötzlich ein »good guy« zu sein.

Auf der Heimfahrt von Gävle rief Tore Bjørgå an, um mir mitzuteilen, dass es ein weiteres Treffen wegen Exit in Norwegen geben würde und ich daran teilnehmen sollte. Aus finanziellen Gründen sagte ich ab. Doch das war nichts, das Tore zurückhielt.

»Wir bezahlen!«

An Weihnachten 1997 dachte ich viel darüber nach, was gerade passierte. Natürlich fühlte ich mich durch die Aufmerksamkeit geehrt, dadurch, dass die Leute mir zuhörten. Natürlich war das heftig, dass halb- und total-militante Antirassisten mit mir auf einem guten Niveau diskutierten, wo sie vielleicht durchaus Grund hatten, mich zu hassen. Und natürlich war es ein gutes Gefühl, die Kluft zwischen mir selbst als gut Dreißigjährigem und einer Gruppe von Sechzehnjährigen überbrücken zu können.

Gleichzeitig schien es, als würde ich eine Karriere auf all dem Scheiß aufbauen, den ich angestellt hatte. Und was würde jetzt in Oslo passieren? Würde das Angebot, ein schwedisches Exit zu starten und zu leiten, stehen und was würde das dann rein praktisch bedeuten?

Doch, das Angebot stand. Gespannt und erwartungsvoll kehrte ich aus Oslo zurück, voller Ideen und Visionen, da war ich wirklich mehr als gut versorgt. Allerdings war jede kleine Idee mit Kosten verknüpft. Und ich hatte kein Geld. Ich musste bei null anfangen, eine Organisation aufbauen mit allem, was dazu gehört an Telefonaten, Kontakten hinterherjagen, Dienststellen überzeugen, dass dies ein seriöses Projekt mit ungeahnten Zukunftsperspektiven wäre, Finanzierungswillige finden und vieles mehr.

Für mich bot sich hier eine willkommene Möglichkeit zur Wiedergutmachung. Zeigen zu dürfen, was an guten und menschlichen Seiten in mir lange Zeit meines Lebens versteckt gewesen war. Ein bisschen von all der Schuld abtragen zu dürfen, die ich angehäuft hatte.

Aber wen sollte ich anrufen? Welche Kontakte aufgreifen? Wie ein Projekt präsentieren, das noch nicht viel mehr als nur eine Idee war? Wie ehrlich musste ich sein, wenn ich mich vorstellte? Wer würde auch nur im Traum daran denken, einer Unternehmung Geld zu schenken, die von einem alten Skinhead und Nazi geleitet wurde? Rasch gab es mehr Fragen als Antworten. Zuallererst musste Exit jedoch eine Organisationsform erhalten, ohne eine solche war es sinnlos, auch nur zu versuchen, an Geld zu kommen. Dann musste die Idee formuliert und anschließend musste sie verkauft werden. Hier war es mir nicht möglich, sklavisch dem norwegischen Informationsmaterial zu folgen, auch weil ich einige Einwände dagegen hatte, wahrscheinlich in erster Linie, weil der persönliche Hintergrund der Norweger sich sehr von meinem unterschied.

Ich musste den norwegischen Text auf Schwedisch formulieren, brauchte eine Vision, eine Projektidee und musste diese auf seriöse Weise präsentieren. Ich hatte so meine Zweifel, ob es wirklich ein Exit Sverige geben würde, ob ich Geld bekommen würde.

Da geschah einiges, was dem Projekt einen ziemlichen Vorwärtsschub gab.

Das war zunächst einmal das Konzert in Brottby zu Neujahr 1997/98, als die Polizei dreihundert Nazis und Sympathisanten festnahm. Zum ersten Mal griff die Polizei derart massiv ein. Das Konzert fand an einem Samstag statt und am Montag oder Dienstag sollte Emerich Roth im Fryshus vom Fernsehen interviewt werden.* Ich war gerade im Büro. Ich hatte nämlich das Angebot bekommen, im Januar dort voll zu arbeiten, um dann weiter zu studieren. Der Monat würde mir Zeit zum Nachdenken geben, wie man ein schwedisches Exit aufziehen könnte. Als der Redakteur mit seinem Team kam, saß ich dort mit meinen Tätowierungen. Er ging direkt auf mich zu. »Wer bist du?« Da erzählte ich ihm kurz von mir und dass ich gerade aus Norwegen zurückgekommen sei und vorhätte, ein schwedisches Exit aufzuziehen. Ich versprach, für einige Sekunden in der Sendung zu erscheinen, bat ihn aber, nichts von dem neuen Projekt zu erzählen, und das versprach er. Als die Nachrichten dann abends gesendet wurden, erhielten Emerich und ich ungefähr gleich viel Zeit. Als er mich vorstellte, sagte er »außerdem arbeitet Lindahl gerade an einem Projekt für diejenigen, die die Naziszene verlassen wollen«.

Unfair oder nicht ist vermutlich eine Frage der Interpretation. Der Redakteur fand, er habe nur mich vorgestellt und gesagt, womit ich beschäftigt sei, nichts sonst. Und da musste ich ihm natürlich Recht geben.

Am nächsten Tag riefen einige Journalisten an und wollten Interviews. Außerdem war ich in einem Radioprogramm zu hören. Die Zuhörerschar von P 1 ist vielleicht nicht so groß, seriös ist sie auf jeden Fall. Denn plötzlich bekam ich etliche

* Für ›Rapport‹, die abendliche Nachrichtensendung

Kontakte zu Menschen, die mich im Radio gehört hatten, unter anderem zu Marianne Håkansson, ehemalige Chefin des BRÅ Brottsförebyggande rådet (Verbrechen vorbeugen). Gemeinsam mit der Historikerin Heléne Lööw arbeitete sie an einer Untersuchung über Nazismus und Rassismus. Håkansson gab mir Hinweise auf Personen, zu denen ich Kontakt aufnehmen sollte. Jetzt kam etwas ins Rollen. Nun ja, vielleicht nicht gerade rollen. Aber mir war klar, es war viel zu früh aufzugeben, und dass ich im Innenministerium ein Gesuch für das Projekt würde einreichen müssen. Gleichzeitig befolgte ich ihre Hinweise und rief Cissy Storck im Innenministerium an. Sie gab mir die Möglichkeit, ihr die Projektidee und mich selbst kurz am Telefon vorzustellen, sagte aber, es gäbe keine Gelder für Projekte.

Noch bis in die achtziger Jahre hatten etliche Leute der nationalen Bewegung und der Kriminalität den Rücken gekehrt, manche wanderten in Motorrad-Gangs, andere hatten angefangen Drogen zu nehmen. Alle hatten sie Probleme gehabt, Hilfe zu bekommen. Denn das war keine Gruppe, mit der jemand arbeiten wollte. Und die Kenntnisse von Sozialdienst, Polizei und Schulen, wie diese Gruppen funktionierten, waren ausgesprochen lückenhaft, was nicht weiter verwunderlich war, da dies eine sehr geschlossene Welt war.

Die Unkenntnis betraf auch Therapeuten und andere, die vielleicht Bescheid hätten wissen müssen. Ich erinnere mich noch an eine Gelegenheit, als ein Bewährungshelfer zusammen mit einem Bullen in meine damalige Wohnung kam. Sie standen da zwischen Hakenkreuzfahnen und Hitlerporträt und fragten, warum ich so was an der Wand hätte. Ich antwortete, das sei cool, »einfach um euch zu provozieren«. Damit gaben sie sich zufrieden!

Außerdem war bedauerlich, dass diejenigen, die da ausstiegen, beinahe automatisch in einer anderen Form von Kriminalität landeten. Damals herrschte die Ansicht, das sei jetzt auf immer und ewig stigmatisierend. Viele wollten gar nicht erst über ihren Hintergrund sprechen. Das tat ich beim Studium zum Beispiel auch nicht. Da trug ich immer lange Ärmel und diskutierte mit niemandem über meine Vergangenheit. Denn man konnte nie wissen, wie die Leute reagieren würden. Und man weiß auch nicht, wie die Leute in Zukunft reagieren werden. Wenn ich schlecht drauf bin, ist mir, als würde mir das ein Leben lang anhängen. Es fühlt sich an wie diese Distanz, die es stets zwischen gewöhnlichen Mitbürgern und Kriminellen oder Abhängigen gibt. Und die Distanz ist noch erheblich größer, wenn man als Nationalsozialist aktiv war oder ist.

Die Leute scheinen Kriminelle oder Abhängige, die ihr Leben neu geordnet haben und ehrbar geworden sind, zu lieben. Aber dafür, Nationalsozialist gewesen und ehrbarer Demokrat geworden zu sein, erhält man nicht ebenso viele Pluspunkte. Klar gibt es solche, die es gut finden, dass man diesen Scheiß hinter sich zurücklassen kann. Aber das ist nichts, worüber man jederzeit reden oder von dem man jederzeit berichten kann. Dann zieht man sich lieber zurück, hält auf Abstand.

Das hat nicht nur mit mir etwas zu tun, das hörte ich früher schon von anderen, noch ehe Exit existierte, dass sie niemals zu ihrer Vorgeschichte stehen würden, aus Angst vor den Reaktionen der Umgebung. Das wird natürlich stressig, wenn man immerzu darauf achten muss, die Klappe zu halten, sich nicht zu verplappern, immerzu befürchten muss, entlarvt zu werden. Und dann können die Reaktionen enorm negativ werden. »Warum hast du nicht früher darüber gesprochen? Ich hatte geglaubt, wir könnten einander vertrauen?«

Der Gedanke bei Exit war von Anfang an, ganz direkt jungen Mitbürgern zu helfen, sich aus extrem nationalistischen, rassistischen und nazistischen Gruppen und Organisationen, ja aus der gesamten White-Power-Sphäre zurückzuziehen, ohne sich ersatzweise an irgendwelche idiotischen Lederjacken zu hängen. Vielleicht würde es ja leichter sein, Hilfe von Leuten anzunehmen, die mal im gleichen Boot gesessen hatten, statt mit irgendwelchen Behörden in Clinch zu gehen, die die Nationalen als Repräsentanten des Feindes ansahen. So könnte man vielleicht vor allem die Jüngeren erreichen, und zwar einerseits um ihrer selbst willen, aber andererseits auch für die Gesellschaft an sich, gar nicht zu reden von all den potenziellen zukünftigen Opfern von Schlägereien.

Es gab auch den Ehrgeiz, ein Netzwerk für Eltern zu etablieren, deren Kinder innerhalb der nationalen Bewegungen aktiv sind, Erfahrungen zu vermitteln, zu informieren und vorzubeugen. Nicht von Anfang an war daran gedacht, in Schulen Vorträge zu halten, Exit sollte vielmehr für die betroffenen Jugendlichen als Verbindungsglied zu Schulen, Arbeitsplätzen und Behörden funktionieren. Die sollten uns nicht auf dem Schoß sitzen, sondern bald weitergeschleust werden und damit für uns Vergangenheit sein. Mit dem einen oder anderen würde man vielleicht weiterhin in Kontakt stehen. Aber im großen Ganzen sollten sie es allein schaffen.

So waren die Visionen. Da Exit Schweden als Dreijahresprojekt geplant war, sollte die Zeit der Projektvorbereitung, wo man in aller Ruhe die organisatorischen und strukturellen Grundlagen schuf, mindestens ein halbes Jahr betragen. Danach sollte das Projekt angelaufen sein und über zwei Jahre gehen, um im letzten Halbjahr abgewickelt zu werden. Anschließend würde das Ganze hoffentlich im kommunalen Rahmen weiterexistieren.

Ich selbst würde mich meistens in meinem kleinen Büro aufhalten und hoffentlich Kontakte zu denen herstellen können, die aussteigen wollten. Dabei war mir klar, dass die nationale Bewegung, sowie sie von dieser Sache Wind bekam, mich als Verräter betrachten würde – mit allem was das bedeutet. Ich rechnete deshalb in dieser Dreijahresfrist nicht mit mehr als zehn, fünfzehn Aussteigern. Wenn ich so viele bekäme, dann würde ich selbst das Projekt als gelungen betrachten.

An Reisen hatte ich für die Zukunft nur die im Frühjahr mit Emerich Roth vor Augen. Zusammen mit ihm wollte ich Vorträge halten, um finanziell die Zeit zu überbrücken, bis die Regierung hoffentlich Unterstützung bewilligt haben würde. An andere Vorträge dachte ich nicht, schon gar nicht an selbstständige. Sicher hatte ich welche gehalten, wenn Emerich nach Auschwitz unterwegs war. Aber ich hatte mir vorgenommen, mich auf Exit zu konzentrieren, viel Zeit im Büro für die »Klienten« zu haben, den Kontakt mit verschiedenen Behörden und Dienststellen, mit Sozialverwaltung und Polizei zu halten, Partner für die Zusammenarbeit zu finden. Ich wollte Informationsmaterial zusammenstellen für eine Broschüre, die man Interessierten in die Hand drücken konnte, und ein Netzwerk an Kontakten aufbauen. Die einzigen Reisen, die ich mir vorgestellt hatte, standen im Zusammenhang mit der Tätigkeit.

Die Realität sah dann ganz anders aus.

In Norwegen hatte Exit die Arbeit aufgenommen und gleich kräftig Aufwind gehabt. Die Leute dort glaubten offenkundig an die Idee. Das kam auch meinem Projekt zugute, und zwar nicht zuletzt, weil in der großen, überregionalen Tageszeitung ›Dagens Nyheter‹ eine Artikelserie zum Thema Rassismus und Neonazismus erschien, mit einer Reportage über eine Elterngruppe in Klippan und über Tore und Ronald von Exit Norwegen. Die verantwortliche Journalistin meldete sich auch bei mir und machte einen sehr vernünftigen Eindruck. Sie schrieb dann einen kleinen Aufmacher über das schwedische Pendant zu dem norwegischen Projekt. Als dann sowohl das Fernsehen wie diese Journalistin zum Ministerium Kontakt aufnahmen und behaupteten, sie hätten gehört, es gäbe einen Antrag auf Fördermittel für dieses Projekt und wissen wollten, wie sich das Ministerium dazu stellte, half das natürlich. Denn als ich Cissy Storck ein zweites Mal anrief, fiel es ihr leichter, mir die Idee abzunehmen. Da war es nicht länger nur meine, sondern sie war in Norwegen schon etabliert. Kein Versprechen, aber Wohlwollen. So interpretierte ich Cissy Storck.

Im März 1998 nahm eine Frau zu mir Kontakt auf, die im Untersuchungsgefängnis arbeitete. Sie kannte die Idee von Exit. Sie erzählte mir von einem Jungen, der wegen Körperverletzung und Sachbeschädigung vernommen worden war und während der Vernehmung gesagt hatte, er habe die Skinheadgeschichte über und wisse nicht, wie er da rauskommen solle. Sie hatte ihm geraten, mich anzurufen.

Ein paar Tage später war ich zusammen mit Emerich in Uppsala, um an einer Schule einen Vortrag zu halten. Da rief mich dieser Junge an, erzählte, wer er sei und dass er aussteigen wolle. Meine erste Reaktion war, »yippie, der Erste!« Dann dachte ich, das hier ist nicht die richtige Reihenfolge. Ich wusste ja noch nicht einmal, ob das Projekt überhaupt starten könnte. Ich hatte kein Geld, sondern musste Vorträge halten, um für Essen zu sorgen. Gleichzeitig konnte ich diesen Jungen nicht bitten, es in ein paar Monaten noch einmal zu versuchen. Bis dahin wäre es womöglich zu spät gewesen.

Da stand ich also auf dem Schulhof in Uppsala, mit der Zigarette in der einen und dem Handy in der anderen Hand, etwas ängstlich, aber gleichzeitig froh, dass überhaupt jemand angerufen hatte. Wir beschlossen, uns ziemlich rasch im Stockholmer Hauptbahnhof zu treffen. Er würde mitten in der großen Halle am Grillstand stehen. »Du kannst mich nicht verpassen. Ich bin groß und habe viele Tätowierungen.«

Ich kam gerade von einem Treffen mit Kommunalpolitikern und sah wie irgendein Angestellter aus, mit Anzug und weißem Hemd und Krawatte und dem obligatorischen Aktenkoffer. Unterwegs fiel mir mit einem Mal ein, dass er vielleicht dort mit einer Gang anderer Nationaler auf mich wartete, um mich zusammenzuschlagen. Ich hätte ihn gegenchecken sollen! Klar hatte er den Namen der Kontaktfrau genannt, aber den kannten viele. Mist, aber wenn sie mich kriegen wollten, dann würden sie es wohl ohnehin tun.

Er hatte Recht, man konnte ihn nicht verpassen. Wir gingen weit auf einen Bahnsteig hinaus, weil er nicht zwischen Leuten sitzen wollte. Aber in Ruhe ließ man uns trotzdem nicht, denn plötzlich tauchten Mitarbeiter der Schwedischen Eisenbahn in unserer Nähe auf. Sie fragten sich vermutlich, was das für ein ungleiches Paar war, das da beieinander saß. Aber sie sagten nichts, auch nicht der Wachmann, der ganz beiläufig eine Runde um uns drehte.

Wir saßen jedenfalls dort und redeten mehrere Stunden miteinander. Nach diesem Treffen war ich mir sicher, Exit würde funktionieren können. Ich erzählte ihm nicht, dass es Exit eigentlich noch gar nicht gab. Er hatte den vielleicht wichtigsten Schritt seines Lebens getan und selbstverständlich nahm ich mich sciner an. Wir trafen uns noch sehr oft, ehe er auf eigenen Füßen stand und weiterzog.

Das Problem bei ihm war, dass er seine nationalen Freunde verlassen und sie gleichzeitig behalten wollte, auch wenn er immer behauptete, er würde nicht mehr mit ihnen reden. Ein paar Minuten später versprach er sich dann aber jedes Mal, wenn er sich auf ein Gespräch bezog, das er mit einem oder einigen von ihnen in der vergangenen Woche geführt hatte.

Eines Tages kam er an und sagte, er wollte bei Lugna Gatan (die Straßen beruhigen) mitarbeiten, also unter lauter Jungen, die zum größten Teil aus Ausländerfamilien kamen. Dort würde er bestimmt mit offenen Armen empfangen werden, denn die wollten gern Schweden dabeihaben.Ich fragte ihn, ob er sich das wirklich gut überlegt hätte. Was würde er zum Beispiel in der U-Bahn unternehmen, wenn er dort Aufsicht führen würde und es plötzlich zwischen seinen alten Skinheadfreunden und einer Gang »Nigger« knallen würde? Hatte er darüber nachgedacht? Nein, natürlich nicht, aber: »Das passiert nie.«

»Aber wenn du in der Altstadt aussteigst und dort stehen zwanzig Skins, von denen dich mindestens fünfzehn wieder erkennen, wie reagierst du dann? Und wie passt das damit zusammen, dass du zwar aussteigen willst, es aber stressig findest und es am liebsten diskret tun möchtest?«

Dieser Knabe dachte wirklich nicht so schnell wie er lang war. Ich erlebte ihn in erster Linie als einen nicht-ideologisch bewanderten Hooliganskin, der sich nicht mal gut prügeln konnte. An und für sich klappte es mit ihm. Am Ende wollte er helfen und mehr oder weniger überall mit hin. Aber am Tag vorher überlegte er es sich dann doch oft anders. Er brauchte auch nicht so sehr Hilfe, sondern vor allem jemanden zum Reden, ein Gegenüber. Den Rest bekam er ganz gut allein hin. Ich glaube auch nicht, dass er genau wusste, was er aus seinem Leben machen wollte. Den einen Tag wollte er seine Tätowierungen wegmachen lassen, am darauf folgenden wollte er neue, noch deutlichere. Heute geht es ihm bestimmt gut.

Ja, das war mein erster Junge.

Zwei Wochen später rief ein Kumpel von ihm an und sagte, er sei ernstlich interessiert, auszusteigen. Er fragte, ob ich Mitglied der AFA (Antifascistik aktionsgrupp, Antifaschistische Aktionsgruppe) sei und ob es um so eine Art Umprogrammierung ginge. Dann fragte er noch etwas verschämt-taktvoll, ob ich freitags immer in die Synagoge ginge.

Dieses Bild von Exit ist mir bei vielen »meiner« Jungen begegnet. Nach einer anderen Vorstellung sind wir so eine Art »Rentenanstalt« für diejenigen, die es nicht länger schaffen, die zu schwach sind. Ziemlich viele haben jedoch begriffen, was wir tun. Sie finden es schade, dass wir die »richtigen« Ansichten im Stich gelassen haben, betrachten uns aber trotzdem nicht als Bedrohung. Sie wissen, dass wir nicht darauf aus sind, Krieg zu führen, sondern eine neutrale Linie einhalten, und dass wir nicht mit einer zwangsweisen Umprogrammierung arbeiten. Aber es passiert immer noch, dass Leute anrufen und fragen, ob wir in die Synagoge gehen und von der Säpo (Säkerhetspoliti*) bezahlt werden. Manche sagen, sie hätten gehört, sobald sich jemand bei uns melde, würden wir sofort die Journalistin Anna-Lena Lodenius anrufen, Hassobjekt Nummer eins der Nationalen. Das hat natürlich überhaupt nichts mit der Wirklichkeit zu tun, sondern gehört wie ein Puzzleteilchen zu der paranoiden nationalsozialistischen Ideologie.

Der neue Telefonkontakt stellte ungefähr die gleichen Fragen, begriff aber, dass nichts davon stimmte, weil ihm das sein Kumpel, mein erster Kontakt, ja berichtet hatte. Er glaubte allerdings, nach dem ersten Kontakt zu Exit müsse man gleich am nächsten Tag mit Ausländern zusammensitzen und sie umarmen! Soweit ich weiß, ist das ein Mythos, dessen Ursprung in einer Kampagne der Kriminalpolizei zu suchen ist. Das hatte und hat mit Exit aber nichts zu tun.

* schwedische Geheimpolizei, Nachrichtendienst

Im Februar 1998 publizierte die Boulevardzeitung ›Aftonbladet‹ Fotos, auf denen einige maskierte, bewaffnete Nationalisten zu sehen waren, die vor der Wohnung von Alexandra Pascalidou* und Claes Cassel** standen und sie offenkundig bedrohten. Die Täter wurden rasch gefasst und vor Gericht gestellt. Ich landete indessen wieder im Fernsehen. Danach meldete sich die Mutter eines Angeklagten bei mir. Wir kamen gut miteinander klar. Kurze Zeit später tauchte ihr Sohn auf und wollte Hilfe haben, und noch etwas später zwei weitere der fünf Angeklagten. Wäre man etwas konspiratorisch veranlagt, könnte man meinen, ich hätte überall meine Finger dazwischen, bei der ›Aftonblad‹-Geschichte wie später bei dem Polizistenmord in Malexander und der Ermordung des Gewerkschafters Björn Söderberg in Sätra. Denn das Kranke ist ja, dass diese abscheulichen Taten den Fortgang des Projekts Exit am meisten gefördert haben.

Ob diese Bedrohung durch Nazis dem Ministerium Beine machte oder nicht, weiß ich nicht. Aber glücklicherweise hatte man sich in diesem Frühjahr entschieden, die Rituale um die Anträge zur Mittelvergabe zu ändern. Jetzt brauchte man nicht mehr die alten Vorlagen mit einem Dutzend Beilagen, sondern musste kurze Anträge schreiben, auf wenigen Seiten die Vision beschreiben, die man hatte. Das war ein Glück für mich. Denn hätte man ausführliches Material angefordert, hätte ich nichts vorzuweisen gehabt.

Zusätzlich trafen wir uns einige Male. Im Ministerium glaubte man allmählich an das Projekt und akzeptierte das Budget im Großen und Ganzen. Doch als es endlich losgehen konnte, befielen mich Zweifel. War das wirklich das, was ich tun wollte? Welches Recht hatte ich dazu, aus meiner Vergangenheit Nutzen zu ziehen?

Diese Überlegungen wurden recht unsanft von den Geschehnissen beiseite geschoben. Denn jetzt hatten die Jugendlichen angefangen sich in einem Ausmaß bei uns zu

* Journalistin
** Pressesprecher der Polizei

melden, von dem weder ich noch sonst jemand anders auch nur geträumt hatte.

Im Mai 1998 bewilligte die Regierung die ersten Mittel und am 1. Juli, nach nur einem halben Jahr, fing ich offiziell an – sicherlich ein neuer Geschwindigkeitsrekord in der schwedischen Bürokratie.

Ich hatte mir überlegt, mein Studium im Sommersemester zu unterbrechen und dann die letzte Arbeit für meinen Abschluss in Angriff zu nehmen. Die bin ich der Universität und mir bis heute schuldig geblieben. Aber als die Gelder bewilligt waren, ging es mit der nach außen gerichteten Arbeit los.

Nach der Nachrichtensendung mit dem Bericht zu Brottby (s. S. 233) wollte ich im Januar an der Universität aus der Arbeit vortragen, mit der meine Gruppe in Rechts- und Organisationstheorie gerade fertig geworden war. Vorher hatte in der Gruppe keiner etwas von meiner Vergangenheit gewusst. Als ich an dem Morgen dort hinkam, grüßte und mich hinsetzte, saßen da sechs stumme Individuen, die mich nur anschauten. Sie waren in keiner Weise abweisend, sondern vor allem verwundert. Einige Tage später entschloss ich mich, mein Studium aufzuschieben. Nicht wegen der Reaktionen meiner Kommilitonen, sondern weil ich de facto mit einem Mal zu einer Person geworden war, über die getuschelt wurde.

An sich war am stressigsten, dass alle so positiv waren. Wie konnten sie dasitzen und sagen: »Gott, wie gut, das ist stark, dass du das tust!« Auch wenn ich verstehen kann, dass sich die Leute über die Veränderung vom »bad boy« zum »good guy« wundern, war es doch ein komisches Gefühl. Wäre ich kein Nazi gewesen, dann hätte ich als Durchschnittsschwede wohl kaum Bewunderung geweckt. Es fiel mir schwer, mich mit dieser positiven Sonderbehandlung abzufinden, und ich werde hier wohl stets ein gespaltenes Empfinden haben.

Zu Anfang teilte ich mir im Fryshus ein Zimmer mit Emerich Roth und weiteren fünf Menschen, die raus- und reinliefen.

Dort ließen sich keine heiklen Gespräche führen. Sowie die Gelder bewilligt waren, wollte ich mich als Erstes um einen eigenen Büroraum bemühen.

Schon als der erste Junge anrief, wurde mir klar, dass es am sinnvollsten wäre, eine Zusammenarbeit mit der Polizei und der Sozialbehörde zu etablieren. Wie sollte das gehen? Die Polizei würde sich wohl kaum danach drängen, mit Kent Lindahl zusammenzuarbeiten. Unser Verhältnis war seit langem nicht nur unterkühlt, es war eiskalt. Aber zu meiner großen Verblüffung gelang gerade mit der Polizei gleich eine gute Zusammenarbeit.

Im Zusammenhang mit den Vorträgen bekam ich meine ersten Kontakte zur Polizei, zu einem Polizisten hier, einem anderen dort. Bei solch einem Vortrag begegnete ich Bengt-Olof Hedvall, Polizist in Hallsberg und Ansprechpartner bei Problemen mit Rechtsradikalen im Raum Örebro, ein fantastischer Polizist, der später ein enger Partner wurde und noch ist. Als ich ihn das erste Mal traf, gab er sich ganz polizeilich straff, und ich hatte das Gefühl, er hasste mich. Ich malte mir aus, was er wohl von mir dachte, vermutlich dass ich so ein Ex-Rowdy sei, so ein Schweinehund. Aber vielleicht stimmte das überhaupt nicht. Vielleicht war es mein eigenes Selbstbild, das mich veranlasste, den Ausdruck aller anderen entsprechend zu interpretieren. Auf jeden Fall wurden wir zwei schnell sehr gute Freunde.

Ein Unglück kommt selten allein, pflegt man zu sagen. Aber vielleicht hat auch das Glück gern Gesellschaft, wenn es sein Ziel sucht. Denn genau an diesem Tag, als ich Hedvall kennen lernte, bekam ich einen Anruf aus dem Innenministerium und man teilte mir mit, mein Antrag auf finanzielle Förderung sei bewilligt worden.

Jetzt war also alles klar. Nun musste ich nur nach Hause fahren, ins Fryshus gehen und versuchen, einen Deal durchzusetzen. Das gelang, aber über mündliche Absprache, die mir bis heute nicht schriftlich bestätigt worden ist, obwohl ich es immer wieder anmahne. Wir machten aus, dass ich ein eigenes Büro bekommen sollte und dass sie die Administration des

Projektes übernehmen würden. Ich hatte deswegen früher mal Kontakt zu Rädda Barnen aufgenommen, aber schnell eingesehen, dass das bei ihren konservativen und hierarchischen Strukturen nicht klappen würde. Denn man kann vom Fryshus sagen, was man will – und da lässt sich eine Menge sagen –, aber die sind auf jeden Fall überaus tolerant und nicht so formalistisch. Man hat in gewissem Rahmen freie Hand und ist lediglich bestimmten Kontrollen unterworfen, wozu man das Geld ausgibt. Aber in diesem Fall hatte ich die Finanzierung des Projektes eigenständig hinbekommen, jetzt konnte es einfach losgehen! Anders Carlberg hat im Nachhinein zugegeben, dass er nicht an die Idee geglaubt hatte. Und damit stand er nicht allein. Da das Projekt das Fryshus nichts kostete, konnte ich dort so lange tätig sein, wie die Bude davon keinen Schaden nahm.

Als Bengt-Olov Hedvall in Hallsberg mit mir zusammenarbeitete, beeinflusste das selbstverständlich andere Polizisten in Hallsberg und in der Kommune Örebro überhaupt. Er öffnete mir die Türen, und immer mehr Polizisten riefen mich an, wenn sie Jungens da hatten, die aussteigen wollten. Wenn überhaupt, so war das doch der Beweis, dass Exit anfing so zu laufen, wie gedacht.

Ja, so fing das an.

Das Gleiche lief mit der Sozialverwaltung. Aber bei der Polizei war es einfacher. Die ersten Polizisten, mit denen ich zu tun bekam, fragten mich, ob es nicht ein komisches Gefühl sei, mit einem Mal »auf der anderen Seite« zu stehen. Da wies ich darauf hin, dass es bis 1993 ihr Job gewesen sei, zu versuchen, solche wie mich aufzuhalten, das gehörte zu den Spielregeln. Aber damals war damals und heute ist heute! Ich merkte allerdings, dass man bei der Polizei ehemalige Kriminelle ziemlich satt hatte, die sagten, sie wollten helfen, aber immer noch das Knastbrudergehabe und den Jargon der Kriminellen den Polizisten gegenüber draufhatten. Ich traf so einen irgendwo in Mittelschweden, einen Jungen, der für seine letzte Strafe die Polizei verantwortlich machte. Als ich ihn verwundert anschaute, keifte er: »Na, die haben mich doch dort reingebracht!«

Als ich in dem Ort, aus dem dieser Mann kam, einen Vortrag hielt, war kein Polizist unter den Zuhörern. Später erklärten sie mir, sie hätten von allen diesen Ehemaligen die Nase voll, die noch immer ihre Wurzeln in der asozialen und kriminellen Welt behalten hätten.

Ein anderer Polizist, der mir sehr geholfen hat, ist Arne Danner, Rektor an einer Schule und mit halber Stelle Polizist. Er ist für mich ein Mentor und ein Zuhörer gewesen, obwohl er mich in meiner aktiven Zeit bei mehreren Gelegenheit persönlich aufgegriffen hatte.

Ich glaube, die Einstellung zu Exit hat sich ein wenig gewandelt, seit ich gleich am Anfang die Polizisten getroffen und ihnen klar gemacht habe, dass wir jetzt auf derselben Seite stehen. Nicht, dass ich irgendetwas ausplaudere, Informationen solcher Art muss sich die Polizei andernorts beschaffen. Hingegen erzählen wir uns gern von den Fortschritten, die die Jungen machen, Jungen, die de facto auf Veranlassung der Polizei zu uns gekommen sind. Heute ist unsere Zusammenarbeit mit der Polizei ausgezeichnet.

Wir sind sogar an der Ausbildung der Polizisten beteiligt. Da gehen wir die Symbole, die Codes und die besonderen Wörter durch, die innerhalb der nationalen Bewegung benutzt werden. Wörter mit einer Bedeutung, die Uneingeweihte nicht verstehen. Wir gehen auch darauf ein, wie es ist, zu einer Gruppe zu gehören, wie die so genannte Gruppendynamik funktioniert, wie man in eine Gruppe hinein- und wieder aus ihr herauskommt. Wir sind der Meinung, dass die Polizisten stärker als heute positive Vorbilder für diese Jugendlichen darstellen könnten. Denn unter ihnen gibt es oft eine Hassliebe gegenüber Polizei und Militär mit ihren Uniformen, ihrer Disziplin und Ordnung. Sie betrachten Polizeiarbeit als etwas Männliches, auch wenn es Polizistinnen gibt. Deshalb repräsentieren sogar die Frauen bei der Polizei etwas, das diesen Jugendlichen oft sehr imponiert. Für die Polizistinnen ist es deshalb wichtig zu begreifen, dass sie an diese Jugendlichen herankommen und Einfluss auf sie ausüben können. Denn das ist durchaus möglich, oft mit so einfachen Mitteln wie einem ganz gewöhnlichen zwischenmenschlichen Gespräch. Besonders dann, wenn sie festgenommen worden sind und vielleicht eine oder mehrere Nächte lang bleiben müssen. Hier geht es ja darum, die Jugendlichen zu entdämonisieren. Außerdem sollen sie verstehen, was sie tun. Man darf sich eben nicht provozieren lassen, wenn sie zum Beispiel behaupten »Neger sind das Ungeziefer der Erde«. Natürlich kann einen bei so etwas die Wut packen, aber es stellt sich die Frage: Soll man diesen Fünfzehnjährigen einen Kopf kürzer machen oder versuchen, mit ihm zu reden?

Dass unsere Zusammenarbeit mit der Polizei so gut läuft wie sie es tut, liegt zum Teil daran, dass wir Resultate vorgewiesen haben, dass wir mit denen, denen wir Hilfe versprochen haben, weitergekommen sind. Zum Teil liegt es wohl auch daran, wie wir sprechen und arbeiten. Wir ersetzen niemanden, denn innerhalb ihres Kompetenzbereichs können Polizei und Sozialämter unendlich viel mehr als wir. Aber wir haben dem vielleicht etwas hinzuzufügen, das sie nicht ebenso gut kennen wie wir und auf gar keinen Fall aus unserer Perspektive.

Das habe ich von Anfang an sowohl der Polizei wie den Sozialämtern gegenüber immer hervorgehoben. Und das hat geklappt. Letztendlich handelt es sich aber doch in erster Linie darum, dass wir Ergebnisse erzielt haben. Ja, Exit ist die Organisation, die am meisten Jungen dazu verholfen hat, die Neonazi-Szene zu verlassen, sehr viel mehr, als allen behördlich unterstützten Kampagnen gelungen ist. Die Kampagnen haben kaum einen Nazi oder Nazisympathisanten verändert, eher im Gegenteil! Aber das ist womöglich gar nicht das Ziel dieser Kampagnen gewesen.

17

Das erste Jahr, 1998, war schwer. Damals musste ich mich auf die einzelnen Polizisten und Sozialarbeiter verlassen, die meinten, Exit würde vernünftige Arbeit leisten. Ich selbst war davon überzeugt, dass die Idee gut war und die Sache funktionieren würde. Eine Reihe von jungen Männern hatte sich bereits gemeldet. Meines Erachtens lief es ziemlich gut. Verglichen mit dem, was noch kommen sollte, war es allerdings ruhig. Die lokale Presse ließ von sich hören, sobald sie erfuhren, dass ich zu Besuch kommen würde. Die gute Stube blieb mir und Exit aber verschlossen. Wir mussten noch ein Jahr warten, ehe wir bei der Ministerin für Integration, Ulrica Messing, zum Weihnachtspunsch eingeladen wurden. Nach wie vor gab es viele, die dem Projekt zweifelnd gegenüberstanden. Und Sponsoren, die konnte man vergessen.

Heutzutage ist das Interesse an unserer Tätigkeit um einiges gestiegen. Jetzt im dritten Jahr ist Exits Glaubwürdigkeit so groß, dass uns die Polizei sogar in die Ausbildung von Streifenpolizisten einbindet. Um so etwas ging es zu Anfang nicht. Andererseits, hätten wir nicht diese ersten Kontakte zur Polizei auf unterster Ebene bekommen, dann hätten wir Exit nicht aufbauen können.

Als wir die ersten Jungen so weit hatten, dass sie ihr altes Leben hinter sich ließen und anfingen, sozial zu funktionieren, da hatten wir auch das Sozialamt auf unserer Seite. Mit diesen Jungen zu arbeiten, war keine Kleinigkeit. Viele von ihnen waren dabei, seit sie dreizehn, vierzehn Jahre alt waren, einige waren in den verschiedensten Heimen untergebracht gewesen. So sieht es bei den meisten aus – aber nicht bei allen. Denn es gibt eine kleinere Gruppe von eher intellektuellen Nazis, die nie auch nur in die Nähe einer Sozialstation gekommen sind. Doch selbst wenn viele von genau diesen Knaben nicht im »offenen« Polizeiregister auftauchen, geortet und zumindest der Säpo (Sicherheitspolizei) bekannt sind sie.

Ende 1998 ging es um die Bewilligung von Mitteln für das neue Jahrtausend. Da erhielt ich den Bescheid, wir würden vermutlich nicht weitermachen können. Aufgrund einer Umorganisation hatte man uns nicht länger dem Innenministerium, sondern dem Kulturministerium zugeordnet. Das brachte mit sich, dass wir wieder bei Null anfangen mussten. Man kann sich was Schöneres vorstellen. Da hatte man ein Jahr lang wie verrückt geschuftet und nun sollte das alles noch mal von vorn anfangen? Nein danke!

Hätte der Beamte des Ministeriums meinen Antrag wie üblich an den Allmänna arvsfonden (Allgemeiner Erbschaftsfonds)* geschickt, dann hätte ich vermutlich Geld für drei Jahre bekommen. Aber da sie im Ministerium meinten, das Projekt sei interessant genug, um es politisch zu nützen, war mein Gesuch stattdessen in einem Topf für Fragen der Integration gelandet.

Die Drohung, keine Unterstützung vonseiten der Regierung mehr zu erhalten, veranlasste mich, einen richtig umfangreichen Antrag zu schreiben sowie eine Menge Anlagen von Polizei und Gemeinden über das, was Exit und ich bis dahin auf die Beine gestellt hatten, mitzuschicken. Ich war kurz vorher in Norrköping gewesen, wo ich gemeinsam mit einem Sozialarbeiter Kontakt zu gut zwanzig Skinheads und halben Neonazis aufgebaut hatte. Diese Gruppe konnte ich einfach nicht im Stich lassen. Deshalb entschloss ich mich, noch mehr Geld zu beantragen und außerdem eine Verlängerung des Projekts.

Am Montag, dem 31. Mai, und am folgenden Tag sollte ich in Kisa Vorträge in Schulen halten. Bestätigt von vielen vorangegangenen Vorträgen vor Schulklassen hatte ich mir eine Vorlage erarbeitet, der ich normalerweise folgte. Die erste Hälfte handelte von mir und meinem Leben, anschließend ging ich über zu dem Konflikt zwischen uns und »denen«, redete über Schweden, Ausländer, Einwanderer und Vorurtei-

* Stirbt jemand ohne Erben, so geht das Geld an diesen Fond, der Mittel für Projekte – u. a. mit Jugendlichen – zur Verfügung stellt.

le. Das Schwergewicht legte ich dabei auf die Frage der eigenen Wahl, dass man nämlich verantwortlich ist für sein Tun und dass man als Fünfzehnjähriger vielleicht nicht immer bedenkt, welche Konsequenzen eine falsche Wahl für die nächsten zwanzig, dreißig Jahre mit sich bringen kann.

Einige Tage vor dem Termin in Kisa geschah jedoch etwas, das das Leben vieler Menschen beeinflusste und veränderte, und zwar sowohl das von Opfern und Angehörigen wie von Tätern: In Kisa wurde eine Bank ausgeraubt und in Malexander wurden zwei Polizisten von den fliehenden Bankräubern brutal erschossen.

Bereits am Sonntag hatte die Polizei mindestens einen von ihnen identifiziert, Andreas Axelsson. Bei der Hausdurchsuchung fand man Axelssons Mitgliedskarte in der Nationalsocialistik front (Nationalsozialistische Front). Damit wurden diese schrecklichen Taten als rechtsradikale Verbrechen eingeordnet.

Plötzlich stand ich vor einer Situation, mit der schwer umzugehen war. Sollte ich unter diesen Umständen wirklich nach Kisa fahren? War es einem Ex-Nazi möglich, mit jungen Menschen ins Gespräch zu kommen, deren Glaube an die Zukunft und die Menschlichkeit gerade ziemlich gelitten hatte? Ich wusste es nicht, entschloss mich aber hinzufahren, wenn aus keinem anderen Grund, so aus Neugier.

Am Bahnhof holte mich ein Lehrer mit dem Auto ab. Die wunderbare Sommerwärme hatte mich dazu verleitet, das Jackett auszuziehen und die Ärmel hochzukrempeln. Unversehens gerieten wir in eine Polizeikontrolle. Der Polizist erkannte den Lehrer wieder, beugte sich vor, grüßte, lächelte. Dann wanderte sein Blick weiter und beim Anblick meiner Tätowierungen gefror sein Lächeln blitzschnell und seine Hand schob sich zum Pistolenhalfter. Oh verdammt, dachte ich, jetzt knallt es. Aber der Lehrer erklärte, dass ich in der Schule einen Vortrag über die Neonazi-Szene halten solle. Nachdem ich meinen Ausweis vorgewiesen hatte, durften wir weiterfahren. Was wäre passiert, wenn ich nicht ausgerechnet in diesem Auto gesessen hätte? An diesem Montag standen bei der Polizei weder Nazis noch ehemalige Nazis besonders hoch im Kurs.

Die Vorträge wurden was Besonderes. Mit einem Mal war das, worüber ich sprach, auf eine unheimliche Weise für alle nahe, ja, viel zu nahe. Denn in einem kleinen Ort kennt jeder jeden. Wer so plötzlich selbst von Niedertracht und jähem Tod betroffen war, konnte Trauer, Wut und Ohnmacht nicht so leicht abschütteln. Ja, es war ein besonderes Erlebnis, für das ich mir keine Wiederholung wünsche.

Selbstverständlich erhielten wir auch für 1999 Gelder bewilligt. Aber es war und ist ein schreckliches Gefühl, dass unsere Tätigkeit weitergeführt werden kann, weil andere Menschen sterben mussten. Dass wir bildlich gesprochen über Leichen gegangen sind. Denn ich bin felsenfest überzeugt, dass es Exit ohne diese tragischen Ereignisse heute nicht mehr gäbe – egal wie erfolgreich wir auch waren.

Wie kann das sein? Ich kann als Erklärung nur anbieten, dass Menschen, dass diejenigen, die unser Land und unsere Gemeinden regieren, also die Politiker, schrecklich leicht vergessen. Denn das, was in Malexander geschah, war in der Tat nur insofern ein Einzelfall, als es dieses Mal zwei Polizisten getroffen hatte. Aber schon vor mehreren Jahren hatte es schwere Verbrechen gegeben, die mit Rassismus in Zusammenhang standen: Der Afrikaner Gérard Gbeyo, der in Klippan niedergeschlagen und ermordet worden war, John Hron in Kode. Diese Geschehnisse führten zu Debatten im Parlament und zu Zeitungsartikeln und Äußerungen wie, nun sei es wahrhaftig an der Zeit, diese rassistische und nazistische Hydra zu vernichten. Doch sobald an der Nazifront einige Monate Ruhe herrschte, gerieten auch die schrecklichen Taten wieder in Vergessenheit.

Wir bei Exit fürchten, dass uns das gleiche Schicksal blüht, wenn nicht neue Verbrechen passieren, die die Diskussion beleben. Denn die Erinnerung scheint sich selten länger als ein halbes Jahr zu halten, dann ist das meiste vergessen.

In Schweden hat es seit den zwanziger Jahren eine nationalsozialistische Bewegung gegeben, wenngleich sie lange Jahre immer kurz vorm Aussterben war. Aber sie hat überlebt und ist heute stärker denn je. In einem Ort beispielsweise, wohin ich Kontakte habe, ist die Schar der Nationalisten innerhalb eines halben Jahres von fünf auf achtzehn gestiegen. Und so wird es wahrscheinlich auch in Zukunft aussehen. Um den Wert unserer Tätigkeit einzusehen, bedarf es deshalb keiner Wiederholung von Malexander, Klippan oder Kode. Aber vermutlich ist es nicht ebenso glamourös, etwas Konkretes gegen Rassismus und Nazismus zu unternehmen wie für eine internationale Konferenz über die Massenvernichtung zwanzig Millionen Kronen aufzuwenden. Dann zieht Staatsminister Göran Persson die Spendierhosen an. Dann werden weitere finanzielle Mittel für die Forschung versprochen, während wir uns abrackern, um zu überleben. Das mag neidisch klingen, obwohl ich selbst es lieber als berechtigte Frustration und Forderung nach Gerechtigkeit sehen würde.

Im Spätsommer 1999 versuchte ich zwei Monate lang Refik Senner, den Staatssekretär der Ministerin für Integration Ulrica Messing, zu fassen zu bekommen. Ich wollte mit ihm den neuen Antrag an die Regierung auf Bewilligung von Finanzmitteln diskutieren. Ich hatte gemailt, gefaxt und ihn via Handy gesucht. Aber nein, Refik Senner war wie vom Erdboden verschwunden.

Eines Tages rief er unversehens an und entschuldigte sich. Er sei so entsetzlich beschäftigt gewesen und hätte keine Zeit gehabt, sich zu melden. Als untergeordneter Mittelempfänger blieb einem nur zu schlucken und nicht allzu enttäuscht zu klingen. Dann rückte er mit seinem eigentlichen Anliegen heraus.

Also, Ulrica ließ anfragen, ob ich mir vorstellen könnte, mit ihr zusammen einen Diskussionsbeitrag zu unterzeichnen?*

Das war schon fast komisch. Plötzlich war die Ministerin »Ulrica« geworden. Aber was soll's. Und was antwortet man,

* In Schweden ist es allgemein üblich, sich zu duzen. Wenn das unpassend ist, vermeidet man die Anrede, z.B.: »Würde die Frau Ministerin dem zustimmen?«

wenn einem ein Messer an der Kehle sitzt? Mein Mittelantrag, den ich mit Senner hatte diskutieren wollen, war von der Regierung noch nicht bewilligt.

»Ja, also das klingt interessant.«

In ihrem ersten Entwurf stand einiges, das ich nicht unterschreiben konnte. Diese Teile wurden gemäß meinen Einwänden abgeändert. Ich hatte jedoch die fertige Fassung nicht gelesen, ehe sie in Druck ging, was ich natürlich hätte tun müssen. Doch welche Bedeutung sollte es schon haben, einen Artikel gemeinsam mit einer Ministerin zu unterzeichnen? In meinen Augen handelte es sich um den Artikel von Ulrica Messing. Es war doch ihr Text, es ging um ihren Plan. Selbst wenn ich ihn mit unterschrieben hatte und mit seinem Inhalt sympathisierte, so war ich dennoch nichts weiter als eine Randfigur.

Am gleichen Morgen, als der Artikel erschien, sollte ich bei einem Fernsehgespräch über Strafvollzug teilnehmen. Als ich zum Sender kam, hatte ich den Artikel noch gar nicht gelesen. In der Eingangshalle traf ich auf einen Reporter, der mich vor der Sieben-Uhr-Sendung interviewen wollte. Ich begriff gar nichts. Ich sollte doch in aller Ruhe auf dem Sofa sitzen. Da zeigte sich, dass er einen Kommentar zu dem Artikel haben wollte. Ich wusste nicht so recht, was ich antworten sollte. Aber er hatte es eilig, wollte wissen, was mit diesem oder jenem gemeint war. Irgendwie war ich zur falschen Zeit am falschen Ort! Ich hatte doch keine Ahnung, was ich antworten sollte, denn nicht wir hatten gedacht, sondern »Ulrica«. Irgendetwas gab ich in aller Eile von mir, mit dem der Reporter zufrieden war.

Am gleichen Nachmittag schaltete ich gegen zwei Uhr mein Telefon ab und saß nur noch da und wunderte mich. Denn in weniger als einer halben Stunde hatte ich auf dem Handy fünfundfünfzig Anrufe von Journalisten gehabt, aus allen möglichen und unmöglichen Orten, von Zeitungen, von denen ich noch nie gehört hatte. Und viele der Journalisten gaben sich mit einem Nein nicht zufrieden.

Darauf war ich nicht vorbereitet. Ich hatte nicht gewusst, dass ein Diskussionsartikel eine solch durchschlagende Kraft haben würde. Und man rückte offenbar mich ins Zentrum des Interesses und nicht Ulrica Messing.

Dieser Tag und die übrigen jener Woche waren schlimm. Aber unter all den Anrufern fand sich doch das eine oder andere Goldkorn. So kam ein Anruf vom Norstedts Verlag mit dem Angebot, dieses Buch zu schreiben. Ich bekam Kontakt zu Menschen vom Gemeindeverband, die eine Zusammenarbeit anboten. Doch, dieser Artikel brachte eine Menge, selbst wenn ich mich da am ehesten danach fühlte, alles hinzuwerfen und mir das Leben zu nehmen. Es war ganz einfach schlimm. Ich habe mich in meinem ganzen Leben noch nicht so gejagt gefühlt.

Irgendwann begann mein Magen zu streiken, ich fühlte mich hundeelend. Leute meldeten sich, darunter Anders Carlberg, der zugab, nicht an das Projekt geglaubt zu haben, aber wirklich froh war, dass es geklappt hatte. Vor lauter Freude über die Erfolge von Exit hatte er sich schon 1998 mehrere Male an die Presse gewandt und betont, »nur wir hier im Fryshus bekommen diesen Job hin«, obwohl er mit dem Job gar nichts zu tun hatte!

Andere, die in den Jahren zuvor mit mir nicht einmal hatten reden wollen, wollten jetzt »mithelfen«. Und ich saß da und dachte über das Leben nach, ob ich nachtragend und bitter sein oder ob ich die Spielregeln akzeptieren solle. Mir wurde klar, dass ich in einer Arena gelandet war, in der ich mich nicht so recht zu Hause fühlte, und das war ziemlich stressig – schrecklich stressig faktisch.

Aber das ging vorbei, Medien sind nun mal, wie sie sind. Im November kamen neue Jungen und ich bekam Hilfe durch Cecilia »Cissi« Palmgren, die schon mit Mädchengruppen gearbeitet hatte. Mit dabei war Robert »Robban« Durrell, zwanzig Jahre, Antialkoholiker aus ideologischen Gründen und vier Jahre lang bei der NSF (Nationalsocialistisk front, Nationalsozialistische Front) aktiv gewesen, ohne Mitglied zu sein. Es gab noch mehr Jungen, die halfen, Jungen, die ich hoffte, später anstellen zu können.

Verglichen mit dem Jahr zuvor, machte es in diesem Jahr wirklich einen Unterschied, beim Sozialamt oder bei der Polizei anzurufen. Jetzt hatten offenkundig alle von Exit oder Kent Lindahl gehört. Das erleichterte die Arbeit ungeheuer. Gleichzeitig meldeten sich viele Studenten, die Seminararbeiten und Untersuchungen zu Exit schreiben wollen. Aber für die hatten wir keine Zeit.

Wir führten so viele Vortragsveranstaltungen durch, wie wir schafften, in Schulen, für die Sozialämter, in allen möglichen Zusammenhängen. Einmal hatte mich der Jugendclub einer Kirche in Eskilstuna eingeladen. Das war ein merkwürdiges Erlebnis, weil zwei Jugendliche, die in der Jugendarbeit der Kirche aktiv waren, Skinheads waren. Noch merkwürdiger war, dass im Publikum mindestens zwanzig weitere Skinheads saßen, meistens Jungen zwischen sechzehn und zwanzig, aber auch ein paar Mädchen. Die hatten sich in zwei Gruppen weit vorn zusammengesetzt.

Das war irgendwie stressig, aber ich dachte, ich sollte versuchen, sie zu kriegen, und zwar auf eine gute Weise. Also legte ich los und stellte mich dabei auf sie ein, gleichzeitig beobachtete ich ihre Reaktionen. Sie wirkten nicht feindlich, eher etwas nachdenklich, mit Blicken und Nicken vorsichtig zustimmend. Sie hatten Gelegenheit, Fragen zu stellen, dann war Pause.

Da nur die Skins und ich rauchten, sah ich mich rasch vor der Kirche von zwanzig kahl geschorenen Jugendlichen umgeben. Ich kam mit einigen ins Gespräch. Dann kam ein Kleiner zu mir und bat mich um eine Zigarette. Er wollte wissen, ob ich Angst hätte.

»Nein, warum denn«, antwortete ich.

»Wir sind zwanzig gegen einen!«

»Das stimmt. Aber ich betrachte euch nicht als meine Feinde. Würde es Zoff geben, wäre klar, dass ihr gewinnt. Aber dann solltest du auch daran denken, dass du mir am nächsten stehst. Dann nehme ich dich mit und vielleicht noch ein paar. Und du weißt, dass da drinnen fünfzig Erwachsene sitzen. Wenn die mich hier draußen finden, wissen sie, wer es war. Binnen einer Stunde wäret ihr festgenommen. Nein, ich bin nicht sonderlich ängstlich.«

»Mmh, ich wollte es nur wissen.«

Nach der Pause diskutierten wir in der Kirche weiter.

Zwei Monate später rief ein Lehrer aus Örebro an, er bat um einen Vortrag vor seinem Lehrerkollegium, woraufhin sich folgendes Gespräch entwickelte:

»Ich weiß nichts von euch, wer ihr seid und was ihr tut.«

»Na, weshalb rufst du dann an?«

»Also, mein kleiner Bruder in Eskilstuna war Skinhead. Er war an dem Abend in der Kirche und hat dir zugehört.«

»Ah ja.«

»Zwei Tage nach diesem Vortrag nahm er die Fahnen und all das von der Wand und warf seine Platten weg. Heute ist er von allem weg.«

Man kann darüber diskutieren, ob das auf den Vortrag zurückzuführen war oder nicht. Aber dieser Lehrer hatte jedenfalls den Eindruck, dass er einen Effekt gehabt hatte.

Ich muss vielleicht noch hinzufügen, dass ich mich nicht mit diesen Skinheads auf eine Prügelei eingelassen hätte. Denn so weit war ich damals in meiner persönlichen Entwicklung gekommen, dass ich entweder aufgegeben oder versucht hätte wegzulaufen. Ich wäre niemals in meine alten Verhaltensmuster zurückgefallen. Nur hatte ich in der Situation keine Lust, das zu erklären.

Eltern, Freunde und Verwandte von aktiven Nationalisten meldeten sich. Das war natürlich gut, weil es zeigte, dass meine Idee taugte, auch wenn nicht alles so wurde wie anfangs gedacht. Wenn nun niemand angerufen hätte, wenn nichts passiert wäre, wenn ich nur in meinem Büro gesessen und Geld gekostet hätte! Deshalb war ich natürlich froh. Es war doch mein Baby, das jetzt wuchs und gedieh.

Aber das Beste war doch, zu sehen, wie diese Jungen auf den richtigen Weg kamen und ihrerseits einen Teil zurückgeben konnten. Ganz wird die moralische Schuld, an der wir alle tragen, nie abzubezahlen sein.

Inmitten dieser fast schon chaotischen Zeit gingen Pyttan und ich auseinander. Ich war darauf vorbereitet, dass sie ausziehen würde, sobald sie eine geeignete Wohnung gefunden haben würde. Als ich mich zu Vorträgen in Ystad aufhielt, war es so weit. Eines Morgens rief sie mich plötzlich in meinem Hotelzimmer an und erzählte, sie würde am 1. Oktober umziehen. Mir war klar gewesen, dass dieser Augenblick bevorstand, aber als es dann soweit war, war ich mental doch nicht darauf vorbereitet, sondern fühlte mich, als hätte ich einen besonders kräftigen Schlag gegen den Kopf bekommen. Ich weiß nicht, wie Lehrbücher der Psychologie den Zustand umschreiben, in den ich geriet, jedenfalls brach ich in diesem Hotelzimmer völlig zusammen. Ich malte mir ein Schreckensszenario aus, ich würde nie mehr meine Kinder zu sehen bekommen und eine Menge anderer merkwürdiger Geschichten. Aber vielleicht war das nicht so merkwürdig, wenn man bedenkt, wie der Herbst gewesen war. Erst die Hatz in den Medien, dann dieses Gespaltensein gegenüber dem sich vom »bad boy« zum »good guy« zu verwandeln, und die Erwartung an mich, in allen möglichen Zusammenhängen als Experte und Vortragender aufzutreten und sich gleichzeitig um Jungen zu kümmern, denen es überhaupt nicht gut ging und die Unterstützung brauchten. Und dann obendrauf noch eine Scheidung!

Zwei Monate später taten sich die beiden großen Boulevardblätter zusammen und veröffentlichten mit der Schlagzeile »Bedrohung für die Demokratie« Namen und Bilder von zweiundsechzig Nazis und kriminellen Bikern. Damit war die Treibjagd in den Medien wieder in Gang.

Was war eigentlich das Ziel, zweiundsechzig vorzugsweise junge Menschen zur allgemeinen Betrachtung auszuhängen, überdies unter dieser kriegerischen Schlagzeile? Nein, es ging nicht um die bedrohte Demokratie, eine fast schon lächerliche Behauptung. Drohungen auszusprechen und in ein Verfahren einzugreifen, ist immer häufiger geworden, auch bei Kriminellen ohne nationalistischen Hintergrund. Aber die werden nicht so in der Presse vorgeführt, nicht einmal bei Mord. Da scheinen die »ethischen Regeln« der Presse zu greifen.

Ich will auf keine Weise die Taten der Nationalen verteidigen. Wenn sie Verbrechen begehen, sollen sie selbstverständlich dafür verurteilt und bestraft werden. Aber wenn man Menschen so unterschieds- und kritiklos vorführt! Innerhalb der Bewegung wurde die Stellung einiger durch die Publikationen gestärkt. Andererseits wurde es für diejenigen, die dabei waren, den Ausstieg zu wagen, viel schwerer, mit dem Vergangenen Schluss zu machen. Und überdies quittierte man den Nationalsozialisten wiederum, dass Meinungsfreiheit nur für die mit den »richtigen« Anschauungen gilt. Sie wurden also intern gestärkt, während die Mauern zur sie umgebenden Gesellschaft noch höher als früher wuchsen.

Was bedeutet der »journalistische Auftrag« denn eigentlich? Was für ein Ziel hat er? Gemäß den übereinstimmenden Erklärungen der Chefredakteure verschiedener großer schwedischer Tageszeitungen müssen alle Menschen Verantwortung für ihr Tun übernehmen. Sie vergaßen jedoch darauf hinzuweisen, dass das für alle gilt – außer für sie selbst. Sie veröffentlichen und für die Folgen übernehmen sie keinerlei Verantwortung. Und das macht mich wahnsinnig wütend.

Dass ›Aftonbladet‹ kürzlich eine Artikelserie veröffentlicht hat, in der versucht wurde, die Ursachen des Nazismus zu erklären, ist sicher okay. Wie sollte man das auch anders beurteilen? Aber diejenigen, die damals die Veröffentlichung der Namen kritisierten, wurden sofort beschuldigt, Befürworter der Nazis zu sein. Mit mir als Ex-Nazi und Verantwortlichem von Exit ging das nicht. Das wäre nicht glaubwürdig gewesen. Und so stelle ich weiterhin infrage, welches Ziel verfolgt wird, wenn man zweiundsechzig Menschen, die meisten davon sehr jung, so vorführt.

Doch, im Herbst 1999 war um mich herum ganz einfach zu viel los. Es war kein gutes Gefühl, vielen Journalisten absagen zu müssen, das Telefon abzustellen, allein um mit allen praktischen Tätigkeiten fertig zu werden, alle bestellten Vorträge in den Schulen zu halten, an Seminaren und Konferenzen teilzunehmen und inmitten des ganzen Trubels neue Jungen anzunehmen, die angeklopft hatten und hereinwollten.

Kurz vor Jahresende, wenige Tage ehe es so weit war, Konkurs anzumelden und die ganze Geschichte abzuwickeln, bekam ich endlich die definitive Zusage für weitere Mittel. Klar hatte ich einige Monate vorher eine mündliche Zusage von Ulrica Messing erhalten. Und auf dieses Versprechen hin hatten Robban und Cissi als Helfer anfangen können. Aber mündliche Versprechen sind nicht das Gleiche wie ein Schriftstück mit dem Briefkopf des Ministeriums und der Unterschrift der Ministerin. Jetzt konnte ich endlich Robban und Cissi definitiv anstellen.

Im Herbst war es recht hektisch gewesen, aber doch auch interessant und spannend. Leider brachte das für mich persönlich die Kehrseite mit sich, dass ich allmählich das Gefühl bekam, kein eigenes Leben mehr zu haben. Exit war der Nabel, um den sich mein gesamtes Leben drehte, genau wie es sich früher um den Nationalsozialismus und die Kriminalität gedreht hatte. Manchmal schien es deshalb, als hätte ich nur eine alles andere ausschließende Tätigkeit gegen die nächste eingetauscht, wenngleich diese jetzt bedeutend mehr Sinn machte als die frühere.

Aber wo blieb ich selbst in all dem? Wo war die Empfindung geblieben, die mir nur in sehr kurzen Phasen meines Lebens bisher vergönnt war, wie in den letzten Jahren, als ich studierte, als ich spürte, ich war auf dem Weg, all das hinter mir zu lassen, was mit meinem alten Leben zu tun hatte. Dass ich unterwegs war zu dem, der ich sein wollte: Kent, zweiunddreißig Jahre alt, Vater von zwei Kindern, der an der Universität für eine neue Zukunft studiert. Mit Exit übernahm ich die Rolle als Ehemaliger. Der umgedrehte Nazi. Heute, nach gut zwei Jahren mit Exit, habe ich das Gefühl, als sei ich auf dem Weg, mich selbst zu finden, als gebe es mehr als diese Rolle und als könne dies eine Zukunft in sich tragen.

Ein Teil meiner alten Freunde ist nach wie vor bei den Skinheads, manche davon sind durch den Alkohol ziemlich am Ende, und das zu sehen, ist traurig. Sie grüßen mich immer noch. Das tun die politisch Aktiven, mit denen ich in der White-Power-Welt befreundet war, keinesfalls. Und selbst wenn sie grüßen würden, so hätten wir nichts, worüber wir reden könnten. Das Gleiche gilt für meine alten Freunde unter den Kriminellen und den Bikern. Wir hätten uns nichts zu sagen. Aber so ist das, man muss wählen. Man kann den Kuchen nicht essen und behalten.

Man kann sich natürlich auch fragen, ob wir je Freunde waren, ob wir uns wirklich kannten. Denn wenn ich nachdenke, wusste ich von denen, mit denen ich täglich zusammen war, kaum etwas. Weder wo sie aufgewachsen waren oder wie lange sie zur Schule gegangen waren, noch wie ihre Eltern hießen oder welche Jobs die hatten, lauter solche Details, die Freunde eigentlich voneinander wissen. Das Einzige, was wir gemeinsam hatten, wenn überhaupt, war eine extreme Ideologie und ein nie versiegendes Interesse an alkoholhaltigen Getränken. Klar lässt es sich mit so oberflächlichen Kontakten leben, aber auf die Dauer hält man das nicht aus.

Das sieht man aber erst ein, wenn man diese Welt verlassen hat. Dann ist man allein, doch im Prinzip ist man das die ganze Zeit gewesen. Dabei hatte ich tatsächlich immer einen Freund, Göran, noch immer Skinhead und Genosse. Er zog aus Stockholm weg, weil er von Drogen und Kriminalität genug hatte, aber wir treffen uns manchmal. Und er ist einer von diesen Freunden, mit denen man über alles reden kann. Er ist auch das einzige Bindeglied zu meinem alten Leben.

18

Nach bald zweieinhalb Jahren mit Exit ist es heute an der Zeit, einen Teil meiner Erfahrungen zusammenzufassen. Nicht den Teil, der Vorträge und Seminare umfasst. Sondern die Frage, was der Nazismus in Schweden heutzutage bedeutet und wer Nazi wird.

Selbstverständlich können unter den entsprechenden Bedingungen alle zu Nazis werden. Aber die allermeisten in unserem Land gehören nicht dazu, was unmittelbar dadurch bewiesen wird, dass es höchstens fünfzehnhundert aktive Nazis in Schweden gibt, anderthalb Promille der Bevölkerung. Das ist eine kleine Minorität, von der man jedoch so viel hört und sieht, als sei sie um ein Vielfaches größer. Und wenn man nach dem Platz urteilen würde, den diese anderthalb Promille in der Presse einnehmen, insbesondere seitdem »der harte Kern« im Herbst 1999 ausgehängt worden ist, so ist man fast geneigt zu glauben, diese kleine Minderheit bedrohe die schwedische Demokratie, wie es die Zeitungen behaupten. Das ist natürlich Quatsch. An dem Tag, an dem die Nationalsozialisten sich entschließen würden, das Land unter ihre Kontrolle zu bringen, würden sie bereits im Laufe des Vormittags von einigen Kompanien Wehrpflichtiger vernichtet sein.

Nein, die schwedischen Nazis bedrohen die Demokratie nicht. Aus demokratischer Sicht hingegen sind sie ein Problem. Ein Problem insofern, als sie sich gegen das demokratische System entschieden haben und stattdessen Fürsprecher der Diktatur sind.

Leider wird die Diskussion heutzutage in viel zu großem Umfang darauf ausgerichtet, was man für den Einzelnen tun kann, um die nationalsozialistische Szene zu verlassen und wie man dem Problem mit juristischen Mitteln beikommen kann. Sicher ist das bedeutsam und interessant. Aber eine Schlüsselrolle spielt die Politik. Es kann kein Zufall sein, dass die Schar der Skinheads und der militanten Nationalisten in den neunziger Jahren so viel größer geworden ist, wo gleichzeitig die Arbeitslosigkeit größer ist denn je, und wo die Politiker, egal welcher Couleur, den Sozialstaat aufgegeben haben. Und hierbei ist es den Jugendlichen wirklich schlecht ergangen. Die Ressourcen der Schulen wurden verringert, die Lehrer sind ausgepowert und die Betreuung der Schüler wurde im Prinzip abgeschafft. Die kommunalen Freizeitheime wurden geschlossen, die Zuschüsse für Vereine gekürzt und vieles andere mehr.

Leider haben weder ich noch Exit irgendeinen größeren Einfluss auf die schwedische Politik. Wie es gehen kann, zeigt das Beispiel Skellefteå*. Dort gibt es heute dreizehn aktive Freizeitheime, den Verein Urkraft und ein Haus der Jugend. Von den zehn Skinheads in Skellefteå und Umgebung sind heute einige dabei auszusteigen.

Was Exit tun kann, ist Folgendes: denjenigen, die aus der Naziszene aussteigen wollen, Hilfe und Unterstützung anbieten, für Eltern und Angehörige als Ansprechpartner fungieren, unsere Kenntnisse und Erfahrungen an Eltern, Schulen, Sozialdienst, Freizeitheime und Polizei weitergeben und aktiv eine Zusammenarbeit dieser Partner unterstützen. Denn eine Zusammenarbeit ist nötig, will man den Zulauf zu diesen Gruppen verringern und viele der schon etablierten Nazis zum Aussteigen bewegen.

Wenn wir die Jungen betrachten, mit denen wir bisher zu tun hatten, etwa siebzig, dann kommt ein Teil aus einem Elternhaus, wo es an Nähe und Wärme fehlte, andere wiederum kommen aus einem relativ stabilen Zuhause, wo es sogar einen Vater gab, der anwesend war. Die meisten haben allerdings eine problematische Schulkarriere hinter sich, mit viel Ärger, viel Schwänzen und schlechten Abgangszeugnissen. Oft kommt Mobbing ins Spiel, fehlendes Verwurzeltsein und das Gefühl, außerhalb zu stehen. Wenige von ihnen sind in das etablierte Vereinsleben eingebunden gewesen, das sie als konservativ empfinden: ewige Treffen und schrecklich wenig wirk-

* Mittelgroße Stadt in Nordschweden

liche Aktivität. Sport war für sie wegen seiner immer stärkeren Ausrichtung auf Eliten wenig verlockend.

Außerdem hatten unsere Jungen das Gefühl, das Vereinsleben sei auf einen bestimmten Typ von Jugendlichen ausgerichtet und sie selbst würden nicht ins Bild passen. Die lokale Gruppe der Nationalisten war deshalb ihr erster regelmäßiger Kontakt zu einer Organisation. Dort empfing man sie mit offenen Armen. Und das galt für alle, gleichermaßen für dicke wie dünne, große wie kleine, für Jugendliche ohne irgendwelche besonderen Talente, es wurde nicht mal bestimmte Kleidung gefordert, selbst wenn sich die meisten für Stiefel und Bomberjacken entscheiden.

Wenn diese Jungen hier bei Exit aufkreuzen, sind sie in der Regel vier bis sieben Jahre lang in der White-Power-Welt aktiv gewesen. Diesen Jugendlichen fehlt es nicht an Engagement oder Energie. Viele von ihnen haben mitgeholfen, Konzerte und Demonstrationen oder andere anspruchsvolle Sachen auf die Beine zu stellen. Das Problem ist, dass sie ihre Energie auf destruktive statt auf konstruktive Aktivitäten verwendet haben.

Viele von ihnen hatten früher niemanden, mit dem sie ein ernstes Gespräch führen konnten. Die Eltern waren wütend auf sie gewesen oder hatten sie schlichtweg verstoßen, die Lehrer sind nicht mit ihnen fertig geworden, weil sie oft störrisch und aggressiv waren. Oder man hat entweder nicht gewagt mit ihnen zu diskutieren oder es nicht gekonnt. Im Sozialdienst hat man nicht gewusst, wie man mit ihnen umgehen sollte.

Man darf nicht darüber hinwegschauen – wie viele es tun –, dass diese Jungen sich auf einem ideologischen Grund bewegen, den sie sehr ernst nehmen. Natürlich sind nicht alle gleichermaßen belesen, und die allerjüngsten sind sich sicher nicht voll darüber im Klaren, wozu sie da gehören. Aber die Ideologie gehört dazu und ist in dieser Welt eine enorm starke Kraft. Rituale, Uniformen, Musik, Codes verbinden und festigen die Überzeugung, dass der Nationalsozialismus das einzig Richtige sei.

Sich den älteren Aktivisten zu nähern ist schwer, fast unmöglich. Früher oder später landen sie alle im Gefängnis. Außerdem machen wir uns selbst etwas vor, wenn wir glauben, alle würden aussteigen und der Nazismus würde verschwinden. Das wird er nicht! Es geht darum, die Neuzugänge zu den extremen nationalen Bewegungen auf ein Minimum zu reduzieren. Ich bin davon überzeugt, dass eine sinnvolle Arbeit mit ihnen möglich ist. Aber es kommt darauf an, was getan wird und wie.

Manche von denen, die zu Exit kommen, brauchen nicht so viel Zeit. Andere müssen vielleicht aus ihrem Heimatort wegziehen, etliche haben Gerichtsverfahren am Hals, fast alle müssen ihre Ausbildung erst noch abschließen. Und alle haben sie das Bedürfnis, mit jemandem zu reden, der sie nicht einfach verurteilt, sondern der mehr in ihnen sieht als nur Anschauungen. Denn es gibt die ernst zu nehmende Gefahr, rein menschlich, dass man Individuen nur auf ihr Verhalten und ihre Ansichten reduziert, unabhängig davon, ob sie üble Nazis sind oder kriminelle Ausländer. Auf die Weise endet es leicht damit, dass man ganze Gruppen von Individuen verurteilt.

Für uns bei Exit ist es selbstverständlich, dass alle eine Menschenwürde haben, unabhängig von Ansichten und Taten, selbst wenn so zu denken manchmal schwer fällt. Aber es ist so wichtig, deutlich zu machen: »Ich mag deine Ansichten nicht, aber als Mensch verurteile ich dich nicht.« Außerdem ist es enorm wichtig, undemokratischen Ansichten entgegenzuwirken und sie zu bekämpfen – mit demokratischen Mitteln. Wir müssen alle begreifen, dass man Gedanken und Anschauungen nicht per Gesetz verbieten kann. Aber es ist wichtig, frühzeitig einzugreifen, ehe der Jugendliche ganz in den nazistischen Nebeln verschwunden ist. Dabei ruht auf Familien und Schulen schwere Verantwortung.

Für Eltern ist es sicher nicht einfach, sich das sagen zu lassen – aber oftmals haben sie Anteil am Engagement ihrer Kinder in den nationalen Bewegungen. Das bedeutet nicht notwendigerweise, dass sie als Eltern böse oder intolerant waren oder selbst rassistische Ansichten vertreten haben.

Im Gegenteil!

Nettigkeit, Güte, totales Vertrauen zu den Kindern, eine ultraliberale Erziehung, die alles, was das Kind tut, nicht nur toleriert, sondern applaudierend begleitet, kann leider dazu führen, das sich die Kinder später einen Kreis suchen, in dem klare und einfache Regeln gelten und wo der Glaube an Autoritäten vorherrscht, die Grenzen setzen – im Gegensatz zur ignoranten oder vagen Haltung von Eltern und Gesellschaft. Viele Eltern wundern sich schrecklich, wenn wir darauf hinweisen, dass sie selbst vielleicht mal über ihr Verhalten den Jugendlichen gegenüber nachdenken müssten.

Eltern sind die zweite große Gruppe derjenigen, die sich bei uns melden, oftmals, um den eigenen Kindern den Weg zu Exit zu bahnen, manchmal nur, um sich Rat zu holen. Viele der Eltern sind verzweifelt und brauchen dringend Hilfe. Sie hoffen auf ein Wunder, hoffen, dass wir ihre Söhne und Töchter dazu bringen, das nazistische Gedankengut über Nacht abzulegen. Ja, sie bitten uns, ihre Kinder »umzuprogrammieren«, sie wollen sie »wie früher« zurückhaben.

Aber wir arbeiten nicht mit Umprogrammieren, arbeiten mit keiner Methode, die junge Menschen mit mehr oder weniger Zwang dazu bringt, ihre extremen Ansichten und Freunde aufzugeben. Wir bauen darauf, dass irgendwo der Wille vorhanden sein muss loszukommen, zu einem normalen Leben zurückzukehren. Ist der nicht vorhanden, können wir nichts tun. Die Entscheidung steht jedem frei. Entscheidet man sich dafür, das Leben im Sinne der White-Power-Welt zu verbringen: okay. Aber ist der Wille zum Ausstieg vorhanden, wenn auch noch so diffus und ambivalent, dann können wir darauf eingehen und dabei helfen, viele praktische Probleme zu lösen, die mit der Rückkehr verknüpft sind. Natürlich stehen wir auch für Gespräche zur Verfügung.

Da wir bei Exit uns noch keine Elternperspektive haben zulegen können, gibt es Fragen der Eltern, die wir nicht beantworten können. Deshalb haben wir uns als Kontaktpersonen für neue Eltern die Unterstützung einer Reihe von »erfahrenen« Eltern gesichert. Natürlich beantworten wir die Fragen, auf die wir Antworten haben, selbst. Was ist das für eine merkwürdige Zeitung, die seit neuestem immer bei unserem Kalle rumliegt? Was bedeuten die Zahlen 1 und 8? Soll ich auf meinen Jungen wütend sein oder so tun, als merke ich nichts? Es gibt unzählige Fragen und sie sind völlig unterschiedlich. Für manche reicht eine kurze Antwort, andere benötigen ausführlichere Darlegungen. Manchmal brauchen Eltern mehr als ein Gespräch, um mit der Situation umgehen zu können.

Wir waren der Auffassung, dass es für Eltern sinnlos ist, sich mit den Kindern zusammenzusetzen und Ansichten und Ideologie zu diskutieren. Denn wenn man Pech hat, ist der Junior belesener, kennt sich besser aus und kann besser argumentieren als die Eltern. Dann hat man als Vater und Mutter den Kampf gleich verloren oder auf jeden Fall keine Fortschritte erzielt. Wenn das Verhältnis umgekehrt ist und die Eltern diejenigen sind, die sich besser auskennen, ist damit ebenfalls nichts gewonnen, weil ihre Autorität und ihre Kenntnisse von den Kindern immerzu infrage gestellt werden.

Wer wird dann wen umdrehen? Vermutlich keiner keinen! Stattdessen wird man die festgefahrene Situation mit ewigem Gerede nur noch zementieren und die Parteien werden überdies wütend aufeinander sein.

Mit den Jugendlichen nicht zu diskutieren, bedeutet nicht, das man mit seiner eigenen Meinung hinterm Berg halten soll. Man soll durchaus klarmachen, wo man steht. Aber deutlich die eigenen Anschauungen darzulegen, ist nicht das Gleiche, als stets und ständig den Jugendlichen seine eigenen Ansichten aufzuschwatzen. Da riskiert man, sein eigenes Kind auf eine Anschauung zu reduzieren – mein Kind, der Nazi – statt es als einen Mitmenschen anzusehen mit allen menschlichen Bedürfnissen. Und wenn der Jugendliche findet, Nazi zu sein sei heftig – was die Umgebung immer provoziert –, dann wird das noch heftiger, wenn man ihn oder sie die ganze Zeit als Nazi behandelt und nicht als seinen Sohn oder seine Tochter. Wenn der Jugendliche womöglich überlegt hat, auszusteigen, aber merkt, dass Mutter und Vater oder die Lehrer in der Schule ihn oder sie als Nazi betrachten, kann das richtiggehend kontraproduktiv wirken. Denn dann gibt es keinen Grund auszusteigen. Die glauben mir ja sowieso nicht!

Diese Jugendlichen auf ihre Anschauungen zu reduzieren heißt, sie auszuschließen. Man fordert und droht und versucht die Kinder zu zwingen, ihre Ansichten zu ändern, eine Drohung, die selten wirkt. Also statt mit ihnen am Küchentisch die »Endlösung« zu diskutieren, was nur zu Konflikten führt, schlagen wir von Exit vor, dass man anfängt, von ganz anderen Sachen zu reden, von Alltäglichem: wie es dem Jugendlichen geht, wie es heute in der Schule war, wie wird das Hockeyspiel heute Abend ausgehen, gab's in der letzten Zeit einen guten Film. Ja, man kann über alles reden, nur nicht über Rassismus und extremen Nationalismus. Es geht darum, wieder einen Kontakt zu dem Jugendlichen aufzubauen und das Vertrauen wieder zu finden, das zwar verloren gegangen ist, aber hoffentlich einmal zwischen Eltern und Kind existierte.

Ein Beispiel: Im letzten Herbst hielt ich einen Vortrag vor einer Gruppe von Laien-Bewährungshelfern. Im Publikum saßen auch ein paar Eltern, deren Kinder zu den Neonazis gehörten. Kaum eine Woche später rief mich eine Mutter an, überglücklich. Als sie am Abend nach dem Vortrag nach Hause gekommen war, hatte ihr Sohn gefragt, wie es denn mit dem »verdammten Verräter« so gewesen wäre. Die Mutter hatte geantwortet, für sie wäre es interessant gewesen, »aber du hättest das vermutlich nicht gefunden«. Dann habe sie sich hingesetzt, das Thema Nazismus nicht weiter berührt, sondern ihren Sohn gefragt, wie es ihm ginge.

Das war der Auftakt zu einem Gespräch, das bis tief in die Nacht andauerte und das damit endete, dass der Sohn selbst das Thema Nazismus aufgriff und dass er davon die Nase gestrichen voll habe, aber nicht wisse, was er stattdessen tun solle. Er wäre ja schon abgestempelt, was also sollte er unternehmen? Statt sich einfach nur anzubrüllen, wurde es eine gute und ruhige Diskussion um die entscheidenden Dinge des Lebens und wie es ihm ging.

Es klappt vielleicht nicht bei allen so gut. Aber das ist auf jeden Fall ein Beispiel dafür, dass es klappen kann, ohne dass man als Eltern darauf verzichten muss, deutlich zu zeigen, wo man selbst steht.

Was bedeutet es, dass man selbst nicht auf seinen eigenen Standpunkt verzichtet? Nun, zum einen meint es, dass man an seinen Ansichten festhält ohne zu versuchen, sie den eigenen Kindern aufzuzwingen. Teilweise handelt es auch davon, wie viel Platz man den entsprechenden Symbolen und »Kulturäußerungen« zu Hause einräumt. Wenn man Pluton Svea oder Skrewdriver zu Hause nicht hören will, dann soll man das dort auch nicht tolerieren. Und wenn der Jugendliche unter achtzehn ist und zu Hause wohnt, bestimmen die Eltern die Regeln. Leider ist es viel zu oft üblich, dass die Jugendlichen zu Hause tun, was sie wollen, ohne dass die Eltern eingreifen, oder es vergeht viel zu viel Zeit, ehe sie reagieren und die Bremse anziehen. Aber wenn man erst einige Jahre wegschaut, leugnet oder verdrängt und dann versucht, Grenzen zu setzen, werden die Konflikte nur umso größer.

Das gilt natürlich in gleichem Maße für Hakenkreuzflaggen, Plakate und Bilder, die man nicht tolerieren soll. Bei einer Schwedenfahne an der Wand wird es vielleicht etwas schwierig. Aber wenn Kalle, achte Klasse, plötzlich Ende November nach Hause kommt und eine riesige Flagge an die Wand nagelt, dann sollte man das nicht einfach hinnehmen, sondern anfangen, Fragen zu stellen. Warum ist die Flagge an der Wand ausgerechnet jetzt so wichtig geworden? Was meinst du mit »sein Land lieben«? Was bedeuten die Begriffe Patriot und Nationalist für dich? Muss man eine schwedische Flagge an der Wand haben, nur weil man sein Land liebt? Nationalismus und Nazismus ist nicht das Gleiche.

Ich habe selbst manchmal eine kleine schwedische Flagge auf meinem Balkon und schäme mich dafür keine Sekunde. Hingegen ist die Zeit vorbei, wo ich eine schwedische Flagge, eine Hakenkreuzfahne und eine Triskelonflagge* hatte, die bei mir zu Hause eine ganze Wand bedeckten, und ein Bett, das vollständig von Hakenkreuzflaggen, einer Keltenkreuz-

* Triskelon: südafrikanische Version des Hakenkreuzes

fahne und zwei schwedischen Fahnen eingerahmt war. Darüber hinaus stand auf der Flurkommode ein Porträt Hitlers und eins hing an einer Wand, außerdem einige Zeichnungen und Plakate mit nazistischen Slogans.

Manche Eltern können nicht damit umgehen, wenn der Junior am Küchentisch sitzt und loslegt, er könne Ausländer nicht leiden. Nicht sehr erfolgreich ist es, das mit einem »sei still, Kalle, das ist verkehrt« abzufertigen oder »sei still, Kalle, du bist Rassist und wir wollen nichts davon wissen«. Stattdessen muss man Kalle in eine Diskussion verwickeln, warum er so denkt. Denn selbst wenn Kalle erst vierzehn Jahre alt ist, hat er seine Ansichten. Das gehört ja zu den Spielregeln der Demokratie, dass jeder seine eigene Meinung haben und zum Ausdruck bringen kann. Hingegen darf man in einer Demokratie nicht einfach tun, was man will.

Außerdem kann Kalle etwas Unangenehmes zugestoßen sein, was seine Ansicht beeinflusst, vielleicht ist er von einer Ausländergang überfallen worden. So was kommt schließlich vor und kann nicht ignoriert werden, sonst holt sich Kalle seine Antworten anderswo.

Eine Hakenkreuzfahne an die Wand zu nageln, hat mit Demokratie nichts zu tun. Deshalb fordern wir Eltern auf, die Flaggen und andere nazistische Symbole zu beschlagnahmen und sie zu verbrennen. Das ist völlig okay! Gleichzeitig muss man erklären, warum man das tut. Ansonsten wird Kalle nur behaupten – und seine Freunde aus der Nazigruppe werden ihn hundertprozentig unterstützen –, seine Eltern würden keine Meinungsfreiheit zulassen. Und es gibt keinen Anlass, dem Vorschub zu leisten.

Man muss dem Jugendlichen auch ganz klar sagen, dass diese Symbole ungesetzlich sind und zu einer Anzeige führen können. Hat er wirklich bedacht, welche Konsequenzen das mit sich bringen kann? Nicht nur für ihn selbst, sondern für die ganze Familie, die Verwandtschaft? Wie auf die Eltern gezeigt werden wird? Wie geklatscht werden wird, mit der Familie stimme etwas nicht?

Natürlich gibt es viele Möglichkeiten, Grenzen zu setzen.

Eine Mutter, die sehr gegen Nazismus engagiert war, erzählte, wie sie mit der Begeisterung ihres Sohnes bei einer Diskussion über Demokratie und Diktatur umging:

»Ihr seid gegen Demokratie, oder?«

»Ja, klar. Einer, der stark ist, soll bestimmen.«

»Ah ja?«

»Ja, das wird dann gut. Es soll eine Diktatur geben!«

»Gut, dann fangen wir gleich mit der praktischen Umsetzung an. Nach acht Uhr gibt es in Zukunft kein Fernsehen!«

Danach stellte sie eine Menge Verbote auf. Der Junge konnte im Prinzip zu Hause nichts machen. Das ging ein paar Wochen so.

»Na, findest du Diktatur noch immer cool?«

»Nee.«

»Sollen wir jetzt vielleicht weiterdiskutieren? Etwas differenzierter, damit wir diesem Ausnahmezustand ein Ende bereiten können?«

Ich habe diese Mutter und auch den Stiefvater einige Male getroffen. Sie sind ausgesprochen konsequent, aber sie machen das gut. Denn wenn die Mutter Regeln aufstellt, macht sie gleichzeitig sehr deutlich, dass sie ihre Kinder liebt. Außerdem erklärt sie immer, warum sie diese oder jene Regel einführt. Die geschilderte Diskussion ist pädagogisch gesehen gut gewesen, denn der Junge überließ es der Mutter, die neue Regel zu installieren. Da ging es nicht um Bestrafung, sondern um gewisse Maßnahmen, die sie ergriffen und in einen größeren Zusammenhang gestellt hatte, selbst wenn die Maßnahmen unter Umständen vom Kind als Bestrafung aufgefasst wurden. Aber konsequent sein, Maßnahmen ergreifen und dazu Erklärungen abgeben, Grenzen setzen, für das Recht auf Erziehung einstehen – all das unterlassen heute viele Erwachsene, und das färbt auch auf die Schule und die Sozialämter ab.

Die Schule hat das Problem, dass es für sie keine Möglichkeiten gibt, Sanktionen zu verhängen. In manchen Schulen können sich Kinder betragen wie sie wollen, ohne zu riskieren, schlechtere Noten zu bekommen, ohne zum Rektor gerufen oder ausgeschimpft zu werden – was ja heute als psychische

Misshandlung angesehen wird –, ohne zu riskieren, dass die Eltern zur Schule kommen müssen, oder dass sie im schlimmsten Fall von der Schule verwiesen werden.

Alle wollen sie nett und verständnisvoll sein und bemänteln, was geschieht. Mir persönlich scheint es besser zu sein, wenn die Schule gegen unakzeptables Verhalten vorgeht, solange die Kinder klein sind, damit sie schon dann lernen und verstehen können, wo die Grenzen verlaufen und nicht erst mit fünfzehn, wenn sie in einem Heim gelandet sind. Leider ziehen da viele Eltern nicht mit, sondern stellen sich vor ihre Kinder, wie schlecht sie sich auch betragen haben. Doch wer das tut, hat keinen Anlass zu jammern, wenn es mit den Kindern richtig schief läuft. Dabei ist es egal, zu welcher Gang das Kind gehört.

Die Schule hat nicht nur eine erzieherische Aufgabe zu erfüllen, sie ist auch enorm wichtig als Umgebung, in der Gedanken und Ansichten geformt werden. Konflikte zwischen verschiedenen Gruppen können in der Schule, wenn sie nicht aufgegriffen und gelöst werden, zu wachsenden Problemen führen und zu negativen Karrieren in Gangs.

Obwohl alle, sogar die Politiker, einsehen müssten, dass es sich so verhält, sind die Schulen hart von Mittelkürzungen betroffen, die zu größeren Klassen, größerem Stress und immer weniger Betreuung der Schüler geführt haben.

Aber zurück zu den Eltern. Zu Hause wird nämlich der Grund für das Interesse der Kinder am Extremnationalismus gelegt. Zum Teil liegt das daran, dass die Eltern nicht in der Lage sind, sich um ihre Sprösslinge zu kümmern, wenn die am Abgleiten sind, oder es nicht einmal erkennen. Viele Eltern haben im Übrigen keine Ahnung, was sich in der extremnationalistischen Welt tut, und dann ist es nicht leicht, Gegenmaßnahmen zu ergreifen. Das Hakenkreuz kennen alle. Aber das Hakenkreuz ist nur eines unter vielen Symbolen, die in dieser Welt zusammen mit Zeitungen und Musik existieren, einer Musik, die nicht immer leicht zu unterscheiden ist von zum Beispiel gewöhnlichem Hardrock oder Punkmusik.

Es gibt auch Eltern, die finden, ein Hakenkreuz spiele keine so große Rolle. Oder sie reagieren wie eine Mutter, die ich mal traf, deren Kinder ein Bild von Hitler an der Wand und ein kleineres auf dem Nachttisch hatten. Als mein Kollege fragte, wie sie das zulassen könne, fand die Mutter: »Das Nachbarmädchen hat die Backstreet Boys an der Wand, ich meine, ein Idol ist wie das andere, im Übrigen ist das ja wohl unsere Sache!«

Dann gibt es diejenigen, deren Kinder von Ausländerkindern verhauen oder beraubt worden sind und die deshalb den Rassismus und die Ausländerfeindlichkeit ihrer Kinder mehr oder weniger verteidigen. Diese Eltern müssen sich klarmachen, dass man durchaus wütend auf die kriminelle Ausländergang sein darf. Wenn der Sohn allerdings auf das Geschehene reagiert, indem er aktiver Nationalsozialist wird, dann ist das unverhältnismäßig im Hinblick auf den Auslöser, die Misshandlung oder den Raub. Und das wird man als Vater und Mutter ja sicher nicht unterstützen wollen.

Alltagsrassismus ist ungeheuer verbreitet. Oftmals geht das nicht tiefer, aber es gibt ihn und er beeinflusst die Kinder. Es klingt für ein Kind nämlich merkwürdig, wenn der Großvater erzählt: »Ich habe nicht mitgeholfen, dieses Land aufzubauen, damit jetzt eine Menge Neger herkommen und von Sozialhilfe leben«, um im nächsten Augenblick zu erklären: »Dieser Hitler war ein schrecklicher Scheißkerl.« Es ist auch nicht besser, wenn der Vater vorm Fernseher sitzt und die neue Hungersnot in Afrika mit den Worten kommentiert: »Warum sollen unsere Steuergelder dorthin fließen? Die schaffen es doch sowieso nie, aus dieser Misere herauszukommen.«

Das muss nicht so ernst gemeint sein. Man ist unter Umständen frustriert davon, dass es manchen so schlecht geht. Nur wird diese Frustration auf eine Weise zum Ausdruck gebracht, die nicht anders als rassistisch aufgefasst werden kann. Und wenn der Vater von den »schrecklichen Negern in Afrika« redet, dann »habe ich doch ein Recht von den schrecklichen Schwarzen in Stockholm« zu reden, sagen sich etliche Jugendliche. Denn Nazismus ist nichts anderes als die extreme Variante des alltäglichen Rassismus. Während also die Eltern und andere Erwachsene ihren eigenen Rassismus rauslassen, regen sie sich über ihre Kinder auf, wenn die das Gleiche tun, nur etwas extremer. Dann gibt es noch die Eltern, die der Meinung sind, es sei okay, dass Sohn oder Tochter schlecht über Ausländer reden, aber dass es zu weit geht, wenn sie Hitler mit ins Spiel bringen. Die Eltern haben nicht begriffen, dass das eine zu dem anderen führt.

Immerhin reagiert die Mehrheit der Eltern früher oder später. Nur ganz wenigen sind ihre Kinder egal und noch weniger Eltern vertreten selber extremnationalistische Ansichten.

Was tut man als Eltern, wenn man anfängt, sich über die Entwicklung seines Kindes Sorgen zu machen? Eine Möglichkeit ist auf jeden Fall, mit dem Klassenlehrer des Jugendlichen zu reden und mit ihm oder ihr gemeinsam einen Plan aufzustellen. Das Sozialamt aufzusuchen ist eine andere Möglichkeit.

Leider ist man sowohl im Rahmen der Schule wie in den Sozialämtern leicht geneigt, die Ursache des kindlichen Engagements nur innerhalb des familiären Rahmens zu suchen. Das muss an Vater oder Mutter liegen, wenn das Kind ein Neonazi wird. Klar hat die Stimmung und die Einstellung und Haltung innerhalb der Familie große Bedeutung, das habe ich oben erklärt. Aber das muss nicht immer so sein. Meine Eltern waren treue Sozialdemokraten, die nie irgendwelche rassistischen Tendenzen zeigten. Dass es mich zum Nazismus hinzog, war deshalb nicht das Resultat elterlicher Beeinflussung. Hingegen machte die kühle und distanzierte Haltung meiner Eltern mich empfänglich für extreme Bewegungen jeder Art. Auf dem Sozialamt würde man meine Kindheit wohl als lieblos bezeichnen. Aber ich bin sicherlich nicht der Einzige, der eine lieblose Kindheit erlebt hat. Und wie definiert man eigentlich »lieblose Kindheit« mit allem, was das an Schuldzuweisung für die Erwachsenen mit sich bringt? Ist eine allein erziehende Vorortmutter, die zwei Jobs braucht, um über die Runden zu kommen, eine schlechte Mutter, weil ihre vier Kinder kriminell werden oder drogenabhängig oder sich einer nationalistischen Bewegung anschließen?

Selbstverständlich nicht! Aber sie braucht Hilfe. Im besten Fall bekommt sie die auf dem Sozialamt. Im übelsten begegnet man ihr dort kränkend. Oder sie wird mit den Worten abgewiesen: »Wir können nichts gegen die Ansichten Ihres Sohnes unternehmen, kommen Sie wieder, wenn Ihr Sohn festgenommen und verurteilt worden ist.« Damit lässt man sowohl den jungen Menschen wie die Eltern im Stich. Im Rahmen der allgemeinen Mittelkürzung hat auch das Sozialamt Mittel eingebüßt – Teil der allgemeinen Demontierung des Sozialstaats. Sie haben heute dort nur noch Zeit für die akuten Fälle, für die Jugendlichen, die schon angezeigt worden sind. Nicht für Kinder, die einer Ideologie anhängen, die sie früher oder später ins Verderben führen wird.

Bei der Schule ist es genauso. Wir erwarten, dass die Lehrer sich um alle Probleme kümmern. Aber sie haben schon viel zu viel zu tun. Deshalb ist es für sie am leichtesten, wenn sie hervorheben, das wäre nicht ihre, sondern die Verantwortung der Eltern. Insbesondere, da die meisten nationalistischen Aktivitäten außerhalb der Schulzeit stattfinden. Aber jeder Skinhead an einer Schule ist eine lebende PR für Rassismus und Extremismus. Und da muss die Schule eingreifen. Man darf auch nicht außer Acht lassen, dass es auf der anderen Seite bei den Jugendlichen mit ausländischem Hintergrund ebenfalls Vorurteile gibt.

Wenn ich kurz abschließend versuchen soll zusammenzufassen, wie meines Erachtens das Interesse für extreme nationalistische Bewegungen entsteht und was man dagegen tun kann, möchte ich Folgendes sagen. Der Grund für allen Extremismus liegt darin, wie Menschen die Gesellschaft begreifen und ihre Möglichkeiten sehen, in der Zukunft ein gutes Leben zu führen. Deshalb lastet die Verantwortung für den Extremismus schwer auf den Politikern. Damit sind selbstverständlich weder die Familie noch der Einzelne von der Verantwortung freigesprochen. Versteckter Rassismus gepaart mit grenzenloser Toleranz oder aber Lieblosigkeit, das Fehlen enger Beziehungen und menschlicher Wärme sind Faktoren, die dem Extremismus den Boden bereiten. Mobbing, Selbstbehauptungstrieb, Mangel an konsequenten Reaktionen und Maßnahmen vom Leiter der Schule und des Sozialamts sind weitere Teilchen im Puzzle des Extremismus.

Für die Schule gilt, mit sämtlichen Schülern ständig im Dialog zu stehen über Rassismus und Extremismus. Kleidung und Symbole, die einzig als PR für Extremismus fungieren, nicht zu tolerieren. Konsequent auf die Einhaltung von Regeln und Bestimmungen zu achten, die von Schule, Schülern und Lehrern gemeinsam beschlossen werden. Ganz einfach für eine gute Stimmung in der Schule zu sorgen, in der Platz für alle ist und in der alle wahrgenommen werden.

Für die Sozialdienste gilt es in erster Linie, nicht zu stigmatisieren – weder die Eltern noch die Jugendlichen, sondern stattdessen die Eltern zu beraten, die Rat und Hilfe brauchen, und die Jugendlichen ernst zu nehmen, die aussteigen wollen, sie zu unterstützen, wenn sie Hilfe suchen.

Nicht zuletzt ist es wichtig, dass alle Beteiligten lernen, zusammenzuarbeiten, um sich gegenseitig zu entlasten. So vermeidet man, dass die Jugendlichen zwischen den Stühlen landen und auf diese Weise wichtige Hilfe verpassen oder Möglichkeiten zur Manipulation bekommen. Die Zusammenarbeit innerhalb der Kommunen bringt außerdem mit sich, dass man die notwendigen Ressourcen in einem frühen Stadium einsetzen und auf die Weise dem Problem Einhalt gebieten kann – ehe es außer Kontrolle gerät.

Was kann Exit leisten? Schulen in ihrer vorbeugenden Arbeit beraten, aber vielleicht in erster Linie sich der Jugendlichen annehmen, die aus dem extremen Nationalismus aussteigen wollen. Es geht um Jungen und auch Mädchen, die fest verwurzelte Anschauungen haben, die mehrere Jahre lang in einer feindlichen Umgebung gelebt haben und die von ihren alten Freunden als Verräter betrachtet werden, wenn sie aussteigen. Hier kommt die Polizei als wichtiger Partner für eine Zusammenarbeit ins Spiel. Denn oftmals geschieht es auf Rat oder Fürsorge der Polizisten hin, dass die jugendlichen Extremisten den Kontakt zu uns aufnehmen. Und bei uns sind sie willkommen. Ebenso willkommen, wie sie einmal bei den extremnationalistischen Bewegungen waren. Der Unterschied liegt jedoch darin, dass wir etwas Positives anzubieten haben – die Aussicht auf ein Leben, das nicht auf Konflikten, Gewalt und Ausgrenzung aus der Gesellschaft aufbaut, und Hilfe für denjenigen, der wieder zurück zur Familie möchte, zu alten Freunden, alten Träumen und einer Hoffnung auf Zukunft.

Bücher zum Dritten Reich

Bücher gegen das Vergessen

Lucie Aubrac
Heldin aus Liebe
Eine Frau kämpft gegen die Gestapo
dtv 30773

Inge Deutschkron
Ich trug den gelben Stern
dtv 30000

David Faber
Romeks Bruder
Erinnerungen eines Holocaust-Überlebenden
dtv 30761

Eva Fogelman
»Wir waren keine Helden«
Lebensretter im Angesicht des Holocaust
dtv 30641

Ich kam allein
Der rettende Transport jüdischer Kinder nach England 1938/39
Herausgegeben von Rebekka Göpfert
dtv 30439

Jizchak Katzenelson / Wolf Biermann
Großer Gesang vom ausgerotteten jüdischen Volk
dtv 12233

Ruth Klüger
weiter leben
Eine Jugend
dtv 11950

Arno Lustiger
Zum Kampf auf Leben und Tod!
Vom Widerstand der Juden 1933–1945
dtv 30097

Die Juden von Wilna
Die Aufzeichnungen des Grigorij Schur 1941–1944
Herausgegeben von Wladimir Porudominskij
dtv 30723

Stella Müller-Madej
Das Mädchen von der Schindler-Liste
Aufzeichnungen einer KZ-Überlebenden
dtv 30664

Joseph Rovan
Geschichten aus Dachau
dtv 30766

Rachel Salamander (Hg.)
Die jüdische Welt von gestern
Text- und Bildzeugnisse aus Mitteleuropa 1860–1938
dtv 30700

Inge Deutschkron im dtv

Das Lebensschicksal einer engagierten Journalistin – ihre Kindheit als jüdisches Mädchen in der Nazizeit und ihr Leben nach dem Überleben.

Ich trug den gelben Stern
dtv 30000

Ein unprätentiöser Bericht über das verzweifelte Leben und Überlebenwollen eines jüdischen Mädchens in Berlin. Entrechtet und verfolgt, befürchtet die Familie jeden Moment Deportation und Tod. Ein Leben in der Illegalität beginnt, unter fremder Identität, lebensbedrohend auch für die Freunde, die ihnen Beistand gewähren. Nach Jahren quälender Angst vor der Entdeckung haben Inge Deutschkron und ihre Mutter den bürokratisierten Sadismus des nationalsozialistischen Systems überlebt: zwei unter den 1200 Juden in Berlin, die dem tödlichen Automatismus entronnen sind.

Mein Leben nach dem Überleben
Die Fortsetzung von ›Ich trug den gelben Stern‹
dtv 30789

Wie richtet sich Inge Deutschkron ihr Leben nach 1945 ein? Wie geht ihre Geschichte weiter? „Ich malte mir ein Idealbild vom neuen Deutschland aus – ein Deutschland, in dem es einen neuen Geist geben würde. Erfahrung hatte ich zwar im Kampf ums Überleben, aber, wie sich bald zeigen sollte, war ich sehr naiv, was des Lebens Wirklichkeit betraf." Die streitbare Journalistin gibt in diesen Aufzeichnungen ein spannendes Zeitzeugnis der fünf Jahrzehnte vom Kriegsende bis in die Gegenwart, die gerade auch in ihren persönlichen Erlebnissen und durch ihre unbestechliche, ungewöhnliche Sichtweise begreifbar werden.

Stella Müller-Madej

Das Mädchen von der Schindler-Liste

Aufzeichnungen einer KZ-Überlebenden

dtv 30664

Stella ist zehn Jahre alt, als sie mit ihrer Familie ins Krakauer Ghetto ziehen muß. Zwei Jahre später werden sie ins KZ Plaszow bei Krakau gebracht. Dort erlebt und überlebt Stella ein furchtbares Grauen. Doch es gibt einen Hoffnungsschimmer: Die Familie wird zusammen mit etwa tausend anderen jüdischen Häftlingen von Oskar Schindler für seine Fabrik in Böhmen angefordert. Die Männer erreichen dieses Ziel, die Frauen werden jedoch nach Auschwitz deportiert. Mit beherzter Hartnäckigkeit sorgt Schindler dafür, daß sie doch noch nach Böhmen kommen. Stella, ihre Familie und viele andere sind gerettet. Nach dem Krieg beginnt sie, ihre Erlebnisse aufzuschreiben. Das Buch ist einer der ergreifendsten Augenzeugenberichte und ein Dokument von ähnlicher Bedeutung wie die Aufzeichnungen von Anne Frank.

»Ich kenne nur wenige Augenzeugenberichte, die den entsetzlichen Alltag der Vernichtungslager so eindringlich beschreiben. Ein ganz wichtiges Buch für eine Generation, die lernen muß, daß Spielbergs Film von wirklichen Menschen handelt.«

Martin Pollack

»Das Buch sollte seinen Platz finden neben den Aufzeichnungen der Anne Frank.«

Frankfurter Allgemeine Zeitung

Dimension des Völkermords

Die Zahl der jüdischen Opfer des Nationalsozialismus

Herausgegeben von Wolfgang Benz

dtv 4690

Die in diesem Band versammelten Beiträge ausgewiesener Experten bieten neben exakten Zahlen ein detailliertes Gesamtbild der Voraussetzungen, Formen und Phasen der nationalsozialistischen Judenverfolgung.

»...eine der gründlichsten Untersuchungen des ganzen Vorgangs überhaupt.« (Eberhard Jäckel)

»Wenn man dieses Buch nicht nur als Kompendium und Nachschlagewerk benutzt, sondern als Gesamtdarstellung liest, wird sichtbar, welche riesenhaften Ausmaße dieses Verbrechen besaß, wie viele Tausende und Zehntausende von Menschen in seine Vorbereitung und Durchführung einbezogen waren, welchen organisatorischen und politischen Aufwandes es bedurfte, um die jüdische Bevölkerung noch in dem entlegensten Dorf in Frankreich, der Ukraine oder Norwegen und noch auf der kleinsten griechischen Insel zu ›erfassen‹, zu deportieren und schließlich zu ermorden.« (Ulrich Herbert)

Coco Schumann

Der Ghetto-Swinger

Eine Jazzlegende erzählt

Aufgezeichnet von
Max Christian Graeff und Michaela Haas
dtv premium 24107

»Ich bin Musiker. Ein Musiker, der im KZ gesessen hat, kein KZler, der Musik macht. Ich habe viel zu sagen. Die Richtung ist klar: Back to the roots, in jene Welt, in der meine Seele zu Hause ist, in den Swing. Wer den Swing in sich hat kann nicht mehr im Gleichschritt marschieren.«

Coco Schumann, 1924 in Berlin geboren, entdeckt mit dreizehn Swing und Jazz für sich. Bis 1943 gelingt es ihm, dem »Halbjuden«, dank einer gehörigen Portion Chuzpe und seiner zahlreichen öffentlichen Auftritte der Deportation durch die Nationalsozialisten zu entgehen. Bis auch für ihn der Vorhang fällt. Seine Reise durch die Lager beginnt. Aber auch dort ist und bleibt er Musiker. In der Scheinwelt Theresienstadt wird er Mitglied einer der hochkarätigsten Jazz-Combos des Dritten Reichs, der »Ghetto-Swingers«. In Auschwitz spielt er zur Unterhaltung der Lagerältesten und der SS um sein Leben, in Dachau begleitet er mit letzter Kraft den Abgesang auf das Regime. Danach treibt es den Entwurzelten durch die Welt, die ihm einzig verbliebene Heimat ist der Jazz und der Swing. Heute lebt Coco Schumann wieder in Berlin.

»Er hat sein Leben auf Kassetten gesprochen und dieses liebenswerte, sehr dichte Buch verlegen lassen. Über sich, die Stadt, ihren Rhythmus und ihre Musik.«

Der Tagesspiegel

Deutsche Geschichte der neuesten Zeit

Herausgegeben von Martin Broszat, Wolfgang Benz und Hermann Graml in Verbindung mit dem Institut für Zeitgeschichte, München.

Wolfgang Hardtwig
Vormärz
dtv 4502

Hagen Schulze
Der Weg zum Nationalstaat
dtv 4503

Wilfried Loth
Das Kaiserreich
dtv 4505

Michael Fröhlich
Imperialismus
dtv 4509

Klaus Schönhoven
Reformismus und Radikalismus
dtv 4511

Horst Möller
Weimar
dtv 4512

Hermann Graml
Reichskristallnacht
dtv 4519

Hartmut Mehringer
Widerstand und Emigration
dtv 4520

Wolfgang Benz
Potsdam 1945
dtv 4522

Wolfgang Benz
Die Gründung der Bundesrepublik
dtv 4523

Dietrich Staritz
Die Gründung der DDR
dtv 4524

Kurt Sontheimer
Die Adenauer-Ära
dtv 4525

Ludolf Herbst
Option für den Westen
dtv 4527

Peter Bender
Die »Neue Ostpolitik« und ihre Folgen
Vom Mauerbau bis zur Vereinigung
dtv 4528

Helga Haftendorn
Sicherheit und Stabilität
Außenbeziehungen der Bundesrepublik zwischen Ölkrise und NATO-Doppelbeschluß
dtv 4530

Wolfgang Benz im dtv

Potsdam 1945
Besatzungsherrschaft und Neuaufbau
dtv 4522

Die Gründung der Bundesrepublik
Von der Bizone zum souveränen Staat
dtv 4523

Antisemitismus in Deutschland
Zur Aktualität eines Vorurteils
Herausgegeben von Wolfgang Benz
dtv 4648

Dimension des Völkermords
Die Zahl der jüdischen Opfer des Nationalsozialismus
Herausgegeben von Wolfgang Benz
dtv 4690

Legenden, Lügen, Vorurteile
Ein Wörterbuch zur Zeitgeschichte
Herausgegeben von Wolfgang Benz
dtv 30130

Deutsche Geschichte seit 1945
Chronik und Bilder
dtv 30705

Enzyklopädie des Nationalsozialismus
Herausgegeben von Wolfgang Benz, Hermann Graml und Hermann Weiß
dtv 33007

Deutschland, deine Kinder
Zur Prägung von Feindbildern in Ost und West
Zus. mit Ute Benz
dtv 36234

20 Tage im 20. Jahrhundert

Herausgegeben von
Norbert Frei, Klaus-Dietmar Henke und Hans Woller

Norbert Frei
Paris, 13. Mai 1968
Kulturprotest und Gesellschaftsreform
dtv 30612 (i.Vb.)

Brigitte Röthlein
Mare Tranquillitatis, 20. Juli 1969
Die wissenschaftlich-technische Revolution
dtv 30613

Wilfried Loth
Helsinki, 1. August 1975
Entspannung und Abrüstung
dtv 30614

Harold James
Rambouillet, 15. November 1975
Die Globalisierung der Wirtschaft
dtv 30615

Mária Huber
Moskau, 10. März 1985
Die Auflösung des sowjetischen Imperiums
dtv 30616 (i. Vb.)

Franz J. Brüggemeier
Tschernobyl, 26. April 1986
Die ökologische Herausforderung
dtv 30617

Klaus-Dietmar Henke, Kurt Sontheimer
Berlin, 9. November 1989
Die deutsche Frage
dtv 30618 (i. Vb.)

Walther L. Bernecker
Port Harcourt, 10. November 1995
Aufbruch und Elend in der Dritten Welt
dtv 30619

Michael Jeismann
Boston, 26. Dezember 2000
Schöne neue Welt: Erwartung und Erfahrung
dtv 30620 (i. Vb.)

20 Tage im 20. Jahrhundert

Herausgegeben von
Norbert Frei, Klaus-Dietmar Henke und Hans Woller

Diese Buchreihe ist die Grundlage der gleichnamigen Fernsehdokumentation der ARD.

Volker R. Berghahn
Sarajewo, 28. Juni 1914
Der Untergang des alten Europa
dtv 30601

Dietrich Beyrau
Petersburg, 25. Oktober 1917
Die russische Revolution und der Aufstieg des Kommunismus
dtv 30602
(i.Vb.)

Hans Woller
Rom, 28. Oktober 1922
Die faschistische Herausforderung
dtv 30603

Jürgen Osterhammel
Shanghai, 30. Mai 1925
Die chinesische Revolution
dtv 30604

Hans Mommsen
Auschwitz, 17. Juli 1942
Genozid und Ausrottungspolitik
dtv 30605
(i. Vb.)

Jost Dülffer
Jalta, 4. Februar 1945
Der Zweite Weltkrieg und die Entstehung der bipolaren Welt
dtv 30606

Detlef Bald
Hiroshima, 6. August 1945
Die nukleare Bedrohung
dtv 30607

Dietmar Rothermund
Delhi, 15. August 1947
Das Ende kolonialer Herrschaft
dtv 30608

Franz Knipping
Rom, 25. März 1957
Die Einigung Europas
dtv 30609

Robert D. Johnson
Washington, 20. Januar 1961
Der amerikanische Traum
dtv 30610

Helmut Mejcher
Sinai, 5. Juni 1967
Krisenherd Naher und Mittlerer Osten
dtv 30611